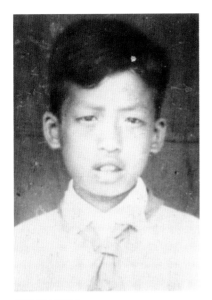

1955 年小学毕业

1961 年高中毕业

1961 年考入清华大学

大学时期

1968年从清华大学毕业

1969年在上海崇明岛农场

20世纪70年代,在湖北阳新县邮电部五三六厂

20世纪70年代，在湖北阳新县邮电部五三六厂绘制图纸

1984年在厦门，右一为秦佑国

1996 年 3 月在上海

1996 年 9 月在美国哈佛大学设计研究生院

1996 年 10 月在美国

1996 年 11 月在美国波士顿
肯尼迪图书馆前

1996 年 11 月在美国格罗皮
乌斯住宅前

1996年与应锦薇在美国弗兰克·劳埃德·赖特设计的住宅前

1996年在美国与应锦薇、张昌龄、詹庆旋合影

1998年在法国巴黎

1999年与应锦薇在法国朗香教堂前

1999年在西北小区家中

2000年在希腊雅典卫城

2000年9月与关肇邺先生、韩金城先生于美国

2001年4月参加建筑学院参与的清华大学足球赛决赛

2002年6月与清华大学建七班同学欧洲行留影

2002年8月在挪威奥斯陆

2003年11月与应锦薇在台湾

2004年与博士生讨论

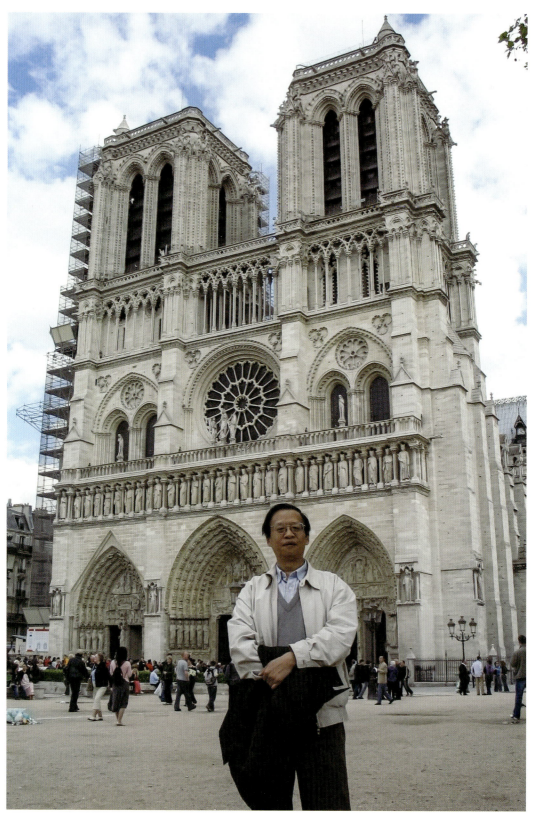

2004年5月在法国巴黎

2004年在英国剑桥大学

2006年在上海现代设计集团

2007年8月在俄罗斯海参崴

2008年2月在埃及

2008年3月在武汉大学

2008年4月在澳大利亚

2008年9月在坝上

2008年10月16日在中央美院做讲座

2009年5月在讲课

2010年2月与应锦薇在南方旅游

2010年8月与应锦薇在德国慕尼黑

2010年8月与应锦薇在东欧旅行1

2010年8月与应锦薇在东欧旅行2

2011年10月在校外讲课

2011年11月28日,在首届武汉设计双年展暨艺术城市论坛发言

2011年被评为"清华大学优秀党员"

2012年3月在新疆

2012年12月在希腊

2014年5月在会议上发言

2014年6月在建筑学院办公室看学生论文

2014 年 6 月讨论问题

2014年7月1日与应锦薇在北戴河

在蓝旗营家中

QIN
YOUGUO

清华大学建筑学院 编

Essays in Memory of Qin Youguo

秦佑国 纪念文集

清华大学出版社
北京

版权所有，侵权必究。举报：010-62782989，beiqinquan@tup.tsinghua.edu.cn。

图书在版编目（CIP）数据

秦佑国纪念文集/清华大学建筑学院编.—北京：清华大学出版社，2024.2
ISBN 978-7-302-65135-2

Ⅰ.①秦… Ⅱ.①清… Ⅲ.①秦佑国-纪念文集 Ⅳ.①K826.16-53

中国国家版本馆CIP数据核字（2024）第016829号

责任编辑：张　阳
封面设计：吴丹娜
版式设计：谢晓翠
责任校对：欧　洋
责任印制：丛怀宇

出版发行：清华大学出版社
网　　址：https://www.tup.com.cn，https://www.wqxuetang.com
地　　址：北京清华大学学研大厦A座　　邮　编：100084
社 总 机：010-83470000　　邮　购：010-62786544
投稿与读者服务：010-62776969，c-service@tup.tsinghua.edu.cn
质量反馈：010-62772015，zhiliang@tup.tsinghuan.edu.cn
印 装 者：涿州汇美亿浓印刷有限公司
经　　销：全国新华书店
开　　本：170mm×240mm　　印　张：20.5　　插　页：12　　字　数：352千字
版　　次：2024年2月第1版　　印　次：2024年2月第1次印刷
定　　价：149.00元

产品编号：094216-01

目录

第一篇　高瞻远瞩　开山架桥　1

⊙ 一片冰心在校园 / 马国馨　2

⊙ 悼秦佑国学友 / 吴硕贤　11

⊙ 亦师亦友
　　——追忆秦佑国先生 / 刘加平　12

⊙ 永远的思想者
　　——纪念秦佑国先生逝世一周年 / 庄惟敏　14

⊙ 回忆秦佑国老师二三事 / 江亿　18

⊙ 情系中国建筑教育 / 伍江　20

⊙ 清华大学建筑学院与社会学系的跨学科建设
　　——回忆与秦佑国院长学术交往二三事 / 李强　23

⊙ 斯人已逝　思念依旧 / 胡绍学　27

⊙ 青年教师的好导师 / 邓卫　30

⊙ 中国建筑教育改革大师
　　——写在秦佑国教授去世一周年之际 / 朱文一　32

⊙ 良师益友 / 尹稚　36

⊙ 回忆我们的老师秦佑国先生 / 张利　39

- 斯人乘鹤去，往事堪追思
    ——忆老院长秦佑国先生 / 王贵祥　42

- 一位纯粹的学者与君子 / 朱颖心　48

- 学者本色　君子之风
    ——纪念秦佑国先生逝世一周年 / 张寅平　51

- 纪念秦佑国先生 / 吕品晶　55

- 相遇二十年
    ——缅怀秦佑国先生 / 孔宇航　58

- 建筑教育思想的传播者
    ——纪念福州大学建筑学院名誉院长秦佑国先生 / 张星　陈小辉　62

- 华大初识与福大深交
    ——怀念建筑教育家秦佑国先生 / 关瑞明　68

- 深切缅怀
    ——秦佑国先生对上海交通大学建筑学系初创及首次评估的指导 / 张健　72

- 回忆秦佑国先生二三事 / 贾东　78

- 追忆建筑教育的点灯人秦佑国先生 / 夏海山　83

- 师者传道　君子风范
    ——回忆秦佑国先生关心地方院校办学和师资培养的点滴 / 张勃　89

- 高山仰止　空谷幽兰
    ——纪念秦佑国先生 / 王金平　93

- 一位具有科学思维的建筑教育思想家
    ——忆秦佑国先生 / 韩林飞　99

- 学长·建筑物理·水杉树 / 周兆驹　105

第二篇　君子风范　家国情怀　109

- 永远怀念秦佑国同学 / 柴裴义　110
- 追思秦佑国先生 / 栗德祥　112
- 关于老同学秦佑国先生的一点回忆 / 季元振　113
- 追忆秦佑国同学 / 黄汉民　116
- 说说秦佑的"博"与"理" / 沙春元　121
- 追忆秦佑国同学点滴 / 朱爱理　124
- 铮铮铁骨　纯心正道
  ——怀念秦佑国教授 / 袁天沛　129
- 怀念秦佑国先生 / 陈俊良　139
- 桃李皆仰止
  ——忆秦佑国教授 / 王立明　141
- 回忆与秦佑国在部队农场劳动锻炼的日子 / 徐精一　146
- 追忆秦佑国先生参加三线建设的经历
  ——邮电部五三六厂的设计与建设 / 谭刚毅　曹筱袤　高亦卓　邓原　李保峰　150
- 杰出校友的典范
  ——追忆秦佑国院长 / 朱如忠　158
- 未相帮 / 王丽方　164
- 八十年代声学的点滴往事
  ——怀念秦佑国老师 / 康健　168
- 怀念我的老师和学长秦佑国先生 / 张三明　172

- 怀念秦佑国先生 / 宋晔皓　175

- 得遇良师　春风化雨 / 刘念雄　178

- 与秦先生往事点滴 / 张昕　184

- 至真、至性、至情的良师
  ——纪念秦佑国先生 / 王南　187

- 秦佑国先生谈"声景"
  ——记述我与秦先生接触的二三事 / 孟琪　191

第三篇　良师益友　春风化雨　195

- 先生之风　山高水长
  ——纪念我的恩师秦佑国先生 / 高冬梅　196

- 怀念导师秦佑国先生 / 罗德胤　199

- 留心处处皆精彩
  ——忆我的导师秦佑国先生 / 白静　206

- 缅怀恩师　传承薪火 / 韩慧卿　210

- 怀念恩师秦佑国先生 / 李保峰　218

- 缅怀恩师忆情缘
  ——记于2022年秦先生逝世一周年时 / 雷祖康　223

- "大先生"和"真君子"
  ——缅怀恩师秦佑国先生 / 张弘　229

- 我的老师秦佑国 / 赵敏　237

⊙ 又深刻又朴素，又睿智又率直
　　——深切缅怀恩师秦佑国先生 / 林波荣　243

⊙ 纪念秦先生 / 覃琳　247

⊙ 秦佑国先生周年忌辰悼祭 / 燕翔　252

⊙ 秦佑国先生与医疗建筑 / 郝晓赛　253

⊙ 忆秦佑国先生二三事 / 朱宁　259

⊙ 愿长大后，我能成为您
　　——写给恩师秦爷爷 / 潘曦　261

⊙ 忆吾师 / 郝石盟　269

⊙ 怀念秦老师 / 董磊　272

⊙ 追忆恩师秦佑国先生 / 许光辉　276

⊙ 忆秦佑国先生的几个难忘瞬间 / 钱云　280

⊙ 回忆平易近人的秦佑国教授 / 郑慧铭　283

永远的怀念 / 应锦薇　286

附录：秦佑国先生生平年表　306

后记　316

第一篇 高瞻远瞩 开山架桥

一片冰心在校园

马国馨[1]

在时起时伏的新冠疫情中，2021年很快就过去了。在这一年中，我所认识的师长、同学、同事、校友等先后竟有十八位离世，让人十分伤感。尤其是1月份，已有包括聂兰生先生在内的三位师友去世；2月初，吴观张院长去世；春节过后2月

图1　秦佑国先生（2011年，马国馨摄）

22日，向欣然去世，紧接着就是秦佑国和胡正凡，只差一天相继去世，真是让人难以接受（图1）。按说佑国比我还年轻一点，没想就因病突然西去了。5月时，他的研究生、在北京院[2]工作的韩慧卿博士找到我，说起他们这些秦先生的弟子（"秦门弟子"）准备为导师整理出版学术文集和纪念文集，并邀我为此写些文字，我没有犹豫就答应了下来。

佑国是比我低两届的建七班学友，他们1961年入学，在这以前的两届（包括我们班），都是3个小班近90人，到他们这一年一下子减成了2个小班50多人，不知道是不是因为时处三年严重困难时期调整所致。但他们在前几年的学习中，还是赶上了蒋南翔校长在院系调整和学习苏联之后，纠正一些偏向，而自己的教

---

1. 马国馨，中国工程院院士，全国工程勘察设计大师，梁思成建筑奖获得者，1965年毕业于清华大学建筑系，1991年获得清华大学工学博士学位，现任北京市建筑设计研究院有限公司顾问总建筑师。
2. 北京院即北京市建筑设计研究院有限公司。

学思想逐渐成熟和完善的阶段。这一阶段，通过贯彻《高教六十条》，从清华实际出发，无论基础课程、实践教学和实习，还是真刀真枪的毕业设计等方面，都形成了一套较完整的做法，成为清华教学史上一个十分重要且难得的阶段。然而建七班没有我们那么幸运，他们最后两年赶上了"文化大革命"，学业受影响不说，毕业分配也不如意。在校时，佑国的一件事给我留下很深的印象（这也是事后才知道的），就是他那时每月靠国家15.5元的助学金完成学业，除去吃饭12.5元以外，就剩下了3元零用钱。学

图2　秦佑国先生（2007年，在圆明园，家人提供）

建筑在纸张和颜料上开销也很大，可是为了买一本字典，他宁可每天晚上只啃馒头，以每顿节约下1毛钱，后来还是班上赵大壮等同学在1964年买了一本字典送他。我想起我是在1962年8月花5.2元买到了这本郑易里编撰的《英华大辞典》，当时是选修第二外语英语，很需要一本好点的字典。我原有一本老的字典，但是是韦氏音标，很不实用。而时代出版社的这本辞典从1957年起，到1962年已印刷了10次，印数达20万册。我那时其实家境也很困难，我们弟兄8人，加上父母共10人，就依靠父亲的120元工资度日，加上当时我和哥哥正在上大学，其经济紧张可想而知。可我也没有申请助学金，完全依靠家里的积蓄和亲戚帮助，拿出每月20元上学，所以对佑国的节食购买《英华大辞典》一事很有同感。1968年，他被分配到邮电部，经农场锻炼和八年的五三六厂工作之后，于1978年报考了清华建筑物理专业的研究生，于1981年留校，后来成为建筑系"文革"以后的第一批博士生，并由此开始了他在清华的教学和研究生涯（图2）。2011年退休后，他继续回聘，如他所言："人生旅途新起点，执教清华三十年。"

"秦门弟子"要为导师整理出版建筑文集和纪念文集一事让我十分感动。

因为建筑系的老师去世以后，许多人曾写过回忆或纪念的文章，但筹划为导师出文集一事，在建筑系可能是第一次（此前还没有听说过）。由此也可以看出佑国的为人、学养、性格等方面的人格魅力，也说明他在学生中的威望，很受学生的爱戴。我和佑国相识较早，后来交往不太深。但在他

图 3　秦佑国先生（2009 年，家人提供）

1990—1996年、1997—2004年任建筑学院副院长和院长期间，我和他经常有机会见面，并对他主政学院期间的作为比较注意和了解，进而感受到他身上的刻苦钻研、坚持原则、敢于担当、勤奋努力、立德树人的品质，加上通过对他的学术成果和一系列文字的研读，更感到他是一位有才华、有思想、有追求的学者和教育家。他的逝去不但是建筑学院的损失，更是清华大学，甚至我们学界的损失（图3）。

师者，传道授业解惑者。佑国常常说："我一直钟情教学。""我感到最大的欣慰是得到学生的认可。"从他的许多教学成果中都可以看出这一点：他参与编写的《建筑声环境》《建筑热环境》入选教育部优秀高教教材；他指导的研究生李保峰、龙长才的博士学位论文分别获得2004年和2005年的优秀博士学位论文奖；他自2006年起为清华的本科生的通识教育开设新生研讨课"建筑与技术"；2004年获"北京市优秀教师"称号；2006年获"中国建筑学会建筑教育奖"；2009年为全校非建筑专业的本科生开设"文化素质教育核心课"——"建筑的文化理解"课程，极受同学们欢迎，同年获"宝钢教育基金"优秀教师奖；2010年在"良师益友"活动十周年时，他是研究生推选获得"良师益友"称号次数最多的教师，获"感动清华"纪念牌；2016年获首届清华大学新百年基础教学优秀教师奖……所以他感叹："余生尚愿多教书。"

"人生七十不稀奇……桃李天下自得意。"佑国四十年教书育人，的确是桃李满天下。2009年，24名同学为佑国庆祝66岁生日，他一计算，是年正好指导硕

博研究生、博士后及在读生66人,夜不能寐,写下了"六十六岁月炎凉,六十六桃李芬芳"的句子。佑国在2004年发表文章,提出大学教育不仅要讲"素质",还要讲"气质";不仅要讲"能力",还要讲"修养"(科学修养、人文修养、艺术修养、道德修养)。在学校方面,"气质"和"修养"教育,一是校纪校规的"养成",二是校风、环境的"熏陶",三是教师的"表率"。佑国就是这样身体力行的(图4)。从"秦门弟子"的回忆文章中可以看出,他们都十分怀念那时的研究生沙龙,可以和佑国老师共处,师生如友,谈天说地,看幻灯片,聊旅游,议人生,论读书,其情浓浓,其乐融融。这不由得使我想起我上大学时,六年中只去过汪坦先生家小聚会1~2次,但都给我留下至今难忘的印象。也就是在汪先生家,我们欣赏汪先生莱特风格的钢笔画,谈论凡·高的艺术生涯;在那里,我第一次知道了音乐家马友友,第一次听说史学家陈寅恪;汪先生讲他如何注意在信封上贴邮票以使之构图最佳,这种亲密无间的师生交融,应该也是清华的重要传统之一吧!佑国还是很好地继承下来了。

图4 秦佑国先生(2010年,张海亮摄)

佑国勤于思考,敢于担当,对办学方向、学科建议有自己的想法,这在他任两届副院长、两届院长的十几年中可以看到,也是我们这些校外人士可以明显感受得到的地方。这里只是简要归纳一下我所知他在任院长期间的学院的重要事件:

1998年4月,学院成立景观园林研究所。同年,首次通过城市规划与设计硕士教学评估。

1999年12月,原属热能工程系的建筑环境与设备研究所及其专业并入建筑学院,与学院的建筑技术研究所合并,组建建筑技术科学系。

2000年9月,建筑系原建筑设计三个教研组合并组建建筑设计研究所。同年11

月，成立住宅与社区研究所。

2002年，国务院学位办公室批复，学院的城市规划与设计、建筑设计与理论专业再次被评为全国重点学科，供热供燃气、通风空调工程专业被评为全国重点学科。

2003年10月，学院成立景观学系，同时成立资源保护与风景旅游研究所，至此建筑学院形成了"一院、四系、多所"的多元化架构，体现了人居环境科学"建筑—规划—景观"三位一体的基本理念。

当然，在这期间还有许多教学成果的奖项……

在此期间，我曾有机会与佑国交流过这方面的问题，对于学院的教学组织建设、学科发展、办学目标、国际交流及建设一流大学和学科等，他是有自己的想法的。我记得，他谈了建筑学专业与其他专业的区别，如何突出科学与艺术结合、理工与人文结合，对建筑学专业教育评估标准的看法等。我除了同意他的一些看法之外，还着重提出，看建筑学术水准的标准之一要看是否有学术上的不同学派，是否有各自不同的独立思考。佑国当时回答我，对国家大剧院方案，我们就有不同的意见和看法。我说：不同意见和看法比较容易提出，但要形成具有特点的学派，能在国际上占有一席之地就不那么容易了，如果能形成容纳不同学派的环境就更困难了。就像佑国所讲的，"不要大家都走一条路，过一座桥"。

在此期间，我还注意到佑国曾发表过一篇涉及历史考据的重要论文——《梁思成、林徽因与国徽设计》。从文章内容来看，他认真阅读了大量历史档案和资料，尽可能真实地还原了国徽创作的全部过程，对于各阶段方案的进展、各次讨论的细节、各界与会人物的多次发言，以至梁思成、林徽因及清华大学的工作小组在创作过程中，尤其在艺术要求和艺术形式上的主要观点，在国徽创作时几个关键点的创造和贡献做了厘清，对国徽中国旗、天安门、齿轮、嘉禾之间的主次轻重关系加以分析，详尽地还原了历史的真相。整篇文字逻辑缜密，证据清楚，有事实、有分析、有条理，说服力很强。由当时佑国这种身份的人出面来重温这一段史实是十分必要和恰当的，"档案还原真历史，告慰前辈在天灵"。看得出，佑国为这篇文字的写作下了极大的功夫，这也是他的学术成果中十分重要的一项。

十分凑巧的是，我和佑国还有两次文字上的交集，回想起来也很有意思。

一次是2009年，在中华人民共和国成立六十周年前夕，国家住宅与居住环境技术研究中心准备出版一本反映六十年来我国住房建设成就的书，要在当时七八十岁的人中，通过"住房亲历"的回忆或访谈，挖掘我国住宅发展活的历史，以此来反映住房建设的发展历程和成就。全书共约稿和采访了39人，出生年代从1929年到1959年。很巧的是，佑国和我都在其中，而且是两种不太一样的类型。

当时我以《筒子楼22年记》为题第一个交了稿。我于1965年被分配到北京院以后，先住单身宿舍，1968年结婚，一年以后才在院的单身宿舍中分得一间住房，而且在这座筒子楼的一间房里住了19年，直到1987年45岁时才分到了单元房，那时我儿子都已经16岁了。所以我当时很想吐槽一下长期住在筒子楼里的酸甜苦辣，也想"黑色幽默"一下。但佑国的文章和我的内容不一样，他的题目是《我的住房故事》，着眼于从出生、小学、中学、大学直到工作以后的住房变化状况。我看了以后，感觉就是写他前后搬家的次数特别多，如果从大学毕业算起，他前后搬家十几次，从竹筋棚子、芦席棚、长外廊、平房到单元房。即使从佑国1978年回清华读研开始算起，他自己统计搬家也有6次。后来清华、北大合建蓝旗营小区，1998年分房，佑国说："清华是按职位、职称、年资算分数，排序批房。两院院士吴良镛先生排第1号，我是10年的教授，3年的建筑学院院长，排第100号。房子是每层6户的塔式高层住宅，我挑的是南面的一套，客厅和主卧室均朝南，三室两厅两卫，建筑面积119m^2。"实际上，据说按当时的政策，现任院长是可以进140m^2的院士楼的，但佑国考虑建筑学院的具体情况，放弃了这次机会。做这个决定也是很不容易的，从这里也可以看出佑国的为人和胸襟。

另一次文字交集是在2010年，当时北京市建筑设计研究院《建筑创作》杂志社准备出版一套"低碳设计参考手册"系列丛书，让我写一篇序言，并准备作为这套系列丛书的总序。于是我以《低碳热点自由谈》为题，写了可持续发展理念的提出、温室气体排放问题、低碳发展面临的价值观和发展观念的转变，以及我们将面临的严峻挑战，尤其是低碳城镇化和低碳建筑面临的压力和问题等。这篇文章作为总序，只是针对丛书的主题发表意见，因此和丛书第一册的内容不太相合。

丛书第一册是由窦志和赵敏夫妇撰写的《办公建筑生态技术策略》，是以赵敏做佑国研究生时的硕士学位论文为基础，再加以拓展、补充而成，其重点在绿色生态建筑。佑国为这本书专门写了序言，并结合书的内容做了访谈。此前我知道，佑国除了在建筑物理方面的成就以外，对绿色建筑也很有研究。早在2001年，他就编写了《中国生态住宅技术评估手册》。在2008年北京举办夏季奥运会之前，他又承担了国家科技部立项开展的"绿色奥运建筑评估体系研究"，会同多家单位最后完成了《绿色奥运建筑评估体系》一书，并获北京市科技进步奖一等奖。后来，他还承担了国家"十五"科技攻关项目"绿色建筑关键技术研究"和2005年的北京市绿色建筑评估标准的制定工作，对我国绿色建筑的发展起到了重要的推动作用，在2007年获国际住宅协会"绿色建筑杰出人士成就奖"。他在书中的访谈，除了回顾绿色建筑的发展过程外，还厘清了几个重要的概念："低碳"不能涵盖"绿色"，"低碳"不能代替"绿色"，"低碳"只是绿色建筑的一个方面，"绿色"应该包含更丰富的内容。这些对我有很大的启发。也就是因为他在这方面的成就，他先后出任了中国建筑学会绿色建筑专业委员会主任、北京市绿色建筑促进会主任等职务。

回顾佑国的学术成果，可以发现他的学术方向比较多，在许多不同领域交叉学科都有所建树。除了前面提到的他对建筑学教育的想法和实施，还有在建筑物理方面的研究，他还是中国建筑学会建筑物理分会理事长，对建筑设计也有独到的心得。我们在设计首都机场时，在不同的评审会和讨论会上，都可以听到他在机场设计上的独到见解；记得他还发表过《关于重建圆明园的意见》的文章，这在20世纪末也曾是社会关注的热点，叶廷芳、汪之力等专家都曾发表过截然不同的看法，这又涉及遗产保护利用的问题；他还利用自己在清华开设文化素质教育核心课的机会，把开课讲稿整理成"建筑科普"丛书中三个分册出版，分别是《建筑的文化理解——科学与艺术》《建筑的文化理解——文明的史书》《建筑的文化理解——时代的反映》，并赠送给了我。佑国是那种术业有专攻，但在横向相关领域或交叉学科上又有很大的拓展的复合型专家，这固然缘于他主张的科学与艺术结合、理工与人文结合，加上勤于读书、善于思考、勇于实践的结果。应该说，在我们提倡自主创新的时代，这种类型的专家会起到更大的作用（图5）。

我没有想到的是,后来发现佑国还是我的"诗友"。我从1996年起,曾有一段时间有写打油诗的兴趣,于是陆续积存了一些诗稿,在退居二线后,2007年选了其中的百首诗作,辑成《学步存稿》一书,分赠送亲朋、师长、好友求教。不想很快得到佑国的反馈信件。原来,他也对此道感兴趣,并附上他的一批诗作,

图5　秦佑国先生(2014年,张海亮摄)

主要是毕业分配以后,在农场和工厂锻炼时,怀念母校、怀念同学、怀念家人的作品。他说:"写了一些小诗,音韵、平仄说不上,但情感是真实的。"例如,怀友的"何处为家?处处为家,七载同窗各天涯",怀念家人的"遥看牛女分河汉,蓝鹊何日渡我还",怀念母校的"今春复作桃花吟,已是崇明非圆明""薄暮柳梢月初上,思之亦神往",读来都十分感人。后来他说:"1970年自解放军农场出来以后,数十年没有写诗。2009年忽然又有了'诗兴',竟写了几首。究其原因,一是马国馨、何玉如与吴亭莉学兄寄赠他们的诗集,勾起来的;二是人进老年,怀旧之情日增。"但佑国后来的那些诗作并未陆续寄我,也是最近才见到。其中一大部分是在国内外旅游时触景生情,见物有感,还有一部分是忆旧或读书感怀,题材和内容十分丰富。但给我留下最深刻印象的是他在2009年的诗作,在2015年又重复了同一个主题,那就是对王国维墓碑的反复提及。2009年时,他以《清华园游人》为题写下:"不知清华精神在,静安碑下人影稀。"到了2015年,六年之后,仍以《清华园游人》为题写出:"清华游人依然多,静安碑前仍冷落。"这两首诗,一方面感叹人们对静安先生不甚关心,也从另一方面揭示了诗人在做深度思考时的内心世界,特别是他对于"独立精神、自由思想"境界的追求,由此也有助于加深我们对佑国的了解。"诗言志",佑国的诗作不仅可以反映他在文学方面的爱好,还可以让人从中体会到他批判性的心路历程。

在我印象中，佑国平日比较认真严肃，不苟言笑，但从他所作所为来看，他内心还是十分活跃和热情的（图6）。尤其他作为建七班留校同学中的主要人物，在他们班的集体活动中起了十分重要的主导和组织作用。我手中有一册他们班毕业五十周年时出版的精美纪念集《筑匠人生》，全书近500页，

图6　秦佑国先生（2016年，回崇明岛农场，家人提供）

内容丰富，图文并茂，装帧考究，佑国出任了本书的主编。书中收集了55件师长前后的题词，81位师长的照片，看得出主编和编委会在一年多时间里花了很大力气完成了班级的这一纪念巨著，诚如后记所说："由留校任教的前建筑学院院长秦佑国负责编制工作总牵头，包括材料汇编、总体结构、分工安排、重要决策和校对审核等。"而我自己感到十分得意的是，为祝贺清华大学百年华诞，我曾编辑出版了一册人物摄影集《清华学人剪影》，书中收集了在清华学习、工作过的师长和校友的照片，共241人，而在建七班《筑匠人生》一书中，采用了我拍摄的老师人像共11幅。但可惜的是，我那本书中没有收入佑国的照片，我一直引以为憾。此后，为了出版《清华学人剪影续集》（以下简称《续集》），我特地抓住机会为他拍了照片，准备在《续集》中使用。但随着《中华人民共和国民法典》的颁布施行，肖像权使用的规定变得更加严格，看来《续集》一时无法出版。但是这张照片还是可以寄托我对"中国共产党优秀党员、著名建筑教育家、建筑家秦佑国教授"的怀念之情的。佑国秉承"不逐名利身力行，一片冰心在校园"的精神，在清华建筑学院的教育发展史上，应可以占有一席之地。

注：文中所引用诗句，均出于秦佑国教授诗作。

2022年1月15日夜2时一稿
2022年1月25日修改

悼秦佑国学友

吴硕贤[1]

> 六载同窗忆谊亲，深研声学写鸿文。
> 英才讵料从兹去，世上知音少一人。

2022年1月29日

---

1. 吴硕贤，中国科学院院士，华南理工大学教授、博士生导师、建筑技术科学研究所所长，曾于1965—1970年、1978—1984年在清华大学土木建筑系及建筑学院攻读本科、硕士、博士学位。

亦师亦友

——追忆秦佑国先生

刘加平[1]

秦佑国先生是我国建筑学界极具创新思想的学者之一，也是21世纪我国建筑物理学界的领军人之一。长期的建筑教育实践与丰富的建筑科学研究成果积淀，促使秦先生较早地对我国快速城镇化进程中的城市建设与建筑设计进行了深度思考，特别是对建筑、艺术与技术的相互支撑和融合关系、中国传统建筑与文化的精髓、中国现代建筑的民族性表达、快速城镇化进程与社会和谐等方面，秦先生都创新性地提出了极富当代意义的中国建筑理论观点，可谓"心怀技艺贯西中，谠言嘉论树新风"。绿色建筑理念进入中国，秦先生又率先带队研发建立了适应我国国情的首批绿色建筑评价标准。他倡导的研究与创作具有中国地域特色绿色建筑的理念，对我国全面推广与普及绿色建筑产生了深远的影响。博学多识，功若丘山，才德兼备，大家风范，是秦先生一生的写照。

我与秦先生于20世纪90年代初相识，缘于同属建筑物理学科。而向先生深入的学习与请教，是2001年我在清华建筑学院做高级访问学者期间。2000年年末，经清华大学建筑学院原党委书记左川教授指点并亲自筹办，我有幸成为清华大学"双百计划"实施后建筑学院的第一位高级访问学者。2001年"五一"长假后，我去清华报到，左川书记在生活方面给予了全方位的安排照顾。而学术方面，则是由学院院长秦先生负责。短短的一年时间里，我不仅全面熟悉了清华建筑学院的教学、科研及日常运行管理模式，提高了科学研究兴趣，而且最重要

---

1. 刘加平，中国工程院院士，西安建筑科技大学绿色建筑全国重点实验室主任，中国建筑学会副理事长、建筑物理分会名誉理事长。

的，是从秦先生那里学会了深度思考建筑设计与建筑技术相结合的范式。而就在这一年，在秦佑国先生、陈启高先生等前辈的支持下，在将满45周岁时，我有幸成为建筑物理学科第一位国家杰出青年基金获得者。日后每当回想起来，我都会想如果没有秦先生等前辈们的鼓励和鼎力支持，我真不知自己后来的专业发展会走向何处。

秦先生于我亦师亦友。2004年10月，在东南大学召开的中国建筑学会第九届全国建筑物理学术年会上，秦佑国先生当选为建筑物理分会第九届理事会理事长。2008年11月，在华南理工大学召开的第十届建筑物理学术年会上，秦先生连任第十届建筑物理分会理事长，至2012年9月第十一届理事会换届担任理事会顾问理事为止。在秦先生担任中国建筑学会建筑物理分会理事长期间，我作为副理事长，负责建筑热工与节能学科方向的召集工作，也就有了更多与秦先生交流学术思想的机会。十多年间，我曾多次与秦先生共同出席建筑物理分会的各类学术会议，多次聆听过他那淋漓尽致、充满智慧和感染力的学术报告。时至今日，《中国现代建筑的中国表达》等敲击心灵的学术报告场景依然历历在目。我也曾多次邀请秦先生来西安建筑科技大学建筑学院传授新时代建筑研究与创作的新思想，领略他思想启蒙者的风采。秦先生胸怀之乐志，思路之敏捷，谈吐之热情，笑声之爽朗，我至今未能忘怀。近十几年来，曾深受秦先生建筑学术思想影响的一代西建大中青年学子茁壮成长，推动着中国西部绿色建筑的全面发展，应该是对秦先生最好的追思。

秦先生，一路走好。

2022年2月11日

永远的思想者
——纪念秦佑国先生逝世一周年

庄惟敏[1]

秦佑国先生是清华大学建筑学院的老院长，又是我的老师、学长，然而，在我心里，他更是一位思想者。

投身教育，不忘初心，他把教书育人作为他事业生涯中最重要的一项使命。这一使命感缘于秦先生自身的人生经历。他从一位苏北农村的留守儿童，到考入清华大学土建系，曾经为了买一本英汉词典，只喝免费菜汤，他最能体会学子的艰辛，也最渴望知识的滋养。毕业后，他投入国家经济建设第一线。八年后恢复研究生招生，他再次考回清华大学，直至毕业留校任教。他以自身的大跨度的经历，感悟到教育是人生最重要的财富，在纷繁的人生目标中，他选择了投身教育事业。秦先生舍弃其他，而唯独选择投身教育，这是他的智慧选择。得益于自身丰富的生活、工作、教育和学术背景，秦先生作为建筑系的教师，不仅在建筑理论、历史、文化方面，更在技术、科学方面有超乎寻常的理解，他总能将这些方面的知识融汇起来，进行深邃的思考。我在纪念梁思成诞辰120周年撰写梁先生纪念文章的时候，曾经深入地研读过秦先生的文章，以及流传在业界的部分讲稿和PPT。这些讲稿都是秦先生亲自编撰，一幅幅插图、一段段文字，都能够显现出秦先生独特的视角和他融会贯通的阐释，以及他对建筑学深刻的理解和博古通今的思想脉络。这种思考超越了我们一般意义上在建筑学本体层面的认知，更多地体现了一个科学家的视角和洞察，对当今建筑学，尤其对当今中国建筑学的定位是一种思辨。

---

1. 庄惟敏，中国工程院院士，全国工程勘察设计大师，梁思成建筑奖获得者，2013—2020年任清华大学建筑学院院长，现任清华大学建筑设计研究院首席总建筑师，清华大学建筑学院教授、博士生导师。

秦先生是一位思想者，是因为他明确地将建筑教育指向科学与艺术相融合的思想，以及他对这一思想的逻辑阐释和思辨剖析。在对当代建筑教育的认知上，他继承梁思成先生对建筑学教育的定义，又融合吴良镛先生人居环境科学理论，对中国当代建筑学的教育给出了明确的定义。秦先生在1997—2004年间任清华大学建筑学院院长。2008年，他在《清华建筑教育六十年》一文中指出，建筑学院在"广义建筑学"和"人居环境学"理论指导下，继承和发扬清华大学建筑系优良传统，其建筑教育思想可以概括为：建筑学即科学与艺术的结合；建筑教育即理工与人文的结合；学科构成即建筑、城市和景观三位一体；建筑教学即基本功训练与建筑理解的结合；能力培养即创造力与综合解决问题能力的结合；思维训练即形象思维与抽象思维的结合；思想教育即思想品德教育与建筑师职业道德教育的结合；培养目标即职业建筑师与专业领导（leader in the profession）的结合；办学模式即教学、科研和工程实践的三结合；办学目标即坚持清华特色与创建世界一流的结合。这篇文章被认为是对自1946年梁思成创办清华建筑学科以来到2006年六十年间清华建筑学教育的一次小结，也是对清华建筑教育的一次全面的学术表达。

秦先生是一位思想者，也体现在他对建筑学科在清华大学整体学科架构中的发展的思考。在秦先生任清华大学学术委员会委员期间，他向清华大学领导提交报告，向教育部写信，提出自己对中国大学教育的一些看法。他认为，重点大学本科应办成文理（science and arts）结合的教育，不仅要进行"素质教育"，还要进行"气质教育"，不仅讲"能力"，还要讲"修养"（科学修养、人文修养、艺术修养、道德修养）等。他应该是在清华大学里面提案最多的，也是提出来的建议最具思想性和深刻性的一位委员。他总是站在一个学者思辨的角度，用正反两个方面来论述他的观点，而这样一种善于思辨而极富逻辑性的思维方式，使得他具有不同于一般建筑学学者的气质。

秦先生是一位思想者，还在于他作为建筑教育责任人——清华大学建筑学院院长的大智慧。我在2013年任学院院长期间，秦先生多次与我恳谈，面对面地传授经验，从行政管理、岗位职责到如何"双肩挑"，如何在管理和业务方面取得平衡，乃至在处理矛盾时所应采取的策略。他对我说："我一直认为，大学的资深教授要为本科低年级学生讲课。"谈话中无不体现出对学科关系的睿智洞察，以及对建筑教育的深刻理解，其中更体现出他的人文关怀，以及纵横于科学、艺术和管理之间的游刃有余的智慧。此后，我在做院长期间，一直牢记着秦先生的教诲，也一直努力去承担一、二年级的专业课，以及做他们的班主任。秦先生给我强调最多的是做院长的职责，他说，教书育人是学院工作的核心，而在这个核心中，要认清：中国的大学要跻身于世界一流大学的"圈子"，就应该立足于中国。中国的人口、资源、环境、社会、"三农"问题、城市化进程、经济和政治体制改革、国际战略等都是世界一流大学和学者关注的问题，在这些方面开展研究，取得高水平的成果，就可以和世界一流大学平等地交流和对话。当下最重要的又是尽可能地扩大对外的交流，扩大国际间的交流，只有这样，我们才能有更开阔的视野和眼界，才能够知道我们在世界上的位置，才能够知道我们应该如何去做。事实上，在秦先生任院长的七年里，清华大学前后派出26人访学，其中哈佛大学10人、麻省理工学院6人，后来这些访问学者全部回归，无一滞留。

秦先生是一位思想者，他不仅在本土的建筑教育上有深刻的思考，更在中国建筑学教育的国际认证方面发挥了巨大的开创性和引领性的作用。秦先生是我们国家加入《堪培拉协议》的最初的推动者之一，在他的带领和组织下，我们在《堪培拉协议》最初的互认经济体中具有了重要的地位。在他的主导下，中国在《堪培拉协议》成员体中发挥着举足轻重的作用。正是因为秦先生的积极投入与倡导，以及若干次地提出极具前瞻性和国际视野的建议，使得中国在《堪培拉协议》组织中持续发挥着重要的作用。不仅如此，秦先生还在国际建筑师协会建筑教育委员会等国际组织中发挥作用，发出中国的声音。同时，秦先生也是全国高等学校建筑学专业教育评估委员会的首任主任，我国现行的建筑学专业教育评估体系也浸透着秦先生的心血。

秦先生在任期间，大力进行教改，提出和推进设计系列课程的教学改革。他倡导建筑设计及其理论专业的硕士生设计（一）课程统一教学，强调大一新生从一开始就"做设计"，学生可以在一定范围内根据兴趣自己选择设计题目（三选一），自己每年为新生讲第一堂课"建筑概论"，同时推进三年级设计课的工作营（studio）教学方式。这些具有探索性的改革都成为国内建筑学教育的重大变革，被学界广泛借鉴。

秦先生是一位思想者，也在于他对建筑学科内涵和外延的深刻理解，以及具有前瞻性的学术思考。秦先生在其2004年年底的离任报告中明确提出了"清华建筑教育思想"内涵，提出了"建设具有世界先进水平的一流建筑院系的目标、标准和努力方向"，提出了"新世纪清华建筑学学科的研究和发展方向"，论述了如何推进专业设置和学制改革（详见《离任述职报告》发言稿）。在秦先生的主导下，1999年，原属热能系的暖通空调教研室及其专业并入建筑学院，与建筑技术教研室合并组建为建筑技术科学系，设立建筑环境与设备工程专业。自那时起，清华建筑学院成为建筑、规划、景观和建环四个学科相融合的大建筑学学科架构，也成为国内第一个建立这种大建筑学学科架构的学院。在后来的几十年里，清华建筑学科在建筑节能、绿色建筑、室内环境控制等领域走在了国际的前沿，也成为国内建筑学科在技术领域快速发展的排头兵。

秦先生是一位思想者，也在于他是建筑学者中在技术层面乃至于最基础的数学层面具有绝对优势的一位学者。他于1996年发表的《建筑与数学》，是国内建筑学界无人涉足的论题。他在文中提出："可以预言，这些理论（指混沌、非线性、复杂性理论）很快会被引入到建筑理论中来，成为新一代建筑思潮的自然哲学基础。"秦先生在建筑学院开设建筑技术专业课，甚至在中央美院讲授"建筑数学"这门课，而且还大受欢迎。这足以证明，秦先生能够将数学这样一个抽象的学问巧妙地融汇于建筑学中，将艺术与科学完美结合。这需要对建筑学有深刻的理解，同时又对数学有精深的把握，最重要的是能够将两者娴熟地融合起来，这样一种非凡的充满智力和睿智的教学，让秦先生乐在其中，也是他大智慧的体现。至今，中央美院的师生们依旧留恋当时秦先生在那里讲授"建筑数学"课时的情景。

中国的建筑教育需要有这样的思想者，他不仅立足于学科本体的思考，深刻地理解教育的内涵和外延，更重要的是他还能够跳脱出学科的本体，将其思想扩大到整个学术体系，同时将中国的建筑学科教育引向世界。

怀念秦佑国先生，我心目中的建筑科学的教育家、建筑学者中的科学家，永远的思想者，我永远的老师。

回忆秦佑国老师二三事[1]

江亿[2]

我们俩是在1978年上研究生时认识的,尽管他比我大8岁。

首先,关于做学问,我简单说几点。

秦先生搞声学,在我脑子里面,搞建筑的都是搞艺术的,但是在他那间屋里,他工作起来真是研究物理、研究学问的,还有吴硕贤,后来都成为声学大师。当时,秦老师就解决了一些建设项目的隔音防噪问题,应该是得过军方的奖。这些详细情况我不知道,我知道的是,20世纪90年代,我在中南海的一个空调项目的噪声问题解决不了,就开着车把秦先生拉着到那儿去。秦老师到现场仔细看过之后,测出问题在哪儿,给我点出来哪儿出的问题,怎么治,立即见效。

从2000年开始准备2008年的奥运会。从2002年开始,我拿到"绿色奥运建筑评估体系研究"这么一个挺重要的项目,找到各个领域的一大批人,但是我后来想了想,还是请秦先生出山,让他带头,来帮各个行业定夺。这是中国最早开始研究绿色建筑,也是我跟他开始学术上深入合作。我觉得秦老师对建筑领域、对未来课程发展有特别深刻的认识,就是从那次和他合作,他告诉我该怎么办绿色奥运,头一条先得看设施,是不是该建,规模该多大,不该建的建了,规模超了就都不属于绿色建筑。这件事开创了中国绿色建筑发展的先河。

秦老师退休后,搞起了建筑数学。这真是在动脑子做研究。学数学,但不是学解题能力,而是学数学思维方法,我觉得这一点非常重要。中国的数学教学,很多都是培养学生快速解题,玩题海战术,一点儿意思都没有。秦老师能把数学里边的深刻的思维方法、哲学理念整理出来,给咱们建筑学专业的学生讲,非常

---

1. 本文根据作者在2022年2月24日秦佑国先生逝世一周年追思会上的发言整理。
2. 江亿,中国工程院院士,清华大学建筑节能研究中心主任、教授、博士生导师。

好，这说明他自己在这方面有深入的思考。

然后，再说做事。我们当初是在热能工程系，他是1997年当的院长，我还没过来。当时，清华头一回得到"211工程"的经费。我跟秦老师说，咱们建筑以后建筑技术设备这块也得发展，这是重要发展方向。所以尽管我们没在建筑学院，可是建筑学院的"211工程"经费分给了我们。我们的头一笔钱是从秦老师那儿拿过来的。这极大地支持了我们的发展，尤其是张寅平的室内空气质量研究，研究化学污染，一套仪器就需要几百万，没地儿弄来钱。依靠这笔"211工程"经费，我们发展出一个新的学科方向。之后，我们搬到建筑学院这件事经过了三年的努力，一开始还是胡绍学先生带头，最初秦老师还没接任建筑学院院长就开始接触，秦老师接任院长之后，继续推进这件事儿。秦老师对这件事的认识是非常清晰的，因为当年梁先生在规划的时候建筑里面有几大块，其中就有技术。我们进了建筑学院之后，秦先生积极地促进几大块的融合。刚才说到声学，大概建筑学院到现在，发表的文章中档次最高的就是秦老师的一个学生写声学方面的，写得很深刻，是发表在 *Physic Review Letters*（《物理评论快报》）上的。

最后，说做人。我见到好几回，比如，有一次秦老师上班路过建筑学院门口，有两个垃圾箱摆得不对，他到办公室拿起电话，准备和学校有关部门的人提建议。他看着人挺厉害，脾气不好，其实心里头是对学校、对清华园环境真诚的热爱，但别人听着好像是他在电话里和学校的有关部门吵架。我平时不总上他那儿去，但是好几次听到他在电话里吵架。这些事都是为了清华，现在这种人真是太少。这里面深刻地体现了秦先生无畏地、一心热爱着建筑事业，热爱着清华，热爱着他承担的工作。只有全心全意，才能把事做好。对于秦先生来说，这是头等大事。

刚才说了做学问、做事、做人。从1978年算起，我们有44年的交情了。前几年我们接触不深，但是后来来往还挺多。咱们把书教好，把学办好，把建筑事业发展好，就是对秦老师最大的感谢。

情系中国建筑教育[1]

伍江[2]

秦先生跟我之间不是师生关系，也不是同学关系，他比我年长很多，但是我跟秦先生之间有一个非常重要的缘分，那就是1996年秋天到1997年春天整整6个月，我们俩一起在美国的哈佛大学设计研究生院（GSD）做访问学者。那段时间，我们可以说是朝夕相处，建立了非常密切的友情，所以秦先生去年过世的时候，我是非常难过的，但是因为疫情也没有机会去参加最后的追悼会。所以今天我很愿意能够有机会在这里表达我的心情。

当然，在这里不仅仅是回忆我们的友情，更重要的是怀念我从跟秦先生的交往当中学到了非常多的东西。回忆26年前在哈佛的半年，我和秦先生，还有来自山东建筑大学的吕学昌老师，三人共享同一间办公室。当时，毛其智先生也在麻省理工学院（MIT），我们经常在一起。可以说，秦先生跟我无话不聊。我们讲得最多的是关于中国的建筑教育，他说我们出来也是为了能够反思，来"远视"我们国家的建筑教育有什么问题，有什么差距，有什么我们可以学习借鉴的。我当时跟他开玩笑，说："您一回去肯定就做清华建筑学院的院长了。"后来，他果然回来做院长了。不过那时候他很客气，他说："我们作为老师，还是应该多想想中国建筑教育的问题。"他对当时的国内建筑教育状况是有很多独特见解的，其中不乏尖锐的批判。我们在讨论中有许多共同的看法。我记得很清楚，当时在谈到中国的建筑教育时，秦先生讲得最多的，也是我们俩讨论的最多的，有两件事。

第一件事，他说我们现在科学技术发展得非常快（大家都知道秦先生数学特

---

1. 本文根据作者在2022年2月24日秦佑国先生逝世一周年追思会上的发言整理。
2. 伍江，法国建筑科学院院士，同济大学教授、博士生导师，曾任同济大学常务副校长。

别好,学的是建筑物理。他对这个问题非常敏感),而中国的建筑教育(我们的老师,我们的同学,我们的设计课)对于科学技术的这种进展太不敏感。他讲这话已经是二十六七年以前了。那个时候,我们在哈佛有机会全面接触到最新的那些网络环境,非常兴奋。当时我们中国的互联网还很不发达,我们就在那儿天天上网。我碰到任何计算机的问题,都要请教秦先生,他虽然比我年长,但是对技术的东西比我敏感得多。他认为不论是在中国还是在外国,建筑学几千年以来的发展,都是跟科学技术的进步紧紧地结合在一起的。今天,科技发展已经到了这样一个极其重要的科技革命的时候,建筑学如果还是这么麻木,恐怕不行。所以后来我觉得,秦先生回来以后,在清华,包括我回来以后在同济,也都是拼命地想要推动我们的建筑学的教育能够紧紧地跟上科学技术发展的步伐。直到今天,我也认为我国建筑界仍然需要加强与科技发展的紧密衔接。

我俩谈论最多的第二件事,就是当时中国建筑学老师的状况,特别是建筑学院的老师怎么能够把更多的心思用在教学上、用在人才培养上。当时在清华和同济都存在同样的问题,我们的老师都比较沉迷于做一个建筑师,做作品。当然,这都很好,因为假如你不是一个好建筑师,很难说你能教出一个好建筑师。但问题是,如果你没有把足够的精力花在教室里,花在学校里,学生不能从你的身上直接学到知识的话,那么很难说我们的教育是成功的。那个时候,我们都认为中国建筑教育面临的另一个主要问题就是老师把自己更多的精力花在自己对于设计业务的追求上,而不在教学上下功夫,没有把主要精力放在教室里。大学是一个人专业素养和能力最重要的塑造期,学生能否有更多的机会和老师交流,得到老师更多的引导和指导,会影响他一生的专业生涯。老师自身专业水平的提高非常重要,但和职业建筑师的不同之处在于,老师提高专业水平的根本目的应该是教得更好。

现在去反思,已经二十七八年过去了,我觉得我们今天中国建筑教育比那个时候有进步了,但那个时候我们讨论的这两个问题,现在其实仍然存在,尽管现在我们的建筑界对于科技的进步越来越敏感了,各种各样的技术,数字技术、网络技术,包括绿色建筑也开始越来越多地影响到我们的教育,但是实际上还是不够。看看我们的课程安排,看看我们的教学大纲,看看我们的论文,大部分还是对这方面不够敏感。而我们的教育者花多大的精力在教育上也是一个很现实的问题。我觉得我们不少大学的老师仍然存在20多年前的问题。当然，大部分老师教学是花精力的，也是认真的，但是到底是不是全身心地把自己的心思都放在培养人才上？老师想自己的事多还是想学生的事多？学校的职称评定到底有多少是看他的教学水平和对教学的投入？我觉得现在这仍然是一个问题。

这几十年里面，秦先生也一直跟我保持了非常密切的交流。他每次在教学上有什么心得（比如说，他给同学上课讲林徽因先生的事迹），就会在第一时间把PPT发给我，跟我分享。还有在清华，他碰到教学上的一些好的事情，一些令人兴奋的事情，甚至他在图书馆找到了100多年以前的建筑杂志，他都会很高兴地把他拍的照片发给我，说："你看，我们清华那时还没有建筑学，竟然就有建筑学的杂志。"所以他是一位对于教育充满了情怀，充满了感情，也充满了思考的老师。

我今天利用这个机会，与在座的各位现场的老师一起做一个分享，表达我对秦先生的缅怀之情，但更重要的是，我觉得秦先生对于中国建筑教育的思考，对于我们当下仍然有着很强的现实意义。

清华大学建筑学院与社会学系的跨学科建设

——回忆与秦佑国院长学术交往二三事

李强 [1]

与秦佑国院长最初相识是在1999年我调入清华大学人文社会科学学院以后。我本人是从事社会学研究的,调入清华大学以后,面临的头一个问题就是如何招收社会学专业的研究生。在大学当老师以教书育人为本,所以,带学生是最要紧的事情。当年清华大学社会学系正在筹建之中,还没有社会学学科的博士点,这样就无法招收社会学的博士生。

为了使得学科建设尽快走入正轨,学校建议可以与清华大学已有的学科合作,培养跨学科人才。通过一段时间的了解,我们认识到社会学的城市社会学与清华大学的城市规划专业比较相似,城市社会学擅长于城市社会调查、城市居民生活研究、城市住房体制机制研究、城市社会群体的空间利益关系研究,而城市规划擅长于城市空间布局、城市建设的综合部署,这两个学科的共同点是研究的目标都是提高城市生活品质、提高城市经济社会的水平、提高民生福祉。清华大学吴良镛院士很早就提出了"人居环境"的概念,强调人、人民群众在城市发展中的核心地位,这一理论与社会学的城市理论也十分契合。由此,清华大学的社会学系就开始了与清华大学建筑学院的交往。当年,秦佑国先生担任清华大学建筑学院院长,他与吴良镛院士找我谈合作的事情,在招生的事情上,他们都积极支持在城市规划专业招收跨学科博士研究生。

由此,我们就开始了一种社会学与城市规划专业合作的实验。社会学方面招收的学生,本科和硕士都是社会学专业,入学后,学生必须修满建筑学院规定的

---

1. 李强,清华大学社会科学学院教授、博士生导师,曾任清华大学人文社会科学学院院长和社会科学学院院长。

博士生全部课程，培养环节非常严格，博士学位论文也要经过城市规划专业教授组的审核，最后获得的是工学门类的博士学位。这一阶段，我招收的两名原属于社会学专业的学生——彭剑波和吴春，都认真修满了建筑学院规定的全部课程，完成了高水平的城市规划的学位论文，顺利获得工学博士学位。这两位学生毕业后也一直从事城市建设规划方面的工作，取得了优异成绩。这些成绩的取得首先应该感谢秦院长的鼎力支持。后来，社会学系大约在2003年获得了社会学博士点，当年联合培养的一些具有社会学背景的学生就由此转入了社会学系的博士点，没有再坚持攻读城市规划的课程。今天回想起来，这是一件颇为遗憾的事情。

但是，由此开启的建筑学院与社会学系的学术交往却从来没有中断过。我曾多次参加秦院长和吴良镛先生开设的研究生课程。按照秦院长的构想，建筑系的学生不仅要学习建筑学、城市规划、景观方面的知识，而且要开阔视野，学习文史知识、自然科学知识、社会科学知识、艺术美学方面的知识。为此，他专门开设了"建筑、科学与艺术"课程，邀请不同学科领域的学者讲授各自擅长的研究。这个课程是给建筑学院全体研究生开设的，博士生与硕士生都在一起听课，由秦院长亲自主持。每次，他总是早早就到了教室，讲课开始时他会介绍一下讲课者的基本情况，讲授以后他会组织学生提问交流。我几乎每年都参加这个课程的讲授。最初，秦院长希望我能够介绍一下社会学的基本理论，因为多数建筑学院的学生还不是很了解什么是社会学。于是在一开始的几年，我多是介绍一下社会学的各个理论流派，介绍社会学考察社会的不同理论视角（perspectives），课件也不断更新，后来总结出了十多种考察社会的理论视角。我认为搞建筑、盖房子最终也是要为人群、社会、民生服务的，所以了解考察社会的不同理论视角对于设计房屋、搞建筑也是有帮助的。该课程从近二十年前开始，一直持续到今天。我在后来一些年的讲授中，也将讲授内容从一般地介绍社会学理论，逐渐转为我所从事的城市社会学研究的各种专题上来，每次讲授自己新近的一些研究项目和研究课题。后来，秦院长又安排左川教授负责该课程，左川教授也为该课程的建设做出了很大贡献。

通过秦院长开设的这门课程，我也与建筑学院的学生有了较多的交往，并多次应邀参加建筑学院研究生的论文答辩。在我本人为社会学系学生开设的课程中，也常常有建筑学院的学生来选课。多年来，有不少建筑学院的学生选修我讲授的城市社会学本科生课程、城市社会学专题研究生课程、社会分层与社会流动课程，有的时候建筑学院的学生还占很高比例。在这一段时间里，我还先后带过建筑学院的两名毕业博士做博士后研究，她们研究的领域都偏于社会规划，以及城市建设中的社会因素。刘佳燕和陈宇琳两位博士后都非常优秀，她们在博士后出站以后，都留在了建筑学院任教。建筑学院与社会学系有如此密切深入的交往，得益于秦院长当年的开创性布局。

在建筑学院与社会学系交流的最初时期，我记忆比较深的是两个学科的教师曾一起去河北蔚县。大约是在2002年，由秦院长带队到蔚县调研。我记得建筑学院的老师中，除了秦院长还有毛其智教授、尹稚教授、左川教授、边兰春教授等，社会学系的老师还有孙立平教授、沈原教授、景军教授等。蔚县距离北京200多公里，当年还没有高速公路，走的还是一般公路，所以，路上用了大半天的时间。一路上，秦院长不仅介绍了建筑学院的情况，还讲了沿路风土人情的很多故事。蔚县具有悠久的历史，据说周代时期就已建城，我们调研时古城内有玉皇阁、南安寺塔、释迦寺及书院、大的院落等，从建筑学角度看很有价值。秦院长讲了很多古建筑方面的知识，社会学系的老师们大开眼界。

随着两个学科交往的加深，秦院长还开拓了两个学科师生的合作研究。比较大规模的合作研究是关于北京什刹海地区的研究。什刹海历史文化保护区的规划与建设历来是清华大学建筑学院参与的一项重要工作。北京旧城保护在清华大学建筑学院的学术研究中有着久远的历史。就在社会学系与建筑学院进行跨学科研究的时候，北京市政府将北京历史文化保护区在原有的25片基础上，又新增了15片，而什刹海地区是北京旧城保护地区之中空间面积最大的一片。这样，跨学科的合作就集中到了什刹海地区的历史文化保护工作方面。什刹海坐落在北京西城区，所以比较多的是与西城区政府联系，受西城区政府的委托，当时的隋振江副区长（如今任北京市副市长）是城市规划方面的专家，他也直接抓这方面的工作。

按照秦院长的安排，首先是清华大学社会学系与建筑学院在该地区开展调查研究。社会学系师生历来擅长社会调查和问卷调查，而建筑学院师生擅长于画图。社会学系与建筑学院师生共同参与，发挥了各自的长处，这是一次成功的合作。此次调查证明，房屋的规划、改造和建设，首先是为人服务的，规划、改造和建设必须要使居住者满意。因此，在房屋建筑方面，社会学有很大的参与余地。在此次调查以后，清华大学的社会学系与建筑学院有了更多的合作，参与了一些城市的规划建设。

什刹海的面积很大，当年调查的并不是全部什刹海地区，而只是其中的一小部分。调查的具体地点为"烟袋斜街居委会"地区，包括地安门外大街和烟袋斜街、大石碑胡同、小石碑胡同、万年胡同、前海东沿五条胡同。

该调查研究的目的是要处理好旧城保护与改造的关系。保护当然就是尽可能保护景观、建筑、历史、文化，等等。改造则是指这个地区的房屋大多比较破旧，居民居住拥挤、房屋的基础设施很不齐全，所以，在保护古城的同时，还要修建、修缮和改造房屋，以改善居民的居住条件和生活条件。在调查中我们看到，北京旧城的保护和改造难度相当大，外迁与回迁的关系很复杂，再有就是资金问题、住房产权问题，等等。在认真分析该地区居民状况、房屋状况和居民意愿的基础上，课题组强调了什刹海旧城保护与改造的三条基本原则，即遵守历史文化保护区的保护规划、保护区内的危旧房屋应采取区别对待的原则，小规模、渐进式、标准多样化的更新改造原则，以及尊重居民意愿、减少社会矛盾的原则。这些都是在秦院长的指导下完成的。

在秦院长领导下，建筑学院与社会学系的北京什刹海地区历史文化保护调研与规划的工作也引起了联合国教科文组织的关注，后来两个学科的师生们又承担了北京、罗马、巴黎三大城市历史文化保护比较研究的课题。

这些很多都是十余年前，甚至二十年前的事情了，今天回忆起来恍如昨日发生，秦院长谦谦君子的形象也永远地留在我的脑海里。

2022年1月7日

斯人已逝　思念依旧[1]

胡绍学[2]

今天来参加秦佑国同志的追思会,我的心情是既沉重又难受的。秦佑国同志比我小八岁,却过早地离开了我们,真是太可惜了。今天这个追思会,主要是大家借此机会倾吐一下对秦佑国同志的思念之情,缅怀他的为人、学问及事迹。因此,我也谈一下我与秦佑国同志相处期间对他本人的一些感受。

1994年年初,组织上安排我担任建筑学院院长,那一届院长和副院长一共四人,就是我、冯钟平同志、单德启同志及秦佑国同志,在讨论研究分工时,结果是把行政、财务和后勤这一摊子工作都交给秦佑国同志管了。其实,我也知道秦佑国同志是建筑技术,特别是建筑声学方面的专家,让他去管行政、后勤是有点儿屈才了,但这在清华也是很正常的事,大家都是教师,不管哪方面的工作,总归是要有人去承担的,毕竟秦佑国同志在我们四个人当中是最年轻的。结果秦佑国同志在这方面的工作做得非常认真和出色。当时,我们的建筑馆还在施工,而我自己那时候身兼数职,除了教学工作以外,还有经管学院、法学院等不少工程设计任务,实在有点儿忙不过来,因此建筑馆工地上的收尾项目及装修工程中不少麻烦事情都由秦佑国同志去处理了。譬如说,建筑馆建设捐赠款项的管理、消防验收及装修工程中不少麻烦事,乃至王泽生报告厅内座椅的承包问题等,都不是很容易解决的,但他都主动承担,认真细致地解决矛盾,总之处理得都很好,这些事给我留下了很深的印象。当然,这仅仅是反映出秦佑国同志对工作认真负责及有很强的工作能力的一个方面而已。

后来,秦佑国同志在换届中担任了建筑学院院长。之后,我又回到了建筑

---

1. 本文根据作者在2022年2月24日秦佑国先生逝世一周年追思会上的发言整理。
2. 胡绍学,中国工程勘察设计大师,曾任清华大学建筑学院院长、清华大学建筑设计研究院院长。

设计研究院工作。由于建筑设计院和建筑学院之间的密切关系，加上我依旧承担建筑学院专业基础课的讲课工作及指导研究生工作，所以我虽然和秦佑国同志的工作交集和接触少了，但我的博士生在写论文的过程中还是去找过他指导的。另外，通过参加一些研究生论文答辩会及一些学院组织的学术活动等，我对建筑学院的教学、科研及重大项目的情况还是有所了解的。通过这些了解，我也觉得秦佑国同志在担任建筑学院院长期间，乃至退休返聘之后，真是做了大量的工作，有思想、有追求、有担当。他在办学方向、专业配置、学术思想、人才培养等方面，都做出了显著的成绩，一方面充分体现出他继承了清华建筑系梁思成先生、吴良镛先生等老一辈建筑教育家的办学思想和优秀传统，另一方面也体现出他善于思考、立足创新变革、开拓进取的精神。

我对秦佑国同志最深的印象便是：他不仅仅是一名专家或教师，更是一个善于思考的思想者。今天会前，我看过庄惟敏同志写的一篇悼念秦佑国同志的文章。我非常同意庄惟敏同志对秦佑国同志的评价，他的文章引发了我的同感。今天我说秦佑国同志是一个思想者，就是借用了庄惟敏同志的这个说法。

我们清华大学建筑学院，从梁先生开始，就提倡我们建筑学的理论根基——"建筑是艺术和工程技术的结合"，同时梁先生还明确提出要重视人文学科。后来，吴良镛先生又提出"广义建筑学"理论，提出建筑、城市、景观及建筑技术共同组成的大学科体系。这些年来，大家都是围绕着这个办学思想在努力。但是时代在变迁，科学技术迅速创新发展，国家需要我们培养出既具有创新意识、又有工程实践能力的建设人才，我们的办学思想怎样才能跟上时代的发展变化及科学技术的快速发展步伐？怎样才能满足新时代国家建设的需要？这是所有的建筑教育工作者面临的重要使命，秦佑国同志在任职期间乃至退休返聘工作期间，一直都在十分用心地在思考这个问题，他在继承清华大学建筑学院优秀的办学模式的同时，加入了他独立思考得出的一些想法和建议，譬如：他关于"艺术与科学两者关系"的思考；关于培养建筑师过程中既要重视创新能力，又要提高学生全面综合能力的建议；关于建筑设计中形象思维与逻辑思维的关系，等等。他特别提到了一个建筑师只会画图、构思方案、做平面立面方案是不够的，还必须有全面的组织能力、对各专业有所了解并具有综合协调的能力，等等。说到这里，我不禁想起一个人，那就是黄报青先生。黄先生是我的老师，当时他是建筑系民用建筑教研组主任兼系秘书。20世纪50年代末期，建筑系承担了国家大剧院的全部设计任务，学校组成由建筑系、土木系、水利系、电机系及机械工程系300多名师生参加的大设计组，黄先生担任组长。这项工作的确是非常复杂且不容易的，当时他就对我们这批尚未毕业的学生反复强调，做建筑师不能只懂建筑设计，一定要熟悉其他专业的要点和要求，要善于综合协调各专业之间的配合工作……黄先生那时的话，几十年来我都还记得，现在秦佑国同志也特别强调这一点，和黄报青先生的论点是异曲同工了。

总之，我觉得秦佑国同志是一个不满足于一般地按已有常规当教师、讲课教学生的人，他是一个出于进一步改革、提高教学质量的初心，从而认真阅读、努力思考、提出自己的见解和建议的好教师和领导，这是很难得的。

秦佑国同志治学严谨、学识多而广，他不仅在建筑声学方面是专家，而且对建筑设计理论、绿色生态建筑乃至艺术理论等方面都有深入的研究。我记得很久以前，我当时的研究生在写学位论文时曾请教过秦佑国同志，他对国际上有关绿色建筑的评估标准了解得清清楚楚，说起来头头是道。当时，我很惊奇，要知道，在二十多年前，能讲清楚这些东西的人还真不多。

秦佑国同志确实是一个难得的人才，他长期以来，一直在努力地为我国的建筑教育、学科发展、人才培养做出贡献，但他却因病去世了，真是天妒英才！现在我只能说：斯人已逝，思念依旧。

青年教师的好导师[1]

邓卫[2]

　　由于工作原因，我只能通过线上方式参加今天的追思会，我的心情十分沉重。秦佑国先生既是我的老领导，也是我的好老师。他虽然没有在课程教学中直接教过我，但是我作为晚辈、学生，作为曾经的清华大学建筑学院党委副书记，和他在一个班子里共事多年，成为他的助手，学到了很多东西，受益良多，终生难忘。我印象最为深刻的，是秦佑国先生对教育的极端热爱，对教学的极端认真，对学生的极端关心，还有对我们年轻教师成长的热忱帮助和不遗余力的扶持。

　　秦佑国先生的专业和我的专业虽然不是一个领域，但是我曾经作为助手，和他一起参加了几个项目，他对我个人的学术成长帮助很大。因为大家都知道，秦佑国先生是一个学术视野非常开阔的学者，他一直提倡建筑学要和相关学科交叉融合，要培养一种全环境、广视角的学术氛围和育人氛围。他也一直倡导和践行吴良镛先生提出的广义建筑学理念，所以我从经管学院硕士毕业之后回到建筑学院任教，他找我谈话，希望我把经济学的相关学术知识和研究方法，融入建筑学、城市规划的教学和科研工作中。

　　当时，他作为项目负责人，承担了中国疾病预防控制中心改扩建项目的可行性研究，他就找我说能不能和他一起来做这个工作，这对我来说是一个很大的挑战，因为我以前也没接触过这种研究。在他的鼓励下，我也是从零开始，学习、钻研如何来论证一个建设项目的可行性。从那之后，我又和他一起配合，先后参与了北京朝阳医院改扩建的可行性研究、昆明医学院第一附属医院的改扩建可行

---

1. 本文根据作者在2022年2月24日秦佑国先生逝世一周年追思会上的发言整理。
2. 邓卫，湖南大学党委书记，曾任清华大学党委副书记。

性研究。通过这三个项目，我基本上掌握了建设项目可行性研究应遵循的学术规范。所以后来我也就在建筑学院的本科生中开了一门叫作"建筑工程经济"的课程，并因此写了一本教材，感觉收获非常大。我跟着秦佑国先生，作为他的学术助手，同时也作为管理工作的助手，和他有多年的深入接触。在我心目中，他是一位非常有学术品位，非常有学术思想，同时心胸很开阔、待人很真诚的师长。

非常遗憾，现在正值疫情期间，我们湖南大学也是刚开学几天，学校临近武汉，有一些从中高风险地区返校的学生正在被隔离，所以我这边的工作无法离开，不能够回到母校，回到建筑学院来参加这个追思会，只能以线上参会的方式表达对秦佑国先生的缅怀和敬重。我也衷心地希望，我们建筑学院的师生能够学习秦先生的崇高品质，学习他作为一个师长拥有的高尚师德，把建筑学院的教学科研工作继续提升到一个新的高度。我就说这些，也向参会的各位老师们问好，欢迎各位老师方便的时候来湖南大学指导工作。谢谢！

中国建筑教育改革大师
—— 写在秦佑国教授去世一周年之际

朱文一 [1]

秦佑国教授是清华大学建筑学院教授，曾于1997—2004年担任建筑学院院长。作为晚辈的我，在这段时间担任主管教学的副院长，协助秦先生工作。

21世纪之交的那段时间，正值中国建筑教育改革发展的关键时期和黄金期。对于中国建筑教育来说，需要的是第一个吃螃蟹的人，需要的是"从0到1"的大胆探索和平地起楼。

今天看到的清华大学建筑教育体系在很大程度上得益于那个时期的大变革。而秦先生正是21世纪之交清华建筑教育改革的探索者、创新者和领导者，一位建筑教育改革大师。

下面我仅列举三件事情来谈一谈秦先生对清华建筑教育大刀阔斧的改革举措。

第一件事情是"六年制"本硕统筹培养模式的建立。

今天的清华建筑教育以六年制为主、辅以五年制的学制源自20世纪90年代末。当时，清华大学正从五年制本科和三年制硕士转向"4+2"学制，即四年本科加上二年硕士的学制。

对于建筑教育，原本可以按照建筑学本科专业学位的教育特点保持五年制，实施"5+2"学制。而从世界建筑教育的发展状况和未来趋势来看，很少有国家将本科建筑学学士专业学位作为建筑人才培养的最终目标；以"建筑学硕士"专

---

[1] 朱文一，清华大学建筑学院教授，2004—2013年任清华大学建筑学院院长。

业学位为主的高层次建筑人才培养才是绝大多数国家采用的方式。

秦先生敏锐地看到，借助学校的"4+2"学制可以实现"六年制"本硕统筹建筑教育、以硕士学位为最终培养目标的模式。秦先生以坚定的信念、清晰的思路、理性的计划、强大的执行力在清华推行"六年制"本硕统筹建筑人才培养模式。

由于这一转变的颠覆性，在实施过程中面临诸如兼容五年制本科"建筑学学士"专业学位专业课程的要求、免试推荐研究生的比例、六年制和五年制及四年制并存带来的管理等难题。

在秦先生的带领下，诸多难题被逐一攻克，清华建筑教育成功转型并再一次引领中国建筑教育的发展，跻身世界建筑教育先进行列。

作为亲历者，我非常钦佩秦先生对建筑教育未来发展的洞悉和远见，以及他对清华建筑教育改革的果断决策。

第二件事情是建筑学专业"研究生建筑设计课"的设置。

这一在今天看来理所当然的课程设置其实只有短短二十多年的历史。要讲清楚研究生建筑设计课，必须从中国研究生教育体系的建立说起。

中国的研究生培养早已有之，但研究生教育体系，特别是博士研究生教育体系直到20世纪80年代至90年代才建立起来。

在研究生教育体系建立之初、博士研究生数量非常少的状况下，硕士研究生的主要定位是学术研究，类似今天博士研究生的定位。通俗地讲，硕士研究生所做的学术研究就是"写论文"。二十年前的建筑学专业硕士研究生学位论文有200多页也不少见。

需要强调的是，即使是通过建筑学硕士专业学位评估的清华建筑学硕士研究生专业学位培养方案，也是完全按照学术研究的方式来设置的。其中只有讲授的理论课程，从课程到毕业论文都没有建筑设计的内容。

秦先生熟知建筑学专业的学科特点和行业规律，更知晓中国建筑教育的发展趋向。他把握时代的脉搏，率先在清华建筑学专业硕士研究生培养课程中开设"研究生建筑设计课"。

我记得秦先生首次开设的研究生建筑设计课的题目好像是《杭州萧山机场的研

究性设计》。课程要求研究生既做一部分研究,又将研究与设计结合,最终完成建筑设计方案。

秦先生准确地将研究生建筑设计课定位为研究性设计,确定了课程范式,为该课程以后的普及和发展奠定了坚实的基础。

有必要再次说明的是,二十多年前清华建筑学专业研究生教育是以课程学习和参与导师科研或设计工程项目为主体的。开设统一的研究生建筑设计课程实际上是与导师指导研究生的方式存在很大冲突的。

今天看来,秦先生抓住了建筑学专业研究生教育改革的要点。经过20多年的发展,清华"研究生建筑设计课"课程早已发展成熟,建筑与其他学科交叉及中外联合设计课程、线上线下课程等不同类型、不同方式的教学正处于良好的发展态势中。

与此同时,以建筑设计方案为主要最终学术成果(也就是常规的研究生学位论文)的建筑学专业研究生教育人才培养模式已经形成。建筑教育改革大师秦先生的先见使得清华建筑学专业研究生教育持续引领中国建筑教育的发展,并跻身世界先进行列。

第三件事情是有关建筑大类的博士研究生教育。

中国博士研究生教育体系自20世纪70年代末至80年代建立。经过40多年的发展,如今已经形成了覆盖各个学科并具有世界最大规模的中国特色博士研究生培养模式。

20多年前,与其他学科一样,清华建筑教育中的博士生数量还相当少。博士生培养的主要方式是在导师指导下完成课题的学术研究,也就是博士学位论文。因此,博士生的公共课数量很少,也没有设置专业课。

建筑学学科是否需要大课形式的专业课程?这一在今天看来不是问题的问题,秦先生在1997年就给出了肯定的答案。

秦先生根据自己对清华博士生培养方案的理解和分析,结合建筑学学科的特点,开创性地设置了"科学、艺术与建筑"这门博士生专业课程。他充分考虑了当时博士生培养的已有课程"马克思主义与当代科学技术"中有大量自然科学的内容，因而设定了"科学、艺术与建筑"课程，以建筑学和社会科学、艺术方面的讲课为主体。

秦先生主持该课程，除了他自己讲授之外，还邀请了清华大学校内考古学、社会学、宗教、历史、艺术理论、新闻传媒等领域的学者，以及包括北京大学、中国人民大学、中央美术学院、中国社会科学院、中国艺术研究院等大学和研究机构在内的校外学者来讲课。

"科学、艺术与建筑"课程以其精准的定位和交叉学科特色成为清华建筑博士生教育的品牌课程。2012年，秦先生将"科学、艺术与建筑"课程传递给我。未来，该课程将作为清华建筑教育的特色继续传承和弘扬下去。

上面谈到的三件事情，只是秦先生为清华建筑教育所做贡献的很小部分。秦先生还是中国建筑教育评估在中国普及并走向世界的推动者和引领者，他对中国建筑教育发展的责任和担当令晚辈敬仰。

在我的眼中，秦先生还是一位思维特别敏捷、逻辑特别严谨、表达特别率真、为人特别正直的学者，同时也是一位和蔼可亲、循循善诱的长者，一位学生们所尊敬的"良师益友"。在秦先生去世一周年之际，谨以此文作为纪念。

朱文一

2022年1月29日于清华园

良师益友

尹稚[1]

我知道在回忆秦先生时，许多人会用这个称谓，因为秦先生最无愧于这个称谓。

说来遗憾，秦先生还真没有教过我任何课程，那时候教过我们年级建筑物理的是车世光、蔡君馥、张昌龄那批老先生，所以直到研究生毕业我都没和秦先生打过交道。直到20世纪90年代初门户网站兴起，作为在研究生时第一批潜心做过软件开发的成员去搭建学院第一个门户网站时，我才和秦先生熟络起来。那个网站的投资者是我找来的，网站的名称是秦先生起的（那时他是主管科研的副院长），叫ABCD网，他和我们谈了一天对建筑的理解，并把它概括为Architecture、Building、Construction、Design四重含义，着实让我们脑洞大开，十分佩服。网站并没有存活多久，就如同门户网站的草创时代成千上万的触网者一样，钱烧完了，没有盈利模式，人也就散了。但秦先生这种对建筑业的理解却在我心里留了下来，其影响之久，一直到十几年后我在组建清控人居集团时提出的IDBO（investment, design, build, operation）模式，试图打造投资、设计、建造和运营的全产业链环节。阴差阳错之中，清控人居集团也将走向它使命的终点，但IDBO这条产业链已在清华同衡的实践中日益壮大、开花结果了。什么叫良师？就是"听君一席话，胜读十年书"的那种老师，秦先生当之无愧。

后来，我有幸在秦先生当院长时，在他的直接领导下工作多年，办公室内外相邻，经历了科学与艺术、理工与人文结合的教改，也经历了"培养行业领军人才"的口号提出。交往日常化后，我从先生身上感受到的是学识的宽泛，睿智和

---

1. 尹稚，清华大学建筑学院教授、博士生导师，清华大学中国新型城镇化研究院执行副院长，中国城市规划学会副监事长，1997—2013年任清华大学建筑学院副院长。

随和，还有一个学人的风骨。因为专业背景不同，授业解惑的知识传承难有细节回忆，但传道之获颇多。没有秦先生，我可能一辈子都不会去关注工程和工程师史，更不会拓展工程思维去主持实验室的建设，结交和进入一个过去全然陌生的领域，并在其中博览群书，广交朋友，从中所得之方法论拓展受益终生。我这几十年唯一认真地以甘苦自得之言写过的一篇论文《论人居环境科学（学科群）建设的方法论思维》，就是在秦先生的启发和督促下完成的。1997年后，我开设城市规划方法论和应用技术课程并坚持至今，也得益于先生的支持和鼓励。如北斗之光，导航辰星的老师，秦先生当之无愧。（图1）

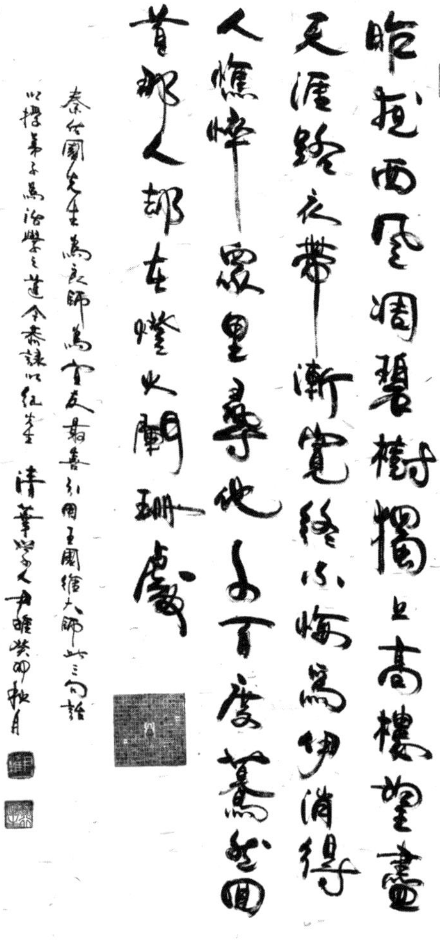

2006年5月，我受老领导吴敏生校长之邀，在一个台风登陆的夜晚飞赴福州，组建福州大学建筑学院，以学术委员会主任身份（当时我是清华现职干部，不能兼任院长，只好用这个名义去主持建院工作）开始创业之旅。秦先生欣然同意出任名誉院长，这是友情，是没有薪酬的付出。从此，福大建筑学院的师生们有了一份期盼，就是每年学年开始时由秦先生讲的"开学第一课"，直到2020年，从没有间

图1　秦先生生前常借用王国维《人间词话》"三境界"说来鼓励学生与后辈，作者抄录这段话以示纪念

断过。秦先生去世后，2021年，因为疫情变化，我只好通过视频给福大的学生们补了这个"开学第一课"，以表达哀思和传承。在去年福大学生毕业典礼上，许多学生谈及刚刚仙逝的秦先生，仍对他主讲的"开学第一课"记忆犹新，认为是坚定他们专业选择，并愿为之奋斗的开始。对我而言，这段经历大大延长了我和秦先生的工作交往时间，也从师生情成了友情，人生中的喜怒哀乐也有了更多交流的机会，尤其记得他在我人生最艰难时刻的包容和鼓励，这是非益友不会去触及和分享的。患难之中不离不弃是为友情，在这个物欲横流的时代，这份友情更是尤为珍贵。

先生走了，丰碑立于晚生的心中。

尹稚
2021年3月10日于清华园

回忆我们的老师秦佑国先生

张利[1]

对于清华大学建筑学院的很多中青年教师来说，秦佑国先生不仅是老院长，更是带给我们的学术与教师生涯重要启发的老师。我们今天的很多治学做事的机会，与秦先生给予的启发是分不开的。

早在20世纪90年代，秦先生就以他的远见卓识，预言了技术革新即将在建筑学中起到关键作用。他提出数理逻辑将在建筑学中回归并成为新设计思维的支撑力量，这在当时曾经令很多人不解，但在今天看来是何等准确。1995年我还在读直博期间，写了一篇以实验室建筑为研究对象的硕士学位论文。论文对所调研的高校实验室设施空间需求使用了非常简单（在今天堪称"简陋"）的统计方法。秦先生看到后非常高兴，当即与我的导师关肇邺先生商量，担任我博士阶段的副导师。秦先生告诉我，能够开始在建筑学的论文中使用统计方法是件好事，但仅仅停留在初级的量化工具上是远远不够的。在我完成博士学位论文《建筑师视野里的计算机》的过程中，秦先生多次安排出时间与我进行深入的讨论，进行悉心的指导，他讲到的很多观点在今天仍然掷地有声——"数学是自然科学的语言……建筑学不可能拒绝自然科学，在建筑学中把形象思维与逻辑思维对立起来是幼稚的……""建筑学中的技术不仅体现在工程中，也体现在设计问题的定义和设计问题的解决过程中……""信息技术对建筑学的价值远远不止于CAD绘图，建筑学要敢于比已经成熟的应用技术再往前看一两步……"——它们都是对传统建筑学视野的拓展，也是对建筑学中科学与艺术关系的富于前瞻性的思考。

秦先生是在改革开放后最先把文化多样性理念引入建筑学科生态体系的人

---

1. 张利，全国工程勘察设计大师，梁思成建筑奖获得者，清华大学建筑学院院长、教授。

之一。在20世纪末至21世纪初担任清华大学建筑学院院长期间，秦先生以罕见的决心和魄力，连续将26位青年教师送到国外领先的建筑院校进行交流学习，全部教师在学习结束后均返校续履教职。这种学术上的群体"高原放牧"无疑是清华建筑学科建设历史上相当浓重的一笔，在学术生态系统的活力再造方面起到了至关重要的作用。我们很多同年龄段的教师都是这一举措的直接受益者。2002年，秦先生告诉我做好出国学习的准备，提醒我要开始形成长线的学术关注与研究计划。秦先生知道我英语基础较好，在国外交流会比较平顺，特别叮嘱我要抓住一切可能的机会把讨论交流推向深入，最好能够直接涉及国际学术动态的争论。秦先生还把他个人对哈佛大学设计研究生院的整体印象、对哈佛大学发展历史特点的观察与分析耐心地讲解给我，帮我建立了对一个国际领先的建筑学科的认知模板。

在我启程前，他还特意安排一个完整的时间段，对我进行了详细的嘱咐。他当时的谆谆教导还历历在目：小到向我推荐哈佛大学周围他喜欢的书店，大到叮嘱我每个派出教师身上担负的学院国际交流的任务，希望我利用自己的英语沟通特长与值得关注的学者建立密切的联系，尽量与不同年龄段的国际教师成为相互信任的朋友。后来，回想起这些，我感到这实际上是秦先生把建筑学术的文化多样性价值观潜移默化地传授给了我们，令我们终身受益。

秦先生也是在建筑学科宏观建设的问题上对我们进行启蒙的人。他不止一次地强调，生于20世纪70年代的我这个年龄段的教师，不仅要关注自己的学术研究，更要想方设法了解整个建筑学科演进的历程；他还引导我们关注学科建设的未来发展。秦先生自己身体力行，对梁思成先生的学术与学科建设思想有着深厚的研究和体悟。我个人对梁先生思想的学习在很大程度上是来源于秦先生的系统讲授和启发。在梁先生如何从早年宾大的Beaux-Arts（布扎）体系转向Bauhaus（包豪斯）的现代建筑教育体系方面，秦先生亲自做了很多深入的文献研究，在《建筑学报》《世界建筑》等重要学术刊物上发表了一系列关于梁思成建筑教育思想的论文。秉承梁先生的传统，他对中国建筑教育的国际化问题也非常关注，利用改革开放前半程的有利国际环境积极促进中国建筑教育与世界的接轨。他受中国建筑学会委托，主导了中国加入《堪培拉协议》的事宜，获得了互认经济体中的重要位置。立足历史、放眼世界、前瞻未来，秦先生以开阔的视野为今天中国建筑教育的局面做了大量开拓性的基础工作。

秦先生是良师，是益友，也是慷慨扶助后人的前辈同事。2020年，承蒙庄惟敏院士与院内老师们的信任，我接任清华大学建筑学院的院长。秦先生得知后，给我打了一个长时间的电话，悉心地历数了进入21世纪以来清华建筑学科发展的若干重要节点和重要争论，并用邮件把他耗费二十余年心血，系统收集、整理的梁思成教育思想资料和相关研究文献全部发给我。秦先生特意语重心长地说："这样做不是为了让你重复我或其他前人的路子，而是为了帮助你理解这些重要学术讨论的过程，以便为未来学科建设中可能遇到的类似争论做好准备。"他当时关怀的言语与殷切的期待至今仍然时常浮现在我的脑海里，平静、真切，感人至深。

对于我们这一代在清华大学建筑学院先做学生、后做教师的人而言，秦先生毫无疑问是我们教育生涯与学科建设生涯的"启蒙之师"，是当之无愧的"大先生"。他以罕见的坦诚、耐心和爱心栽培我们每一个人，无私地给我们争取更多的机会，持续地向我们传递更大的启发。可以说，秦先生给了我们"门""窗"与"路"："门"是面向建筑设计执业者，开启通向更宽知识结构与更多技能积累的进程；"窗"是面向建筑教育工作者，赋予抵达多样性文化与多元主义包容的视野；"路"是面向建筑学科的建设者与管理者，传授认识学科规律、厘清学科动向与推进学科争论的方法。是秦先生的传道、授业与解惑让我们每个人有了开阔的未来，是秦先生的开放、包容与信心激发我们在工作中努力争取做到博采众长、锲而不舍、从容沉着，是秦先生的谦谦君子之范时刻指引我们的为人、治学与执业的方向。

2022年4月

斯人乘鹤去，往事堪追思

——忆老院长秦佑国先生

王贵祥[1]

2021年春节刚刚过去似乎没有几天，就得到一个令人震惊的噩耗，我们的老院长秦佑国先生突然撒手人寰。这几乎是一个令人难以置信的消息。"怎么会呢？"伴随着内心的焦灼与悲楚，这样一个问题不停地在我脑海中盘绕。因为一直以来，我虽然知道秦先生身体不是太好，但他那乐观沉稳、精神矍铄的神态，使人觉得他始终是一位精力充沛、充满活力的人。那样一位对学术与教育事业充满信念、执着追求的学者，怎么就这样走了？

建筑学院组织的告别日，是一个阴雨天。虽然因为疫情的原因，学院并没有举行校外范围的哀悼仪式，只能在清华校医院小小的告别室里举行哀悼与告别，但是闻讯而来的建筑学院的师生们，仍然在雾雨蒙蒙中，在告别室前排起了长长的队。在低沉的哀乐与人们脸上露出的悲切表情中，大家都深切地感受到，我们不仅失去了一位睿智的长者，而且失去了一位为学院发展殚精竭虑的老学者，老领导。

本人与秦先生的初识是四十多年前的事情了。1978年是国家恢复高考的第二年，也是恢复研究生教育的第一年。那一年进入清华大学建筑系的研究生有20人。从那一年全校研究生入学人数不足300人来看，建筑系研究生的数量还是比较多的。因为这个班同学的年龄差别比较大，大家在一起学习、生活，更像是个其乐融融的兄弟连。除了包括本人在内的几位年龄不足30岁的小字辈，和几位年龄

---

1. 王贵祥，清华大学建筑学院教授、博士生导师（退休），《建筑史学刊》名誉主编。清华大学1978级硕士，1993级博士。曾任清华大学建筑学院建筑历史与文物保护研究所所长，清华大学学位委员会委员，建筑学院分委员会主席，中国文物学会古建园林分会副会长。

超过40岁的兄长外，多数同学都是30多岁的年纪。对年龄较大的几位同学，大家就都称他们为"×大哥"。除了两位女同学外，十几位男同学的宿舍安排在二号楼东侧的首层。我和赵大壮先生等四位同学住一个房间，秦先生就住在我们房间的隔壁。秦先生和赵先生当时都才30多岁，在班里算是中等年龄段的，我们几位小字辈的，也就不称他们"大哥"了，因为年龄相差不是那么大，反而更容易聊到一起。当然，我与同宿舍的赵大壮接触比较多，比如，我们会一起去圆明园长跑，或是一起去图书馆自习。

因为不在一个宿舍，我和秦先生的交往并不是特别多。偶然间，我们会相约着一起在校园里散散步。边散步，边聊天，也成了我们之间交往的一种方式。在与秦先生的交谈中，我印象最深的是他学识的广博。秦先生是一位文理兼通的人，谈起科学上的话题来，常常是滔滔不绝。记得有一次，他谈起了控制论的创始人美国数学家维纳（Norbert Wiener）的一些思想，也谈到了信息论与系统论的概念。而那时的我，不仅对控制论、系统论、信息论这些当时十分新鲜而热门的术语，没有什么了解，而且对维纳更是几乎一无所知。

比如，他举出了系统论的一个观点，认为系统本身有自己的运行规律，不合乎其规律的外力，有时反而会影响系统的效率。他举了一个例子：如果在一场跑步比赛中，尽可能发挥每个运动员自身的潜力，就可能使其成绩达到最好；但若是人为地在跑道两侧站立一些持棍棒的人，其责任是防止运动员有任何超越自己跑道线的失误，那么这些神经绷得很紧的运动员，一定不会跑出好的成绩。

秦先生还将科学与社科类及文史类学科加以比较。他提到，自然科学中的几乎所有学科，已经进入完全可以进行计量的阶段了；社科类学科，如经济学，也在尝试着用计量的方式加以研究，还是取得了一些成果的；但是如果文史类的学科也这样搞，希望采用计量的方式进行研究（例如，运用统计学的方式解决历史学或语言文字学上的一些学术问题），就多少有一点东施效颦的感觉了。

在谈到有关他读到的维纳的一些思想中，令我印象尤其深刻的是，他特别提到维纳说过的一句话，大意是：一个人一生之中，能够说出几句前人从来没有说过的话，就是一件很不简单的事情。秦先生解释了他对这句话的理解，意思是说，从事任何学术研究，最为重要的是创新，是突破前人已有的成果，是要有自己独立的、前人没有说过的新见解。秦先生在谈论这些话题的时候，那种轻车熟路的感觉，完全不像是仅仅将自己定位为一位建筑师，或一位建筑学学者的样子。在他看来，一位清华大学的研究生，对于科学的知识体认，本来就应该是纵横捭阖、不拘一格、特立独行的。

和秦先生的交谈，至少使我对学科面的拓展多少有了一点认识。在硕士学位论文写作阶段，除了传统的建筑历史研究，诸如史料爬梳、建筑遗存断代、年代溯源、时代特征分析，以及结构与细部特征比较等之外，我还尝试着采用统计学及一元回归分析的方式，解决一些古代建筑中的实测尺寸与比例权衡问题，以及斗栱材分与高度关系等方面的问题，并且从中发现了唐宋时代建筑中一些有趣的比例特征。例如，檐高与柱高比例中存在有 $\sqrt{2}:1$ 关系等问题，这些虽然主要得益于导师莫宗江先生的指导与启迪，以及自己的实例考察与文献阅读和数据搜集，但也多少与和秦先生交谈中得到的点滴启发，以及由此引起的更为广泛的阅读兴趣和科学视角是有一些关联的。

硕士研究生毕业以后，我和秦先生的接触少了一些，记忆中较为清晰的是20世纪90年代本人曾作为北建工建筑系主任，在湖南大学参加过当年举办的全国各建筑院校系主任会议，在会议之余与秦先生有过一些交流。后来，又因为中英合作项目中两国建筑系学生联合设计成果展览，和秦先生一起在中国历史博物馆的展览厅内，共同迎候过时任英国首相的布莱尔及其夫人。那也是一个隆重而热烈的场合，秦先生和我都得到与首相及其夫人近距离交谈的机会。同时，在等候的时间，我们两人也做了短暂的交谈，其中特别提起了我们读研究生时的同学，也是秦先生本科时的同学赵大壮先生的身体状况令人担忧。之后不久，赵先生因病突然辞世，也使我们这次的交谈内容变得尤其让人印象深刻。

自2000年回到清华建筑历史所起，我又有了与秦先生更多的交往机会。那时秦先生还是院长，在与他的几次交流中，我都感觉到他对全院各学科的发展，当然也包括建筑史学科的发展，有着综合的考虑与整体的权衡。例如，正是在那一段时间，他促成了邀请知名景观建筑学家与景观建筑教育家、美国宾夕法尼亚大学景观系主任劳里·欧林（Laurie Olin）教授担任学院新创的景观系主任之事。秦先生特别安排了在傍晚的颐和园接待第一次来华的欧伦教授的欢迎晚宴。那一次，杨锐先生和我有幸作陪。当欧伦先生沉浸在落日余晖下美丽壮观的颐和园景观中，感叹不已，啧啧称赞，并且十分爽快地接受了清华大学对他的邀请之时，我也特别深刻地感受到了秦先生为学院的全面发展是注入了大量的心血的。

多年来，秦先生一直对清华建筑史学科的发展表达了支持与关注之心，他尤其提倡，清华的建筑史教育应该体现清华的传统与特色。他建议我们将既有的中外建筑史课程的讲课内容改为比较扼要的中国、外国与外国近现代建筑"史纲"的形式，并且尽可能提前到本科一年级开始；同时，尽量开设一系列有深度的建筑史专题课，如文艺复兴建筑、唐宋建筑、中国古代建筑思想等专题，贯穿于不同年级，这样就会使建筑史教学不仅仅是一门课程，而是贯穿本科教育全过程的理论与历史基础教育的有机组成部分。此外，他曾反复提到，目前的中外建筑史教材都是全国通用教材，其中的内容可能没有将最新的研究成果融入其中，因此，清华应该有自己新的中外建筑史教材。这方面的工作，历史所的老师确也做了一些尝试，例如，撰写新版的《中国建筑史》，为本科学生开设"中国古代设计思想与理论"课，以及尝试着将既有的课程改为"史纲"课等。但遗憾的是，这些改革性举措，每推进一步都有很多困难，至今似乎也未能达到秦先生最初希望的那个样子。

秦先生对总结和分析清华建筑系的创建人梁思成先生的学术与教育成就，以及研究并梳理建筑学院的历史也倾注了许多心血。例如，在他的关注下，建筑学院终于在学校档案馆找到了20世纪40年代中叶梁先生代表中国营造学社与清华大学校长梅贻琦签订的将学社并入清华大学建筑系的相关史料文献，这不仅厘清了中国营造学社与清华建筑系的历史渊源，而且为最终将"中国营造学社纪念馆"设在清华大学建筑学院内提供了充分的历史依据。

记得在2001年本人获教育部资助，准备赴美做高访学者时，秦先生特别希望我选择去梁先生与林徽因先生曾经就读过的美国宾夕法尼亚大学做访问研究，而且还特别要求我留意一下梁先生他们那一代中国留学生在宾大学习的相关史料。这些都反映了秦先生对梁先生的学术成就及其对清华建筑教育发展的影响，有着特别的关注。当然，秦先生对中华人民共和国建立之初，梁先生组织并参与国徽设计的过程，也投注了相当多的心血。他为梁先生及其领导的清华团队在国徽设计的创作过程中所起到的关键性作用找到了充分的历史依据。透过这些点点滴滴的事例，我们可以更为深入地了解秦先生为清华建筑学院的发展历程，特别是梁先生在中华人民共和国成立之初为新中国做出的重要贡献的史料的发掘，付出了相当多的心血。

作为清华教育改革的重要参与者，秦先生对清华大学整体学科的建构与发展，也有自己的一些独到思考。20世纪80年代至90年代以来，一度以理工科为主的清华大学，在回归综合性大学的发展道路上迈出了较大的步伐，逐渐恢复与完善了文科、社会科学、新闻学、法学、管理学、美术学、设计学、艺术史学、医学等学科。秦先生在与我一起聊天时，在对这一趋势给予了充分肯定的基础上，也特别提到，清华还缺少一个重要方面——地学，当然也包括地质学、地理学等。虽然这只是一次不经意间的聊天话题，但也多少折射出秦先生对清华大学综合发展的细微思考。

当然，秦先生为清华建筑学院的发展，特别是学科上综合潜质的积累与发挥，更做了许多具有前瞻性的思考，并采取了一些重要的、实实在在的措施。特别是在学科构建方面，他既能兼顾学院历史，对具有悠久传统的清华建筑历史与建筑技术学科给予充分的支持，并提供充分的发展空间，也对融入新的学术成分，特别是更具科技内涵与技术内涵的学术成分，抱着充分开放的态度。他尤其主张，清华建筑学院的发展应该有大建筑学的思维框架，不应该将学科分得过细，也不必将彼此之间的界限分隔得过于清晰，只有这样才能发挥建筑学院师资与科研的综合优势，打造世界一流的建筑院校。这一问题或许真的会成为一个历史性的话题，如何真正与国际上的建筑学学科体系接轨，创立具有世界一流特色的中国建筑学学科体系，仍然是后来的学科引领者们需要关注与思考的问题。

作为相对比较不太了解学院发展历史的我，只是从个人的点滴接触与体验中，了解到秦先生对学科发展所做思考与努力的一点皮毛。仅仅这些就成为历史所老师们常常提起的话题，因为大家都感觉到秦先生有更开阔的学科视野，更广博的知识结构，也有更具实效的执行力。21世纪初建筑学院取得的诸多成就，当然主要是历届学院领导不懈努力的结果，但秦先生在20世纪最后一些年，以及21世纪最初几年为学院发展所做的诸多前瞻性与推动性的工作，还是起到了很大作用的。在本人看来，除了在建筑物理、建筑技术等方面的学术贡献之外，秦先生在建筑教育上的贡献，也是值得我们铭记在心的。在我所接触的国内建筑院校诸多学院领导与系领导之中，秦先生可以称得上是一位既有思想又有实践的建筑教育家。秦先生关于建筑学科的发展，特别是综合各学科优势的大建筑学学科观，仍然值得国内各建筑院校后来的主导者们学习与借鉴。

斯人已逝，斯言未泯，追忆前事，以垂后功。往事虽已成记忆，秦先生也离我们而去，但他的身影似乎还留在建筑学院，他曾经的努力，还在为学院的未来发展发挥着潜在的作用。他关于大建筑学学科的构想可能难以得到大家的充分理解，但我相信历史会证明他在学科发展方面的一些思考是正确的，是会经得起历史的检验的。唯有后来的建筑学人循着前辈学者的路，开拓创新，将清华建筑教育，同时也将中国建筑教育，引领到一个更高、更广、更具世界视野与国际影响力的学术境界，秦先生，以及包括梁思成先生在内的已经离我们而去的既往的建筑学院前辈学者们，在泉下有知，也会感到些许安慰的。

王贵祥

2022年1月16日

一位纯粹的学者与君子

朱颖心[1]

我是从1999年开始通过国家自然科学基金重点项目"住区微气候的热物理问题"中的合作认识秦先生的。2000年,在当时的建筑学院院长秦佑国老师和江亿院士的共同努力下,建筑环境与能源工程(原名"暖通",以下简称"建环")专业从热能工程系调出,正式加盟建筑学院。自此以后,我跟秦先生的接触与合作就更多了,包括科技部的科技奥运项目"绿色奥运建筑评估体系研究",与MIT合作的中国住宅节能项目,大兴机场的规划设计与绿色咨询,全校科学通识课"绿色建筑与可持续发展"的筹备组织与慕课制作,等等。在这个过程中,我深深地感受到秦先生对学术真谛孜孜不倦的追求,以及不计较个人得失的优秀品格,他正直不阿的个性也非常令人折服。

一次,某大型新机场项目邀请秦先生和我担任该新机场的能源规划论证会的专家,会期两天。因为论证会第一天我有课又有会,只能出席第二天的会议。恰逢那段时间,连续几个新建机场的项目都被要求上马燃气冷热电三联供系统,而我们清华团队已经发现在机场应用这种燃气三联供系统不仅初投资非常高,而且从一次能耗的角度评价也是很不节能的,所以我估计这次论证会免不了也会面临这样的问题争执。由于我无法出席第一天的会议,只好事先给秦先生说明了这个问题,希望请他届时先出面挡住。出乎我意料的是,尽管秦先生不是我们建环专业的,但他一听原理就明白了,非常痛快地就一口答应下来。

第二天,我来到了会场,发现第一天的议程已经开始涉及燃气三联供问题,秦先生已经"舌战群儒"了一番。第二天的会议几乎全时都在激烈地争论这个问

---

[1] 朱颖心,清华大学建筑学院教授、博士生导师,教育部高等学校建筑环境与能源应用工程专业教学指导分委会主任。

题。由于当时多数与会专家对这个问题的认识有局限性或者了解不够深入，所以想要在较短时间转变认识还是很难的。我和秦先生二人只能反反复复地说明原理，并给出定量的分析数据来说明原理据理力争，反对该机场采用燃气三联供系统，并指出如果有外部因素要求机场非用不可，就只能为存在全年热需求的区域"以热定电"上一个小型燃气发电机组，但决不能扩大系统规模。

在那一天的会议上，我和秦先生据理力争来说服大家，非常费神。我真无法想象，在第一天的会议上秦先生是怎样以一人之力对抗这么多人的七嘴八舌的，想必更加艰难。按照原本的议程，第二天会议的下午就该给出专家意见结束会议，但一直拖到晚上才起草专家论证意见。秦先生和我都坚持必须在专家论证意见中写明我们的反对意见与准确的理由，自然，这个意见的起草过程也是非常艰难的。我看到秦先生因为辩论了两天，身体和精神都非常疲惫了，就提出请秦先生先回家休息，我留在这里盯着。但是秦先生拒绝了，说一定要看到专家论证意见最终版写入我们的观点才能放心离开。我们回到蓝旗营时，已经是晚上11点钟以后了。在回来的车上，看到秦先生疲惫地靠在椅背上闭目养神，我一边暗暗地担心着他的健康，一边又深深地敬佩他坚持原则、一丝不苟、求真求实的精神。令人欣慰的是，我们的"少数派"意见最终在该新机场的建设中发挥了作用。

在我主持的全校科学通识课程"绿色建筑与可持续发展"中，秦先生讲授了第一讲"建筑与气候、资源和文化"。因为这一讲在整个课程中起到了奠基石的作用，所以我特地邀请已经退休的秦先生出山讲授这堂重头课，因为只有他对这个题目有着最深刻的见解。头几年，这门课被安排在秋季学期的后半段，夜间上课天气已经转冷，第一讲是3个学时，下课的时候已经很晚了。秦先生年龄大了，心脏病又发作过，本来讲3个学时的课就很累，在寒冷的冬夜骑自行车上下课也很不方便。但秦先生每一次讲课都充满激情，讲授内容充满了真知灼见。2011—2019年，秦先生的这一讲我听了9次，每一次都听得全神贯注，每一次听都有新感受。在后面几年，秦先生的身体大不如前，上课都需要家人接送，下课后我感觉到他说话都显得很疲惫，所以感到越来越担心。但在每次秋季学期开学前我询问秦先生关于这门课怎么办的时候，他都非常痛快地表示自己要去讲。一直到2020年秋季开学前，秦先生对我表示，今年他讲不动了，推荐周榕老师今年顶替他，我心里就咯噔一声，想："坏了！若非身体实在是扛不住，秦先生绝对不会这样说的。"2021年，秦先生离开我们了，我们已经没办法再在课堂上领略他的风采。2015年，这门课程制作成了慕课在"学堂在线"上线，秦先生的第一讲慕课就成为了大师的一段绝唱，让全国的学子还有幸能有机会通过慕课接受他充满真知灼见的教诲。

尽管秦先生自己的学术方向只是建筑学下面一个二级学科中的一个方向，但是他却有着非常宽阔的知识面。我认识他的时候他已年过半百，却保持着旺盛的求知欲和超强的学习能力。很多新概念和跨学科的新知识，他都能很快地融会贯通，而且总是能够给出令人耳目一新的独到见解。在"绿色奥运建筑评估体系研究"这个跨学科合作的课题中就充分地体现了这一点。这得益于他长年累月积淀出来的深厚数理基础和对建筑美学与人文的思考。因此，秦先生能够担任中国建筑学会绿色建筑分会会长，成为我国绿色建筑研究领域的领军人物，是当之无愧的。秦先生在担任建筑学院院长期间，以自己的宏大格局高瞻远瞩，力主把建筑环境与能源（原暖通空调）专业并入建筑学院，这一举措，对于奠定清华大学建筑学院在世界建筑节能与绿色建筑的领先地位方面，功不可没！

秦先生是一个"无欲则刚"的典型范例。很少有什么凡人俗事能够引起他的关注或计较，所以他总是看上去很平和，说话时也是安安静静的。但遇到了学术上较真的问题，或者涉及对错的原则性问题，他就像变了一个人似的。实际上，我多次遇到秦先生激动地争论问题，毫不退让，不管面对的人是声名显赫还是实权在握，他都不会留面子。他坚持真理，不在乎会不会得罪人。令人遗憾的是，秦先生既没有拿到过院士、长江学者等学术荣誉，也没有拿到过国家科技奖，但他的的确确是一位学术造诣深厚的纯粹的学者。他用自己一生的实践，活成了一位他自己一直推崇的"君子"。

2022年1月29日

学者本色　君子之风
——纪念秦佑国先生逝世一周年

张寅平[1]

2000年，我们建筑环境专业从热能系转到建筑学院，这主要得益于江亿院士（2001年当选中国工程院院士）和秦佑国先生从学科发展角度的构思、策划和实施。当时，秦先生任清华大学建筑学院院长（1997年11月—2004年12月），我是建筑环境与设备工程研究所的一位普通教授和主管科研的副所长，工作上虽和秦先生同在建筑技术科学系，但接触很少，只是在院里偶尔听到他的院长报告或发言。那个时候我对秦先生的印象是：不苟言笑、不易接近。2004年，他告诉我，他即将任中国建筑学会建筑物理分会理事长，希望我能参加建筑物理分会的年会，并建议我申请成为该分会理事（现称委员）。在他的热心帮助下，我参加了2004年在东南大学召开的中国建筑学会建筑物理分会学术大会，并当选了分会理事。其后我一直参加该分会的活动，逐渐认识了建筑物理领域的多位泰斗和专家，并深化了我对建筑物理领域的认知。毫不夸张地说，秦先生是我进入我国建筑物理学术圈的引路人。秦先生当时还兼任清华大学建筑环境检测中心主任（1993—2009年），2006年我向他申请在其中增设室内空气质量检测室，他欣然同意，并说："室内空气质量是目前民众关心的热点，社会需求多、以往研究少，你们这方面的研究应该多为社会服务。"在他的积极支持下，我们先后获得了CMA（China Inspection Body and Laboratory Mandatory Approval，即中国计量认证）和CNAS（China National Accreditation Service for

---

1. 张寅平，2009年接任秦佑国先生清华大学建筑环境检测中心主任一职，清华大学建筑学院教授、博士生导师，国家基金委创新群体项目负责人。

Conformity Assessment，即中国合格评定国家认可委员会认可）资质。近16年来，该中心不断发展，承担了多项国家重点工程（如鸟巢、水立方等多个奥运场馆，大兴机场、中央电视台总部大楼、国家博物馆、外交部大楼），以及我国载人空间站和潜艇方面的室内空气质量检测和研究攻关。2009年，他主动卸任，让我继任清华大学建筑环境检测中心主任，并担任学术委员会主任继续支持该中心发展。在其后多次的CMA/CNAS年度检查中，他常出席工作会议并请专家用工作餐，用拉家常的方式向他们介绍检测中心的历史和高校检测中心工作的特点，为中心工作获得检查专家的理解和好评发挥了重要作用。

在与秦先生的接触过程中，我感到他开始时是领导和师长，后来逐渐把我当成朋友。我同时也渐渐发现，不管秦先生身份如何变化，他的本色——学者和君子却从未改变。

秦先生是独立思考、具有独到见解且学识渊博的学者。我听过他的一些学术讲座和即兴发言，深刻感受到他知识渊博且文理贯通。作为建筑学院院长，他对中国建筑行业的发展有独特理解，对20世纪和21世纪交替之前后中国建筑界出现的追洋、求怪的现象有自己的不同意见，特别强调中国建筑的本土特征和文化特质，其中的《中国现代建筑的中国表达》学术报告给我的印象极为深刻：思想深刻、表达犀利、知识渊博。在清华大学全校的学科设置上，他敏锐地指出，清华大学要跻身于世界顶尖综合性研究大学，缺乏地学大类学科，并阐述了地学和建筑学、城市规划、景观学之间的相融相通的关系，为此向学校领导建议应增设地学类院系，被学校领导采纳。后来成立的清华大学地学中心在科研上做出了不少标志性成果，很多人至今可能都不知道秦先生为清华大学地学学科和大建筑学学科的发展做出的这种至关重要、但鲜为人知的贡献。

秦先生的独立思考和独到见解还表现在一些不易被绝大多数人关注的"小事"上。他发现，在每年校庆期间，清华园游人如织，但大家都喜欢在二校门、清华学堂、日晷和大礼堂前摄影留念，却忽视了清华园中一个非常有意义的景点——清华大学第一教学楼旁的王静安（即王国维）墓，其上有一大石碑，刻有当年和王国维同为"四大国师"的陈寅恪先生写的碑文。秦先生为此有感而发，于2009年8月6日写下了题为《清华园游人》的小诗和说明。

清华园游人

清华校园，每逢假日，游人如织，二校门前、清华学堂、大礼堂区，照相留影者熙熙攘攘，然近旁王国维先生碑前甚少有人。

> 二校门前客如篱，学堂礼堂入相机。
> 不知清华精神在，静安碑下人影稀。

说明：陈寅恪为王国维纪念碑撰写的碑文结尾写道："惟此独立之精神，自由之思想，历千万祀，与天壤而同久，共三光而永光。""独立之精神"和"自由之思想"应是清华学人的人格和学术精神。

秦先生是倡导素质教育、君子之风并以身作则的君子。秦先生一再强调，大学人才培养不仅要讲"能力"，还要讲"修养""素质"和"气质"。他一生中经历了社会的多次变故，包括"文革"的动荡，看到在历史大潮中一些人投机取巧、不择手段、不守做人做事的底线，对社会和别人造成了很大伤害。因此他多次强调，做人做事要守住底线，要有君子之风，哪怕在某些特殊时期，可以做"落魄的君子"。和他接触时，我能感觉到，最让他开心的不是他当了清华大学建筑学院院长，或当了中国建筑学会建筑物理学会理事长，而是多次被研究生评为清华大学的"良师益友"。因为，从后来他退休后寄给我的诗词中，我没发现他为前两个身份写过诗词，却发现他于2009年12月30日在66岁时为又一次获评"良师益友"做的感怀诗和说明。

六十六岁生日感怀

昨晚聚会，在京学生24人，为我庆祝生日。回家后夜不能寐，晨起写下：

> 六十六岁月炎凉，六十六桃李芬芳。
> 谈建筑艺术技术，论教育气质修养。

良师益友真欣慰，感动清华是褒奖。

读书旅行为喜好，享受文明乃愿望。

说明：66岁生日，恰逢指导了66名研究生（硕士、工程硕士、博士、博士后，毕业和在读）；清华研究生每年投票推选"良师益友"，获此称号次数全校最多，得纪念牌，上有"感动清华"字样。

秦先生还是一位对我不断启迪的良师益友。在他退休前去德国柏林工业大学的一次学术访问中，我作为建环的一位老师一同前往，其间有了更多了解。他了解到我对科学研究的兴趣和一些工作后，鼓励我保持研究兴趣和自己的特色，扬长避短，为建筑技术做贡献。我渐渐感到，这之后，他把我逐渐当成了朋友。因为，此后他会常常通过邮箱和微信发给我一些他写的诗词、观点性或历史事件描述性文章，以及他自己讲课用的PPT。有时，也会寄给我一些他刚拍的照片（其中一些堪称摄影佳作）。在校园里碰到时，他也会主动和我聊一聊家常。早期他"不苟言笑、不易接近"的印象已荡然无存，我常常感到他带来的良师益友般的温暖。

当得知他去世的消息时，我感到非常吃惊和难过。参加他的遗体告别仪式时，我禁不住眼泪出眶。我回来后又看了一下他发给我的"秦佑国的诗"，共133页，即使在1968年他人生处于低谷时也仍然忧国忧民且并不悲观！此后，重新阅读他的这些诗文，包括为梁思成和林徽因先生国徽设计主要贡献申述的PPT、对建筑中数学美学的阐述，都深深感受到其中蕴含着一位真正学者的温度和责任心，也深深感受到一位把我当成朋友的领导和师长的人品、才能、学识和君子之风！

在秦先生离开我们一周年之际，我特写此文以表达我对他的敬佩、感激和缅怀。我为清华大学建筑学院曾经有这么一位院长和学者而感到自豪和骄傲，也为自己曾经结识过这样一位领导、师长和朋友而感到欣慰和温暖。从中，我也理解了——学者独立思考和有独到见解的关键：求真、求实！学者具有君子之风的关键：求道、利他！学者对晚辈和后学亦师亦友的关键：平等、关爱。

2022年3月27日

纪念秦佑国先生

吕品晶[1]

作为我国著名的建筑学家和建筑教育家，秦先生一向倡导科学与艺术的结合，提倡理工与人文相结合的建筑教育，因此他一直非常关注中央美术学院培养"具有艺术家素养的建筑师"的探索，给予了我院十年如一日的无私支持和奉献。其间，秦先生关爱学生则为之计深远的名师风范也为我院树立了为人师表的楷模。

秦先生向来关心青年学子的全面成长。针对美术院校建筑学学生的专长和疑问，先生在2006年前后就陆续为我院学生做过多场关于建筑、科学与艺术方面的讲座，并从2009年开始固定每年上"新生第一课"。这也成为每年建筑学院新生们期盼的一件盛事，甚至在毕业生返校时依然不时会有人谈起。从2010年开始，秦先生接受央美特聘，成为设计艺术学方向的博士生导师，研究方向就是"建筑艺术与技术"；同年开始为研究生开设"建筑与技术"选修课。秦先生的课总是深入浅出，妙趣横生，既融汇着他对建筑、科学、技术、文化等方面游刃有余的深邃洞察，又紧密结合了身边的设计现象和需求。因此，每次上课都会让原本对技术课颇有隔阂的央美学子听得意犹未尽，下课后常有问不完的问题，大家喜欢环绕着先生热烈地讨论，久久不舍得散去。如此上一次课，秦先生常常要连着讲上三四个小时，下课后嗓子都哑了，耽误了就餐、休息亦是常事。饶是如此，秦先生依然不改初心，寒来暑往，不知不觉间十余年光阴已逝。

除了以古稀高龄为青年学子传道授业解惑，秦先生对我院的学科建设也倾注过大量心血。在2009年，中央美院初次申请建筑学专业本科教育评估时，时任全国高等学校建筑学专业教育评估委员会主任的秦先生站在推动中国建筑教育多元

---

1. 吕品晶，中央美术学院副院长、教授，曾任中央美术学院建筑学院院长。

化的视角和高度，鼎力支持并精心指导我院以评促建工作。作为建筑学学科办学时间不长的学院，很多评委对我院的办学情况还不够了解，秦先生放下评估委员会主任的身份，向入校评估视察组的专家、评委们解释和介绍，使评委们更多地了解和认识到美术学院创办建筑教育的意义和价值，以及我们正在开展的有效教学实验与实践。当然，对于评估要求的标准，秦先生并没有放松，比如，"没有数学课"也成为颇为显眼的"不足之处"。中央美术学院作为纯艺术院校，在学院历史上就没有数学课程设置，所以面向建筑学专业学生也就没有开设数学课。为了弥补这一不足，推动建筑教育在美院健康发展，秦先生甚至当着所有评估委员的面郑重申明："没有数学课，那我就去给他们上！"

通过评估后，我给秦先生打电话，说："您是答应过要给我们上数学课的啊！"秦先生欣然如约前来，在2010年春季，针对美院学生的思维特点和数理基础，采用理论讲授的形式，开设了一门全新的试验性课程"建筑数学"，介绍数学的基本概念和知识，与建筑学的关系，对建筑设计和建筑创作的启迪，以期引起美院建筑学生对数学的兴趣，认识到"数学是受过高等教育者的一种文化修养"。其中，秦先生以科学家和教育家的视角和洞察，对许多问题都有独特和通透的阐释，课程虽然是要介绍一门抽象的学问，内容却与我国当代的设计和建设密切相关。听完课后，无论是原本从中学时起就害怕数学的学生们，还是对大学数学早有预判的建筑学院老师们，都感到非常惊讶："数学原来可以这么讲！"近年来，我还注意到高年级的优秀学生作业中以新数学概念为灵感的设计越来越多，这与秦先生前期富有远见地播种与引导也是分不开的。上课之余，秦先生也经常乐在其中地和我们教师一起分享关于数学、建筑、教育方面前瞻性的新思考，特别是关于建筑学学生文化与修养培养方面的探讨，这些对于我院创办有自己特色的建筑教育的实践探索和定位，无疑也是指路明灯。

在2011年评估专家驻校评估期间，恰逢当年"建筑数学"开课之际，秦先生干脆住进了央美校园里，专心为上课和评估做准备。来听课的设计院评估专家听完后给予了极高评价，还说这种数学课也该给研究生上一上，连建筑师也该听一听。这些年来，也有不少兄弟院校前来取经，这门课的学科影响力与日俱增，已为我国建筑教育开拓出一个全新的理论范式。

秦先生对我院办学的大力支持还体现在师资培养方面，我院多位教学骨干，如常志刚、刘彤昊、王环宇老师等，都出自先生门下。更显良苦用心的是，在2010年开设"建筑数学"课之初，秦先生就思虑长久，认为央美还是应该有自己的建筑数学老师，考虑到央美数学教师匮乏的实际困难，决定"送佛送到西"，要为我院培养出能上"建筑数学"课的后备力量。为此，秦先生招收我院青年教师钟予做博士研究生，研究方向就是建筑教育中的数学教育和教学。其间，他言传身教，从思想精神到研究方法，事无巨细，皆悉心指导。特别是在交接课程时尤为慎重，直等到对钟予的博士课题研究深度较为满意后，才一年一次课、两年两次课，一步一步地把课程交接下来；其间，每次试讲，秦先生都会在台下仔细听课，对如何上好课这件事亦是倾囊相授。如此，从理论指导到实践把关，历时十年，"手把手"地帮助央美培养出了自己的数学师资。

与此同时，秦先生对青年学子成长的关心从来无分疆界。在央美建筑学院上课期间，秦先生还关注到美术院校其他学生的数学修养问题。结合美院素质教育大局，秦先生多次与我校时任校长潘公凯教授等领导及造型学院的教育同行们探讨，受过高等教育的艺术生是否也应该有一定的数学修养，以及如何充分发挥人文化数学课所特有的"熏陶"和"教化"作用，如此等等，不一而足。2019年，秦先生又受聘为央美视觉艺术高精尖创新中心的首席专家，持续为中央美术学院的学科创新出谋划策。

先生已逝，但他充满人文情怀的教育理念已深深扎根中央美院的艺术土壤，时刻激励我们前行。值此先生逝世一周年之际，深切怀念秦佑国先生。

吕品晶

2022年2月21日

相遇二十年
——缅怀秦佑国先生

孔宇航[1]

2000年5月，秦先生作为全国高等学校建筑学专业教育评估委员会主任、视察小组组长，带队前往大连理工大学视察评估。我作为时任建筑系主任，负责接待、组织工作。这一年，是大连理工大学建筑学科与建筑学专业新的里程碑，并从此走向飞速发展之路。与秦先生的相遇，让我们结下了深厚的友谊。直至此刻，我仍然不能相信先生已然驾鹤西去，离开他曾经为中国建筑教育事业奋斗一生的世界。

2003—2014年间，我作为视察组成员曾陪同秦先生去视察了四所大学：郑州大学、昆明理工大学、武汉大学与河北工业大学（图1）。其间，我深深地为先生的敬业精神所感染，无论是与师生的座谈、文献与图纸的取证、视察报告的成稿，还是与校方领导的对话，均反映了先生对视察工作的严格要求。他一方面指出被评估学校存在的问题，另一方面积极向所评学校校方耐心解释建筑学专业特点，积极争取学校资源对所评院系的倾斜，在为建筑学专业诊断把脉的同时，注重其未来发展的营养补给。视察期间，他工作至凌晨2点是常见的事情。先生既注重宏观把控，亦对具体事项有细致入微的考虑，应该说他担当评估委员会主任的十年，推动了很多学校建筑学专业的快速提升（图2）。

如果将中国改革开放后建筑教育发展的四十年分为三个时段：初始转型期，从20世纪80年代初至90年代中期；自主发展期，20世纪90年代中期至21世纪最初十年；成熟期，最近十二年。毫无疑问，清华大学建筑学科发展起了重要的

---

1. 孔宇航，天津大学建筑学院院长、教授、博士生导师。

图1 2003年5月，与秦先生在郑州大学评估

图2 2004年6月评估委全体委员会议

引领作用，而秦先生在清华大学担任副院长、院长期间，正是处于第二阶段。无论是国际视野的拓展、建筑学科的重组，还是年轻师资队伍的培养，以及对学科未来前景的预测，秦先生均做出了承上启下、不可磨灭的杰出贡献。清华大学现有的师资骨干中曾有一批教师去哈佛大学、麻省理工学院进修和深造过；与宾夕法尼亚大学景观学科成建制的合作办学亦率先开拓了中国建筑教育国际办学的新模式；建筑技术江亿团队的引入亦为清华建筑学科的深度发展奠定了基础。继秦先生之后的三任院长——朱文一、庄惟敏与张利为学院的后续发展做出了重要贡献。无论是学院管理、宏观决策，还是接班人的培养，均能从一系列现象中推断出秦先生作为曾经的学院负责人、杰出教育家在决策、推动与实施中所起的作用。

作为一个大学教授，秦先生是我们的楷模。二十年间，我评阅过很多本博士生论文，其中秦先生弟子的博士学位论文是评阅最多的。其指导的学生博士学位论文具有很高的学术价值，无论是问题的提出，还是解决的方法与技术，乃至行文均体现了严谨的治学态度、很高的学术水准与精心指导的心血。我在大连理工大学工作期间，曾请先生到学院讲学几次（图3），每次都看到秦先生带着学生的论文，在其上进行逐字逐句的修改，并打电话给弟子进行耐心的解释。秦先生在对学生严格要求的背后，亦充满着无私的关爱。几年前，秦先生亲自打电话，让我为他已经工作的学生写推荐信，在电话中对学生在校的

图3　秦先生（左）在大连理工大学作学术报告

学习情况、工作后的业绩做了详尽的介绍。这次时间很长的电话，使我深深地触动，导师的严格与关爱，不仅反映在学生在校期间，亦表现在学生毕业之后的成长过程中。教书育人，先生不仅做到了，而且为我们后辈建立了某种标杆。

感谢微信时代，2016年7月6日，我与秦先生建立了微信联系，近几年与先生虽不常见，但常能以微信沟通与问候！2020年6月10日是林徽因先生诞辰116周年，秦先生给我发来了《第七讲　女建筑学家林徽因》的讲稿。随后，我与先生通过一次电话，想邀请他来天津大学作一次学术报告，方知他身体状态已经很不好了。他对我说，从前还能在校园内散步，慢慢地只能在小区周边走动，后来只能在家中走动。电话中，我想邀请他做线上讲座，亦被婉言谢绝了，先生当时的身体状态可想而知。这次电话应该是我们的最后一次通话！2020年11月24日，秦先生发来了他与我之间微信联系的最后一条信息"慕容洲和秦佑国的聊天记录"。他谈到建筑学人的思维和眼界要更开阔，但如何与历史、经典、传统审美契合、传承，如何与世俗和"口号"切割，也是问题。在微信记录中，秦先生的

退休生活在精神层面是非常丰富的，从吴冠中的油画欣赏、古代艺术的价值，到历史、时事、政治、音乐、摄影，均有所涉猎。

先生，我与您相遇二十年，亦师亦友。记得初见时，您的严肃使后辈略显紧张，但随着不断地对话与接触，您炽热的心、强烈的社会责任感、高尚的职业操守，以及对未来的洞察力，让我深深折服。您淡泊名利、热爱学生、培养精英，是时代的楷模。2020年2月18日，先生去世前的一年，我为您送去新年的健康问候，并感慨时间的飞逝。那年我58岁，您突然回忆起我们的初遇时间，您写道："我是在这个年龄到大连理工建筑系去评估的，我俩认识。"2020年8月10日，您发来了乐曲《秋日私语》，听着优美的音乐、看着为其配置的诗意的场景，您的音容笑貌不断地呈现在脑海里。秦先生，我的求学时代虽无缘于清华，但您是我尊敬的师长，崇拜的建筑教育家。二十年来，我一直在您的影响下从事建筑教育这项伟大的事业。倘若您在天有灵，一定会很欣慰，中国建筑教育正在您期望的轨道上前行。我们不会忘记，一个伟大的灵魂曾经为之辛勤耕耘着，并产生了持久的影响。

在美妙的乐声、诗意的场景中，我为您送去美好的祝愿。我们及一代代建筑学人会实现您尚未实现的理想。在无垠的宇宙中，我们虽不能相见，但能对话，诉说着思念之情，以各自的方式谱写诗性的世界！

2022年1月20日
于天津梅江湖畔

建筑教育思想的传播者
——纪念福州大学建筑学院名誉院长秦佑国先生

张星[1] 陈小辉[2]

2008年11月25日，秦佑国先生应原清华大学教务长、时任福州大学校长吴敏生先生的邀请，出任福州大学建筑学院[3]名誉院长（图1）。

福州大学建筑学院是在吴敏生校长的推动下于2006 年 5 月从福州大学土木建筑工程学院分拆出来成立的。初创的建筑学院"三缺二弱"（缺师资、缺经费、缺平台，弱学科、弱团队），教师不足三十，学生不到三百。

图1 秦佑国先生受聘福州大学建筑学院名誉院长、兼职教授

秦佑国先生在受聘仪式上说："邀请我担任福州大学建筑学院名誉院长、兼职教授，对我来说是很大的荣誉。当然，我也有了新的责任。我将尽全力为福州大学的建筑学学科建设和人才培养做出更有意义的贡献。"

他是这么说的，也是这么做的。此后，只要身体允许，他每年都亲自来福州大学2~3次，指导学院描绘发展蓝图，激励师生立鸿鹄志、做奋斗者，追逐梦想、以专业报国。担任名誉院长十三年，他不仅未取一分酬劳，还坚持把自己作为学院的一名普通教师，一再叮嘱要一切从简、不搞特殊化。在福州大学

---

1. 张星，福州大学党委副书记，曾任福州大学建筑学院党总支书记。
2. 陈小辉，泉州市人民政府副市长，曾任福州大学建筑与城乡规划学院党委书记、院长。
3. 2019年更名为"福州大学建筑与城乡规划学院"。

工作期间，他住在学校招待所、吃在校内教工餐厅，用自己的言行和人格魅力影响青年教师、启迪学生。

秦佑国先生坚持"师者，以教为本"的教育理念，主张"资深教授要为本科低年级学生上课"，他本人也一直坚持在教学第一线，以人文情怀守望来者。

自2009年开始，他坚持到福州大学建筑学院讲新生入学第一课（图2、图3），先后开设"建筑数学"课程、《建筑、艺术与技术》、《中国建筑呼唤精致性设计》等讲座，要求同学们不仅要注重培养"素质"和

图2　秦佑国先生参加福州大学建筑学院本科生开学典礼

图3　秦佑国先生为福州大学建筑学院新生主讲"开学第一课"

"能力"，还要重视培养"气质"（雅气、英气、才气、大气、正气）和"修养"（科学修养、人文修养、艺术修养、道德修养）。

他认为，"为人"是将来"做事"的基础，先学会做人，再去认真地做事，在此基础上才能体会到为人处事的哲学，从另一个角度也有利于培养自己的建筑风格和理念。他在讲座中曾多次强调："在自然气候条件及人为因素共存的环境下，人的心理作用将对建筑设计理念产生极大的影响。"

秦先生希望福州大学建筑学院的同学们多读书，多游历，"读万卷书，行万里路"，懂得在"享受人类文明"的过程中培养气质与修养，不"将就"不"凑合"，全面开阔视野、提升眼界，直面技艺和细节上的缺陷，追求高品质的建筑作品，对设计负责任，对中国的建筑负责任。

为了推动福州大学建筑学院快速发展，秦佑国先生亲自参加了学院的学科建设会、专业研讨会，多次和全院骨干教师进行深入交流，明方向、促发展（图4～图6）。

2018年5月，他腰疾复发，无法乘坐飞机，但仍然坚持乘坐动车亲自赶来福州大学指导学院工作，其夫人应老师不放心，全程陪同照顾。他经常以著名建筑学家和建筑教育家梁思成先生的事迹为例给青年教师讲建筑、谈建筑教育。

他说："建筑学即科学与艺术的结合，建筑教育即理工与人文的结合，学科构成即建筑、城市和景观三位一体，建筑教学即基本功训练与建筑理解的结合，能力培养即创造力与综合解决问题能力的结合，思维训练即形象思维与抽象思维的结合，思想教育即思想品德教育与

图4　秦佑国先生参加福州大学建筑学院学科建设研讨会1

图5　秦佑国先生参加福州大学建筑学院学科建设研讨会2

图6　秦佑国先生同福州大学建筑学院骨干教师座谈

建筑师职业道德教育的结合……"他用自己的成长经历勉励全院教师："大学教授不应该只是承担具体科研工作,重要的是要出思想。要以自身的人格魅力、学术修养、精神风度给学生启发、熏陶和感染,而这也是我努力追求的。……得到学生的认可,是当教师最欣慰的事。"

作为名誉院长,他时刻不忘自己的责任,以高屋建瓴的站位,恢宏宽广的视野,多方牵线搭桥,积极推动学院与清华大学建筑学院等国内知名建筑类高校的交流与合作,不断拓展学院党政班子的视野,深化全体师生的认识,让大家知道"要做什么、该怎么做"。

图7　秦佑国先生与时任福州大学建筑学院党总支书记张星交流学院发展

2010年2月,学院党总支书记张星上任伊始,就赶往北京拜访秦先生(图7)。秦先生热情接待了张星书记一行,并就学院发展建设工作进行了长达数小时的交流,他嘱咐道："党政班子一定要团结,要讲大局、有胸怀,要积极配合院长开展工作,要坚持把学科建设作为重点任务常抓不懈!"同时,他还带大家一起参观走访清华大学建筑学院,并逐一详细介绍学科建设、人才培养、科学研究、文化传承和国际交流等情况。

他对建筑学科的前瞻性思考、对建筑教育思想的系统性阐述,深刻影响了福州大学建筑学院的改革和发展,促成福州大学建筑学科单列职称评审系列、人才引进政策和学科评价体系,为学院的事业发展注入了动力与活力,从而引领学院在不断开拓中努力完成一次次蜕变。

2020年9月秦先生病重之际,学院陈小辉院长、郑翔书记专程赶往北京探望(图8)。此时,秦先生仍不忘嘱咐："一定注重学科建设,要注意凝练学院特色,要把博士点申报建设作为学院未来发展的重中之重来抓。"他还把自己珍藏

图8 2020年9月秦先生病重之际,福州大学建筑与城乡规划学院党委书记郑翔、院长陈小辉专程到北京看望秦佑国先生

的部分图书赠送给学院,让学院更多的师生读到这些书,让更多的人受益。

在他悉心指导下,学院形成了"数字加强设计""建筑遗产保护"等鲜明办学特色,各项事业得到了跨越式发展。

学院现有建筑系、城乡规划系、风景园林系3个本科专业,建筑学专业型硕士点和城乡规划学一级学科学术型硕士点,在土木工程学一级学科博士点下自主设立"历史建筑保护及其修复工程"二级学科博士点。建筑学、城乡规划专业入选国家级一流本科专业,风景园林专业入选省级一流本科专业。建筑学、城乡规划学本科和硕士研究生教育均以优良成绩通过全国高等学校专业教育评估。学院现有数字福建空间规划大数据研究所、古建筑保护福建高校工程研究中心和福建省地域建筑研究中心等6个省级平台。

斯人已去,风骨长存,精神永驻。秦佑国先生虽然离开了我们,但是他的身影、足迹深深印在福州大学的校园里,他在建筑学之上的卓然风采,在建筑学之中的永恒思想将不断传承发扬。

犹记得,他在给福州大学新生讲《女建筑家林徽因》时,提到:"我的第一课是梁思成先生上的,你们的第一课是我上的。梁先生和林先生都是我的老师,我要把他们的思想在林先生的家乡福州传承下去,把中国建筑的文脉继续传承下去。这也是我来福州大学担任建筑学院名誉院长的初衷之一。"(图9)

图9 秦佑国先生给福州大学建筑学院新生讲授《女建筑家林徽因》

正是因为有着秦先生这样一大批值得尊敬的建筑大师们、建筑教育大家们的倾囊相授,才使得中华大地上留存的独特建筑风格与中华民族蕴藏着的非凡气度代代相传、生生不息。

我们坚信,新一代的福州大学建筑人必将秉承秦佑国先生的建筑教育思想,按照他对建筑学院的建设要求和指导,牢牢抓住高等教育发展的重要战略机遇期,完成秦先生的遗愿,全面推进博士点建设,立足中国东南建设一流学科,助推一流大学建设。

华大初识与福大深交

——怀念建筑教育家秦佑国先生

关瑞明[1]

"2021年2月24日晚,知名建筑学家、清华大学建筑学院原院长秦佑国教授,在北京因病逝世,享年78岁",官媒"光明网"上如是说。在秦佑国先生逝世即将一周年之际,清华大学发起对秦先生的追思,意义重大。我也应邀写一段我的感慨和回忆。

高等院校对德高望重的学者不称"教授",称"先生",建筑学界也不例外。因此,就让我们一起尊称"秦先生"吧!官媒《新京报》上写道:"秦佑国,著名建筑教育家、建筑学家,师从梁思成先生,是我国建筑学科体系的开拓者。"这里就有"知名"与"著名"之分,毋庸置疑,建筑学界与建筑教育界的大多数人会选择后者。而称秦先生为"著名建筑教育家"是当之无愧的。秦先生于1997年11月至2004年12月担任清华大学建筑学院院长,2000年担任全国高等学校建筑学专业教育评估委员会主任,不仅对清华大学的建筑教育事业做出卓越的贡献,而且为全国高校的建筑教育——尤其是处于"发展中"的高校,做出了不可磨灭的贡献。

一、初识于华侨大学

我自1982年起在华侨大学任教,1995—1998年期间担任建筑系副主任,2004—2008年期间担任建筑学院副院长,亲历了1996年建筑学专业的第一轮教育评估,成绩只是"有条件通过";2000年的第二轮评估,成绩仍是"有条件通

---

1. 关瑞明,教授,现任泉州职业技术大学人居环境学院院长,福州大学建筑与文化研究所所长,中国建筑教育奖获得者。2009—2017年担任福州大学建筑学院院长。

过"。这一年，正好秦先生接替高亦兰先生，担任全国高等学校建筑学专业教育评估委员会主任。2002年的中期检查，秦先生亲临华侨大学检查与指导建筑学学科建设，才有了2004年第三轮评估的"无条件通过"（图1）。这是我第一次近距离与秦先生交往，秦先生"以评促建"的教育理念，以促进中国建筑教育发展为己任的主人翁精神，给我留下深刻的印象。

图1　秦佑国（左一）与周畅（左三）在华侨大学刘塨（左二）、何家汉（左五）陪同下观摩指导建筑学学生课程作业

2005年3月5日，我致信福州大学校长吴敏生教授，建议福州大学把建筑学专业从土木建筑工程学院析出，成立建筑学院，与吴校长的设想不谋而合。院长的人选，我在自荐信中也只说我是"省内"最佳人选。因此，福州大学就有了建筑学院的筹备组，其中包括聘请清华大学建筑学院原院长秦佑国先生担任名誉院长。2006年5月18日，福州大学建筑学院正式成立，我应邀参加了成立大会。而应聘到福州大学担任建筑学院院长，则是在华侨大学建筑学专业"无条件通过"了2008年的第四轮评估后，这是我在华侨大学教学生涯、副院长岗位上的"最后一班岗"。

二、深交于福州大学

2002年8月，经福建省委与清华大学会商，吴敏生先生出任福州大学校长。吴先生在清华大学任职期间，是学校的教务长，与秦先生十分熟悉，也十分了解建筑学专业的办学特色。聘请秦先生担任福州大学建筑学院名誉院长，不仅是一种"荣誉"，还是对建筑学学科发展的深谋远虑。我是2008年12月来福州大学正式报到的，此时建筑学院已成立，名誉院长与学院学术委员会主任（清华大学尹稚教授）均已聘任，书记、副书记、副院长均已全部到位，新学院成立的初期工作，已经开展两年半。

2009年1月8日，我开始了我的建筑学院院长履职。首先是学校布置的"作业"——建筑学专业的教育评估，其次是自选的"附加题"——申报硕士点，所以，我们必须"只争朝夕"。当年5月提交"申请报告"，准备次年5月迎接评估专家入校视察。当年，建筑学院提出的办学理念是"规范办学，科学发展；提升内涵，突出特色"，前八字是针对"作业"，后八字是针对"附加题"。秦先生担任名誉院长，对福州大学建筑学院而言，是一种荣誉；对我而言，是定海神针，我心里踏实。我以我在华侨大学亲历的四次"评估经验"，保证评估至少"有条件通过"，争取"无条件通过"。我把《自评报告》的电子版发给秦先生过目，秦先生几乎每一页都做了不同程度的修改，说明秦先生逐句逐字阅读与修改过，这为建筑学专业教育评估的"无条件通过"奠定了基础。

秦先生一般每年在两个时间节点来到福州大学——开学典礼与毕业典礼。开学典礼不仅要致辞，还要做"开学第一课"的演讲；毕业典礼不仅要致辞，还要给毕业生"拨穗"。此外，通常一学年还要安排一次"建筑学院学科建设研讨会"，我要先做一个PPT的工作汇报，然后听取秦先生的点评与指导，安排一次学术讲座，作为"百名教授讲坛"的重头戏。"百名教授讲坛"从2009年开始设立，很快就超过100场演讲，一般人理解为"百名—教授讲坛"。我的读法是"百—名教授讲坛"，翻译成英文是"Lecture of Hundreds Famous Professor"，演讲者必须是著名教授（famous professor）。

我的院长任期于2017年2月19日截止。2017年7月3日，秦先生一如既往来到福州大学，参加建筑学院的毕业典礼，给毕业生致辞和拨穗。同时，在福州大学"嘉锡讲坛"第456讲暨建筑学院"百名教授讲坛"第128讲做"建筑数学"的演讲，并题写"数学是受过高等教育者的文化修养"（图2、图3）。讲坛由我主持，这竟成为我最后一次仰望秦先生的机会。后来我较少参加学院的公共事务活动，也没有前往清华大学看望秦先生，心里感到十分内疚。

秦先生并没有离开我们。建筑学院虽然已经更名为"建筑与城乡规划学院"，然而，在办公室的走廊上，第一张展板仍然是吴校长给秦先生颁发名誉院长的照片。顺着一张张展板看过去，在"兼职教授"的版面上，是一张秦先生清晰的头像照片，他睿智的目光，审视着每一个路过的人，鞭策着在岗的每一位建筑学人沿着正确的办学理念继续前行。

秦先生佑护建筑教育，国士当之无愧。

2022年2月13日

图2　秦先生在福州大学做《建筑数学》演讲并与大家合影

图3　秦先生在福州大学题写"数学是受过高等教育者的文化修养"

深切缅怀

——秦佑国先生对上海交通大学建筑学系初创及首次评估的指导

张健[1]

前言

2021年2月24日，秦佑国先生与世长辞！在得悉这一噩耗的第一时间，我怀着非常悲痛的心情在朋友圈发了"痛悼敬爱的师长秦佑国教授！"的信息；最近收到了庄惟敏院士"秦佑国先生逝世一周年追思会"邀请函暨《秦佑国纪念文集》征稿启事后，重新唤起了我对秦先生深深的回忆和无尽的怀念。

今年2月24日是秦先生逝世一周年，也恰好是上海交通大学建筑学系独立筹建20周年。我校建筑学系自2002年6月20日起独立筹备、2004年5月13日上海交通大学正式颁文批复成立，从无到有、由小至大的发展，是在时任全国高等学校建筑学专业教育评估委员会主任、清华大学建筑学院院长秦先生的亲切关怀和大力支持下取得的！在国外获博士学位并工作三年后，我被上海交通大学作为海外高端人才引进回国，38岁担任上海交通大学教授，在2002年筹建并担任首任建筑学系主任的12年间（尤其是创系至首次参加并通过全国高等学校建筑学专业教育评估期间），我得到秦先生的殷殷教诲和无私指导，永远感恩秦先生对我的教导和关怀！永远铭记秦先生对上海交通大学建筑学系艰苦初创期的鼓励和指导！深切缅怀敬爱的秦佑国先生！

一、对上海交通大学建筑学系初创时的鼓励和指导

二十年前，秦先生正担任全国高等学校建筑学专业教育评估委员会主任、清华大学建筑学院院长。当时，我受上海交通大学邀请回国并受托筹建上海交通

---

1. 张健，上海交通大学建筑学系首任系主任，二级长聘教授、博士生导师。

大学建筑学系。万事开头难！如何起步，如何让上海交大建筑学快速发展……成为当时亟待解决的难题。况且，我在国外待了八年后刚回国，对国内建筑界的情况及人事都不了解，可谓困难重重！正在迷茫时期，我得到了秦先生的亲切关怀和悉心指导，深感"受宠若惊"！我重点向秦先生汇报了我在自己发表的《建筑教育改革与上海交通大学》一文中摸索出的发展思路："一心两点"（以学科发展为中心，以"内强"和"外联"为基点，"交叉"和"国际"为特点的发展模式）充分发挥综合性大学的优势，建设具有上海交大特色和国际水准的建筑学系。秦先生予以充分肯定，认为是对"强校新系"同类大学很好的发展思路。这更加激发了我的使命感和责任感，给了我莫大的鼓励和信心！

确定了发展思路，必须有抓手。学科评估，博士点建设，教学大纲的修订，办学场地的集中，建筑学学位、学科点的建设等工作千头万绪。秦先生谆谆告诫："要快速发展，首先要通过全国高等学校建筑学专业教育评估。评估是进入一流建筑学科的必经之路。通过评估的中国建筑学教育和国际建筑学教育得到互认，处于同一平台。只有通过专业评估才能得到国家的办学认可，也才能与国际接轨。"他又鼓励我说："虽然参加评估是最辛苦的一件事，尤其是对没有积累的学校，但新系没有负担，你可以大胆干。由于是从无到有的开创性工作，评估工作更是涉及学科建设的方方面面，你们必须加倍努力、统筹考虑，制订出详细的计划。"

之后，我们在秦先生的指导下，根据评估要求，借鉴国内外著名大学建筑学专业的办学经验，对我校建筑学教育发展目标进行高起点、高水平的定位，制订了一套完善、科学及相对稳定的教学、科研计划和管理制度体系。之后，我赴京到建设部详细了解评估的具体内容和程序，并有幸去清华大学当面向秦先生请教，聆听教诲（图1）。秦先生关于建

图1 作者向秦先生请教

筑教育的精辟思想，给我留下了非常难忘的美好回忆。他对我校建筑学系建立和发展起了非常大的促进作用！正是在对照评估内容对各种困难做了充分的分析，尤其是有了秦先生的指导和肯定后，我才有信心和勇气，多次在学校和院务会上提出评估，做了可行性的充分论证，甚至给学校立下了"军令状"。

二、对上海交通大学首次参加全国评估时的视察和支持

2006年5月30日至6月2日，时任全国高等学校建筑学专业教育评估委员会主任秦佑国教授担任组长，由中国建筑东北设计研究院王洪礼总建筑师、西安建筑科技大学李志民教授、北京市建筑设计研究院黄薇副总建筑师组成的评估视察小组，对我校建筑学专业本科教育进行了评估视察。我全程陪同并亲眼见证了秦先生等专家高度的责任心、忘我的工作态度和对我校建筑学系的大力支持。

记得秦先生等专家下了飞机抵达我校后，不辞辛苦，马上和学校主要领导进行了会见，并进行了深入、热烈的交流，接着对专业教室进行了实地查看，并检查了学生晚自习情况，直到夜里11点多才休息。第二天一早，他们即听取了我关于建筑学专业教育的汇报，并先后视察了实验室、计算机房、作品陈列室、专业图书馆及教师办公室等；参观了教学过程与学生作业展览；查阅了各年级设计课作业、毕业设计和设计院实践文档、教学及教学管理文档；旁听了讲课，观摩了建筑设计课、毕业设计的教学过程；召开各种座谈会；视察了学生宿舍和学生晚自习情况，在视察中了解和测试了学生的相关知识。此外，评估视察小组还对学生的作业进行了观摩和点评（图2～图4）。

秦先生又专门听了本科四年级的建筑理论课（图5）。在课后的自由提问环节，教室里的气氛活跃，同学们关于发光二极管（light-emitting diode，LED）节能灯的讨论引起了秦教授的兴趣，秦先生是我国建筑物理环境领域的大专家，他为同学们系统地介绍了LED节能灯的发展状况。他的渊博知识使得同学们完全忘记了下课铃声，兴致高昂地专心聆听了讲解。

评估结束的前一天夜里11点多，时年已63岁的秦先生不顾连续几天超高强度工作的辛苦，特意把我叫到他下榻的房间，畅述了他对我国建筑教育的深刻思考，表达了对我校建筑学系走科学与艺术、理工与人文相结合道路的殷切期望，

图2　秦先生听取作者对办学设施的介绍

图3　秦先生等专家听取作者对办学成果的介绍

图4　作者全程陪同秦先生评估

图5　秦先生旁听建筑理论课

他和我谈话直到第二天凌晨1点，丝毫没有疲倦之意，表现出旺盛的精力和对建筑教育事业的高度责任心！

评估视察的最后一天，秦先生代表评估小组向学校进行了反馈，对我校建筑学系的建设给予了高度评价和鼓励，他说："上海交大建筑学系从2002年按发展思路开始全面建设到2006年刚满四年，以最短的时间参加了评估，并取得了可喜的成绩。建筑学系领导和全体师生做出了巨大的努力，体现了上海交通大学办好建筑学专业的意愿和决心；队伍有活力和进取精神，教学工作认真；在开展国际交流、组织学生参加科研和实践活动、相关课程教学和毕业设计等方面有特色。"（图6、图7）我们深知：虽然我们全体师生付出了心血，但还

图6　秦先生与上海交大师生合影

图7　秦先生与全国评估专家组在上海交大

有许多可继续努力的地方。秦先生还代表视察小组郑重地向学校提出建议，希望学校更加重视建筑学系的发展，加强建筑学专业的办学条件建设，不断加大投入力度，改善专业教学硬件设施。秦先生以全国高等学校建筑学专业教育评估委员会主任的名义为建筑学系的呼吁，使我们深受感动！

后记

敬爱的秦先生以他的高尚人格，平易近人、高瞻远瞩、大公无私的大家风范，为上海交通大学建筑学系的初创和发展做出了杰出的引领性贡献！

我们永远感恩敬爱的秦佑国先生！先生千古！！！

2022年2月14日

回忆秦佑国先生二三事

贾东[1]

秦佑国先生是我的前辈、我的学长，也是我的老师。2021年2月24日，秦佑国先生因病逝世。在先生逝世一周年之际，清华大学建筑学院举行追思活动，北方工业大学建筑与艺术学院的各位老师也以不同方式表达自己的哀思。2022年1月16日，建筑与艺术学院院长张勃教授嘱咐我撰写一篇短文，以应《秦佑国纪念文集》征稿，当时我便拟了一个简单的草稿。1月28日，我看到了清华大学建筑学院微信公众号推出的《庄惟敏：永远的思想者——纪念秦佑国先生逝世一周年》，内容深刻凝练，自己很有感触，也再次追忆向秦先生学习受教的一些往事，特此记叙。

秦佑国先生对于中国建筑、中国建筑教育、建筑学科的全面发展的诸多杰出贡献，前辈同仁、学界行业早有很高评价，而我要写的重点是他对北方工业大学建筑学教育的关心。

就建筑学专业而言，清华大学与北方工业大学有明晰的师承渊源。1984年，北方工业大学邀请清华大学建筑学院汪国瑜先生主持创办建筑学部并任第一任学部主任；1985年，工民建专业招生；1989年，建筑学专业招生。北方工业大学建筑学部发展至今为建筑与艺术学院，不多赘述。三十三年来，清华大学建筑学院对北方工业大学建筑与艺术学院及建筑学专业发展和学科建设的关心和爱护，初心不变，一如既往。

十几年前，秦佑国先生受北方工业大学邀请，来校指导专业建设和学科发展。他态度诚恳，在会见学校主要领导时重点讲建筑学专业特点和《堪培拉协议》的意义，为建筑学专业争取持续投入；他高屋建瓴，在指导院系科学发展时

---

1. 贾东，北方工业大学建筑与艺术学院教授，清华大学建筑学专业1983级校友。

系统阐述了建筑学、城市规划、风景园林大类的发展趋势，提出了适合我们学校基础的发展策略；他满腔热忱，面对我们提出的困难，给予理解和指导；他严格要求，对于他看到的教学中存在的问题，坦率指出；他坚持原则，面对领导、老师和学生，从不涉及专业评估等具体事宜，而更多的是对我们青年教师和专业学生的鼓励和鞭策。特别令人难忘的是，他在讲述学术问题时的全部投入和忘我神情。

图1是在此期间一张很有意义的照片，可以看到两校师承关系。

图1　秦佑国先生来北方工业大学指导专业建设和学科发展

图1中，前排从左至右为：清华大学秦佑国先生、胡应平（北方工业大学副校长，师从汪国瑜、林贤光先生）、屈铁军（建筑工程学院院长）、马欣（建筑工程学院教师，师从王余生先生）、陈穗（建筑工程学院教授，师从吴良镛先生）、贾东（建筑工程学院教授，师从单德启先生）、张伟一（建筑工程学院书记，师从汪国瑜、单德启先生）、张勃（建筑工程学院建筑系主任，师从徐伯安、高亦兰先生）。

2007年，北方工业大学申报了2008年全国高等学校建筑学专业教育评估初评，学校高度重视，全员动员，以评促建，各大院校关心支持，顺利通过。

从汪国瑜先生、秦佑国先生，到我们这一代，可以说是很清晰的三代人，秦先生自然是我们的前辈、学长。而我称秦先生为我的老师，也是事实。秦先生来北方工业大学时曾提到他在清华开设的校"文化素质核心课"——"建筑的文化理解"，在2009年秋季学期，我征得先生的许可，去清华旁听了这门课程，并让同去的硕士研究生做了全课件录像。对我而言，这可以说是四十多岁之后，很正式的一次全学期听课吧。因为这样，秦先生与我，更是实实在在有课程传授的师生关系。

我在2009年秋季学期旁听的清华大学校级"文化素质核心课"中的"建筑的文化理解"共有七讲：建筑——科学与艺术；建筑是石头的史书；20世纪建筑风云；中国传统建筑；北京百年；绿色与和谐；中国建筑呼唤精致性。

授课时间在2009年秋季学期，分别是9月23日、30日，10月14日、21日、28日，11月4日、11日，开课是在晚上，讲课地点是在清华主楼西侧、焊接馆北侧一座较新的教学楼里面的阶梯教室里，每次去，学生都很多，坐满了教室。我的学生王元媛每次都去得特别早，占据了后排录像的全境视野，把录像机架起来，而当时秦先生的博士生国萃会帮我留下前排的边座，秦先生的另一个在职博士杨洲建筑师有时也来。有时候，秦先生会客气地说一句，课件都可以给你们，录像随意就好。授课结束后，国萃就把秦先生的讲课课件都给我发了过来，我注意看了一下文件日期，秦先生在每次讲课的前几天还在修改。

这些宝贵的课件和录像资料记录了秦先生作为一位建筑学者对于建筑学普及与宣传方面做出的宝贵贡献，也有声有色地延续着清华大学和北方工业大学在建筑学专业上的师承关系。

北方工业大学建筑学专业在2011年开始的建筑学专业教学"五造"改革[1]，以及我个人对硕士研究生开设的"营造建造构造"选修课程都从这种宝贵的师承中有所学习、有所汲取。

一位学者，把自己的专业做好，很难；而投入许多，付出许多，面对清华全体

---

1. "五造"改革是北方工业大学建筑类专业（建筑学、城乡规划学、风景园林学等）基础教学改革内容，在大一"建筑初步"课程中，以纸板造、聚苯造、石膏造、木造、铁丝造（五种材料的造型训练）等为载体，训练学生的手眼脑互动能力、材料认知和运用能力、形式认知和想象组织能力、尺度和细部认知分析能力、图纸设计和实体建造能力，并有序融入"建筑初步"相关理论讲授与建筑经典案例分析，为建筑类专业学习打基础。

莘莘学子去"鼓吹"自己的专业,剖析自己的专业,并把这种宣传介绍给自己的兄弟院校,介绍给自己的晚辈和学生,实在是可贵,实在是值得尊敬,值得怀念。

2009年的秋天,清华园焊接馆北侧的夜晚很美好。天渐渐凉了,有一次,秦先生下了课,走出教室,我和杨洲都觉得他很累,杨洲就把车开过来,让秦先生上车。秦先生站了好一会儿,没有说话;我和杨洲也默默站着,校园里都静下来了。后来,秦先生慢慢说了几句话,说到了他被学生们评为"良师益友",他说,这个他很看重。又缓了一会儿,秦先生似乎不那么累了,执意自己骑上自行车,慢慢地向西骑去,在夜幕里回家了。自行车压着不太多的落叶,间或发出一点声响。

除了完整听过秦先生的"建筑的文化理解"课程,我还听过秦先生的五个专题演讲:《堪培拉协议与中国建筑教育评估》《中国现代建筑的中国表达》《细部设计与材料外观表达》《国徽设计》《林徽因》。秦先生讲《林徽因》多次,其中有一次给我留下深刻印象。大约在2016年,那应该是他最后一次来北方工业大学,那一次他的课件又补充了一些新内容,主要是图片的更新。他坐在学校三教报告厅里,讲得很投入,也很动情。他讲完了,很累,不再说话。静了一会儿,学生们和老师们才明白讲完了,才开始持久地鼓掌。

现在,根据对学校官网新闻的记忆来叙述一下2009年的秋天秦佑国先生来北方工业大学的情形:

清华大学秦佑国先生来我校

2009年11月25日,王晓纯校长在一教第一会客室会见了清华大学秦佑国先生,双方就建筑学专业评估及专业建设、学校素质教育等方面进行了亲切交谈(图2)。

罗学科副校长、胡应平副校长也与秦佑国先生见面。胡应平副校长与秦佑国先生就研究生的培养方向和培养模式进行了深入交流。

秦佑国先生是我国著名建筑学专家、国务院学位委员会建筑学科成员、全国高校建筑学专业教育评估委员会主任、清华大学建筑学院教授。此次,我校建筑工程学院邀请秦佑国先生专程来进行学术交流。秦佑国先生就建筑学专业

图2 秦先生会见北方工业大学王晓纯校长

评估后的专业建设及中间检查、专业培养模式、教师队伍建设三个方面进行了系统阐述，并介绍了他担任清华大学建筑学院院长期间在教学改革方面的工作。

建筑工程学院院长屈铁军教授、书记张伟一教授主持了座谈会，建筑系主任张勃、副主任马欣及全体教师参加了座谈。

座谈会后，秦佑国先生还与我校素质教育中心的史仲文教授就学校素质教育问题进行了交流。

行文将止，摘录三句秦佑国先生撰写的回忆（2019年10月7日发表于"THU建筑学院校友会"微信公众号）。

我一直钟情教学。
我感到最大的欣慰是得到学生的认可。
"良师益友"活动十周年，我是全校获评次数最多的三个人之一，得到"感动清华"的奖牌，这是我最看重的荣誉。

谨以此文纪念秦佑国先生！

贾东

2022年1月29日于北京

追忆建筑教育的点灯人秦佑国先生

夏海山 [1]

2021年2月25日清晨,得到秦佑国先生去世的消息,我吃了一惊。2019年,我生了一场病后就一直没见过秦先生,本想春节后找时间去看望他,现在也成为了永久的遗憾。秦先生给予了我很多帮助,如今一幕幕回想起来,我心存感激。我想,与我有同样感受的人一定很多,秦先生是我们建筑教育的点灯人。

秦先生是我的长辈,与秦先生相识时我还是一个年轻老师,他那时担任清华大学建筑学院院长,我博士刚毕业不久,在中国矿业大学建筑系担任系主任。那时候矿大的建筑学发展正处于一个低谷期,各方面条件都很有限,接任系主任也算是临危受命。是专业评估让我有幸接触秦先生。

我原本计划博士毕业后在北京工作,去徐州意味着与家人两地分居,孩子刚出生,开展工作要克服方方面面的困难。但是最大的压力是我感到在专业和学科建设方面没有经验,虽然之前在学校当过几年教师,后来再出去读书,硕士、博士连着读了七年多,对教学管理及专业和学科建设其实是一张白纸。所以在接受矿大教职的时候,我心里特别没底,我当时跟学校说了两地分居的状况只允许我起个过渡作用,希望尽快引进和培养其他人选。但是学校提出了建筑学和城乡规划的发展期望和目标,包括建筑学的专业评估。现在想起来,我在矿大任职期间专业和学科发展做了一些工作,真是特别感谢有秦先生的帮助和支持。

1992年,全国开始建筑学专业本科教育评估试点,时任矿大建筑系主任的熊振教授认准这个目标,1993年就根据评估要求将建筑学本科学制改为五年。但是十多年后,2004年我到矿大担任系主任,大家觉得距离评估要求还很远。我当时想先了解一下评估的门槛和难度究竟如何,就想到找时任全国高等学校建筑学专

---

1. 夏海山,北京交通大学建筑与艺术学院教授、博士生导师,学术委员会主任。

业教育评估委员会主任的秦佑国教授咨询。在这之前，我和秦先生并没有过交往，仅仅是几次开会的时候他在上面讲，我在下面听。印象里第一次见到他是我旁听清华大学单军的博士学位论文答辩，我感觉秦先生知识渊博，思维敏捷，认真严谨。

去见秦先生本来是抱着试试看的心态，记得他特别热情，很耐心细致地给我介绍评估的目的和要求，帮我们分析问题和差距，指导我们如何建设，让我很感动。他说，不管你们目前条件怎么样，要积极争取，因为只有积极争取了，你们才有可能得到快速发展，真正起到以评促建的作用。根据他了解的情况，像我们这一类的综合性院校，虽然是"211工程"全国重点高校，但是总的来说学校层面不是太了解建筑学的办学特点。他说："学校不了解，下面工作就很难做，通过评估委员去跟校领导沟通会更有效。因此评估对矿大建筑学来说是非常重要的，要通过评估来促进专业建设、学科发展。"这番话给了我很大的鼓励，让我下决心积极准备评估。与秦先生的第一次接触就让我感受到他对于建筑教育事业的热爱，他非常真切地盼望我们尽快发展起来。从此以后，准备评估的过程中碰到问题和困难，我首先想到的是去请教秦先生，他总是热情无私地为我们提供帮助。后来我调到北京交通大学后的第一件事就是牵头组织评估工作，他依然给了我很大的支持。

我感觉到秦先生给我的帮助不是一两句话就能够说得清的。他有很多经验，看事情很清楚。他比我年长二十多岁，但是在聊事情的时候，他没有把我当作一个晚辈，而是好像作为一个朋友——全身心投入

图1 2008年，秦先生来中国矿业大学指导学科建设，被聘为学校名誉教授。现中国矿业大学校长、时任中国矿业大学主管教学副校长宋学锋与秦先生合影

图2 秦教授为矿大的学科发展提出了很多宝贵建议

建筑教育的朋友那样给我一些建议，我觉得特别受用。比如，2008年，我们邀请秦先生来矿大的时候给我们特色发展提的几个建议，到现在还在发挥着作用。我感觉他真正点燃了一盏灯，照耀着在建筑教育中前行的人们（图1、图2）。

那时，我自己的主要方向是绿色建筑，而秦先生那时候也在推动绿色建筑发展，很重视绿色建筑的教育。在我跟秦先生讨论矿大有什么优势，要怎么定位、怎么发展的时候，他给了很多好的建议，我慢慢地形成了一些想法和认识。比如，秦先生希望要把建筑技术教学与设计教学结合，所以当时我们的课程改革重点就是以绿色为目标，把建筑技术课直接融入建筑设计教学中，一项课程设计中间两周就插入建筑技术、建筑材料及建筑物理环境量化分析与模拟。当时我们教学生用Ecotect（建筑环境模拟分析软件）进行方案的环境模拟分析，还配合设计教学出版了教材。秦先生对我们这块教学工作特别认可，这对我们也是很大的鼓舞。当时，我们建筑物理实验室的很多实验设备都是我们教师结合设计教学自己动手做的，他对这个也特别鼓励。评估专家进学校考察，也认为这是一个很有特色的亮点。

另外，他说除了绿色建筑，还要发展自己的特色支撑方向，当时我思考一段时间后向秦先生汇报，希望发展矿业城市及地下空间，他觉得与矿大优势结

图3 秦先生2008年五一期间来中国矿业大学时，我陪同他一起考察徐州户部山传统民居

图4 我陪秦先生考察徐州户部山传统民居时合影，他很关注地方民居的保护工作

合得特别好，目前这三个方向仍然是矿大建筑与设计学院在发展的特色（图3、图4）。现在想起来，秦先生对我个人思想的转变，教育理念的转变，还有我个人学术发展方向上的转变都产生了很大的影响，而这些又直接或间接地反映我在矿大和在交大的工作上。

我觉得秦先生对我的影响有好几个层面，可能刚开始是做评估，然后去理解建筑学怎么办，学科如何建设。然后再上升到一个层次，思考建筑教育是什么，甚至教育本身又是什么。我们去搞教育的话，怎么去理解、认识教育，怎么去发展教育，这个对的我影响是特别大的。这些潜移默化的影响，反映在我在矿大做系主任的五年当中，然后又反映在我在北京交大的工作中，加在一起有十八年的时间了。

2009年，我调到北京交通大学，拜访秦先生就更加方便了。首先，还是评估任务，他继续给我帮助，只用了一年时间我们就顺利通过建筑学评估。接着，关于学科发展我常去请教秦先生，他认为北京交大发展建筑很有潜力和特色，建筑与交通结合能有很大的发展空间。他当时的观点让我印象特别深刻，现在看来秦先生是非常有远见的，当时我想的就是建筑和铁路结合，但他说交通建筑其实不仅仅是与铁路结合，北京交大以铁路为主，但是做交通建筑，眼光应该更宽，与城市结合，因为交通是城市的基本功能之一。他认为城市交通是非常综合复杂的，是系统化的东西，研究单一的交通类型是远远不够的，要从城市的角度去做系统化的研究。此外，他特别重视航空，因为在今后的城市出行中，航空是很重要的一种方式，空铁联运枢纽空间值得关注。这一番话对我影响很大，也一直成为我们的努力方向。

到北京交大工作后，秦先生还为我们的师资建设提供了很多帮助，包括我个人的发展。2010年，得知我准备去美国访学，秦先生积极帮助我联系哈佛大学。后来因各种原因我去了宾夕法尼亚大学，还是深切感受到秦先生对我出国访学的关心。从这一过程中，我也体会到他对于中国建筑教育发展要与国际接轨的期待，这对我后来特别重视国际化交流产生了很大影响。

2013年，应我的邀请，秦先生亲自来北京交大讲授"建筑的文化理解"示范课，为我们培养青年教师。同时，他也为我们学校推荐了好几位优秀人才，如潘曦、陈泳全目前都是我们学院的青年骨干教师（图5）。

图5　2016年，秦先生来北京交通大学参加潘曦和王鑫两位老师的博士后出站汇报会

2016年，中国建筑学会邀请我参加"建筑科普"丛书的策划工作，其中有一本主题是"绿色建筑"，本来想让我来写，我觉得科普著作应当请业内更有积淀的大家来写，建议请秦佑国先生来写。我和秦先生沟通后，他很认真地考虑了几天，认为"建筑科普"丛书很有意义，他更希望先写一本关于建筑文化的，于是确定下来列入丛书第一辑。2017年，中国建筑学会与中国建筑工业出版社组织丛书撰写工作会，秦先生也亲自来参加。他对这套科普丛书很投入，关于建筑文化，他觉得一本书分量还不太够，后来自己一个人在一年多的时间撰写了"建筑科普"丛书第一辑三本书，分别是《建筑的文化理解——文明的史书》《建筑的文化理解——科学与艺术》和《建筑的文化理解——时代的反映》。

2018年5月28日，"第三届北京建造节"在北京交通大学举办，京津冀地区的十五所高校和中学参加，我邀请秦先生出席（图6）。建造节上举行了"建筑科普"丛书首发仪式，中国建筑工业出版社咸大庆总编辑也应邀参加，秦先生热情地给小学生赠书（图7、图8）。

这三本科普图书应该是秦先生生前最后的著作，是留给后人的宝贵的建筑文化财富。秦先生去世一个多月后，这套丛书获得科技部颁发的"全国优秀科普作品"奖。很遗憾，他没能看到。

在我的职业生涯中能够认识秦先生，我觉得非常幸运，他对我的影响是方方面面的，无论是学科建设、建筑教育，还是个人学术发展，我的很多认识、理念和具体的实践都是和他的指导分不开的。如今，为我们点亮建筑教育明灯的秦先生走了，这对我们是巨大的损失。

在秦佑国教授去世一周年之际，谨以此文，表达对他的敬意与怀念！

注：2021年4月，秦佑国教授的博士潘曦老师约我追忆一下过去和秦先生交往的事情，我口述她记录，本文是在那次记录基础上删减修改而成。其中部分照片由潘曦提供，特此感谢！

图6　2018年5月底，秦先生来北京交通大学参加"第三届北京建造节"，参观各校学生的建造作品

图7　秦佑国先生在"建筑科普"丛书首发仪式上发言

图8　秦先生为大家签字赠书

师者传道　君子风范

——回忆秦佑国先生关心地方院校办学和师资培养的点滴

张勃[1]

我在北方工业大学建筑与艺术学院工作已有二十六年，其间，秦佑国先生对我们地方院校办学的关心指导让我印象至深。

北方工业大学是由行业院校转为北京市属地方院校，在建筑学专业办学方面与清华大学有很深的渊源。1984年，受清华大学援建，由汪国瑜先生创办了建筑学部并担任首任学部主任，许多清华老师都兼职来校任教。后来，多任院领导——刘茂华院长、陈穗院长、张伟一书记、贾东院长等，都是清华校友。从发展上来讲，北方工业大学的建筑学教育，在2008年之前，基本上是跟着清华的体系走，对自身建筑教育目标和特色较少有自觉的思考，可以说是以一种朴素的建筑教育态度来办学。2008年，首次参加建筑学专业教育评估对我们的办学体系是一次全面审视和系统总结，从此学校进入了一个新阶段。当时能够进入评估这个轨道，离不开秦佑国先生的亲自指导。秦先生虽然在正式评估的时候没有来校，但是此前对我校的评估工作已经进行了多次指导。2008年春天，秦先生又来到我校，考察了教学设施，翻阅了教学文件，与师生进行了接触交流，与校领导充分沟通，还给师生们做了一场生动的学术报告——《建筑的文化理解》（图1、图2）。秦先生在满满的行程当中，始终注意从点滴的发现中鼓励我们，当他在学校图书馆发现有20世纪初期美国原版的芝加哥城市规划书籍时，称赞说："这可是宝贝。"对于我们的人才培养目标，秦先生明确说："你们这个学校生源比较参差，你们要做的工作是把好两头：不要耽误领头羊，就是要把尖子生培养出来；同时，不要放水，比较弱的或者相对差的学生，该不及格就要给不及格。这样你们办学目标

---

1. 张勃，北方工业大学建筑与艺术学院院长、教授，曾任学院党委书记。

图1 2008年5月8日,秦佑国先生到北方工业大学指导办学,与校领导、院系教师合影 1

图2 2008年5月8日,秦佑国先生到北方工业大学指导办学,与校领导、院系教师合影 2

实际上就已经达到了,不是说所有的学生一定都能培养得非常优秀,但是你要把学生按照各种情况区分开。"这个道理讲得非常朴素明白,坚定了我们坚持"分层教学、分流培养、分类成才"办学模式的信心。这些年来,我们的尖子生也不断被输送到更高平台深造。例如，考取清华读研究生的有很多，保研的也能保送到"老八校"，水平得到兄弟院校认可。对于那些学习吃力的学生，我们要求得也比较严，有些学生通过转专业找到了更好的发展方向。

秦先生一方面给我们提出这种"实用性"的办学目标，另一方面也在更高层次上强调全面的育人理念。他说："大学要培养君子，哪怕是'落魄的'君子！"这样的观点，秦先生在不同场合讲了很多次。不论学生最后选择什么专业，学到什么程度，怎么发展，他的人格教育和整体素质培养才是教育的最大任务，秦先生是这样说的，也是这样实践的。

秦先生多次说过，他最满意的成就，就是在清华大学"良师益友"评选中，他是当选次数最多的。获得了"感动清华"奖牌，他特别高兴。他最看重的是他的教育理念被理解，受到学生的欢迎。我想，这是最值得我们现在在教育岗位上的这些老师们学习和共勉的。

秦先生欣然应允担任我校荣誉教授，并做过三次讲座，主题分别是建筑细部设计、国徽设计、建筑师林徽因。秦先生的讲座不仅传授设计理念和方法，更重要的是传达出对问题的全面思索和细致求证，特别生动和有代入感，常听常新。在秦先生的讲座现场，我恍如回到当年在校学习期间，想想当年没有好好汲取老师们的教学精华是非常可惜的。回想我在清华大学学习的八年时间，赵炳时先生、胡绍学先生、秦佑国先生先后担任学院院长，我听过很多先生们的课程和演讲，但是很多内容当时体会得确实不深。如果当时能更多地去主动思考和求教，必定会有更大的裨益。

1997年我在清华大学攻读博士学位的时候，秦先生任建筑学院院长，第一次开设了"科学、艺术与建筑"课程，当时除了感到课程内容新颖之外，对很多内容记忆并不深。反而是在近年有机会向秦先生请教问题时，先生给了更多的指点。有一次，我与秦先生交流，秦先生说："正好我这里学生有个小聚会，你愿意来就来听听。"那次聚会是2020年12月26日，是秦先生课余与在校的和毕业的弟子们的晚间茶话会。从那次之后，后来每年秦先生的类似小聚会我都参加，秦先生也把我当作他的弟子一样看待。在聚会上，秦先生会放投影展示拍摄的照片、一些往日游历、工程设计、思考偶得、感悟体会，还为很多图片配上自己写的诗，秦先生会一边朗读，一边分享当时的心境，文采和意境相映成趣！秦先生与学生们一起交流时，语调特别高亢，精神特别饱满，心情也是特别愉快的。

其间，有一次秦先生谈到建筑学学生对数学有荒废的情况，指出其根源是把数学当作工具，未能理解数学是一种思维方式，他强调数学是"受过高等教育者的一种文化修养"。

秦先生说，他为此专门开设了"建筑数学"课程，就是要引导建筑学学生学习数学的兴趣，这个课程他在中央美院给艺术背景的学生讲，也在清华大学给工科背景的学生讲，就是要打破数学教学过于功利化的问题。见我非常感兴趣，秦先生就跟我说，下个学期将在央美讲六次，并把具体时间告诉了我。到了秦先生开课的时间，我就约上学校的几位老师，一起从石景山跑到央美听"建筑数学"课。我们每次都坐在第一排，秦先生见到我们来"蹭课"也非常高兴，每次都说："你们看，人家别的学校老师也来听课了！"我们就这样与央美同学们共聚一堂，把秦先生的六次课完整地听完了。为了巩固对内容的理解，等秦先生在清华讲"建筑数学"时我们又到清华去听，虽未能听完整但也收获很大。其间见到燕翔、张弘老师用车接秦先生回家，发现秦先生走路、行动不如先前便利，走路缓缓地，他每次在课堂上都神采飞扬，但在课后都需要经过长时间休息才能恢复体力。

即便这样，秦先生每次课后也没有忘了把最新的讲义PPT通过电子邮件发给我这个"旁听生"，还留言说这次哪里又修改了，为什么增删。

秦先生就是这样特别关爱和照顾后辈，他愿意把自己对问题的理解原原本本地拿出来与大家分享，作为秦先生的学生是非常幸运和幸福的！我想现在还在校园学习的同学们，无论你在哪个学校，哪位老师给你讲课，真的应该抓住当下，仔细去听，因为可能等你工作以后，再想回去听课的机会真的不多了。

秦佑国先生离开我们已经一年了！谨以此文表达对先生的深切怀念！

2022年2月24日于清华园

高山仰止　空谷幽兰
——纪念秦佑国先生

王金平 [1]

20世纪50年代末，地处内陆的山西省"太原工学院"——这所因新中国成立初期院系调整，以工科为主，隶属于高等教育部，从山西大学析出的高等院校，被社会各界亲切地称为"小清华"。之所以有这样的"称谓"，一是足见清华大学在全国各族人民内心深处享有崇高的声誉和地位；二是可知在两所高等院校之间，一直有着密切的交往和深厚的情谊。以今日的太原理工大学建筑学院为例，其建筑学专业创办于1957年，创始人为陈绎勤先生，至2019年独立建院，也已走过六十余年的风风雨雨。陈先生于1930年进入东北大学建筑系学习，梁思成先生和林徽因先生是他的授业恩师。由于受"九一八"事变之影响，早期的东北大学虽然只办了三年，却培养了刘致平、刘鸿典、张镈、赵正之、陈绎勤等一批日后的全国知名建筑学者或大师（图1）。1912年，陈绎勤先生出生于天津，1986年在太原逝世。从20世纪40年代开始，陈先生历任清华大学教授、山西大学工学院教授、太原工学院教授、太原工业大学教授，还兼任过太原工学院图书馆馆长、科学研究部主任，先后编著了《建筑设计》（1952年）、《应用建筑声学》（1953年）、《噪声和振动的控制》（1981年）等十余部力作，为我国建筑学、建筑声学和噪声学做出了卓越的贡献。如今，从"大清华"派来孙宏斌教授支持"小清华"建设，主持太原理工大学行政工作。百廿太理，薪火相传。

疫情肆虐以来的近三年，注定是不平凡的岁月。

2020年9月11日，秦佑国先生的弟子白静给我们发来一条消息——清华大学建筑学院李晋奎教授于当日在北京与世长辞。

---

1. 王金平，太原理工大学建筑学院院长、教授。

图1 摄于1930年东北大学建筑系师生合影，前排右二为梁思成，后排左四为陈绎勤（王南提供）

我们陷入了深深的沉思与回忆之中。

2020年12月17日，我和徐强从天津赴北京，前往清华大学建筑学院，拜会庄惟敏院士。庄先生热情地接待了我们，耐心地向我们传经授宝，鼓舞干劲，嘱托我们紧紧抓住来之不易的独立建院契机，争取上级领导和社会各界支持，立足三晋大地独有的文化资源禀赋，把山西的建筑类专业和学科办好，而且要办出特色。循循教导，铭记心中。庄先生儒雅的学者风度，严谨的治学态度，敏锐的格致高度，给我们留下了深刻的印象。在返回蓝旗营附近宾馆的路上，我们顺便拜访了单德启先生。在单先生家中，我们详细了解到李晋奎先生一直住院治疗直至逝世的情况，并得知秦佑国先生身体也不太好。在返程动车上，我思绪万千，总在想着等下一次来北京时，一定要探望秦佑国先生等过往旧知，多多拜会有过较深交往的清华大学诸位先生大德。伴随着车窗外的景致飞速闪过，列车向着娘子关方向疾驰。望着窗外，我百感交集，记忆的大门不由自主地被刹那间打开。

那是1991年暮秋，受山西省洪洞县政府委托，我们承接了"洪洞县飞虹影剧院"设计任务。该剧院在旧址上兴建，是一座由多厅堂组合而成的综合性建筑。建筑内设1300座影剧院，260平方米的餐厅（兼歌舞厅），50个床位的演员宿舍

（兼宾馆），380平方米的演播厅，220平方米的商店及排演厅等。观众厅内设池座、楼座，以及由楼座延伸至耳光室的跌落式包厢。影剧院除用于集会外，日常主要用于电影放映和戏剧演出（图2）。为了保证在讲话及一般文艺演出时，声音有足够的响度、均匀度，需要布置电声系统，并满足观众厅满场混响时间为1.3±0.1秒。这座建筑尽管总建筑面积仅有6100平方米，但用地紧张，功能复杂，具有一定的技术难度。当时，我刚刚从学校走上工作岗位，尽管在功能组织、空间设计、效果图绘制方面有一定技能，但是面对复杂的建筑声学设计，特别是电声系统设计，却相当缺乏理论方法和实践经验，当时真是一筹莫展，踌躇不前。

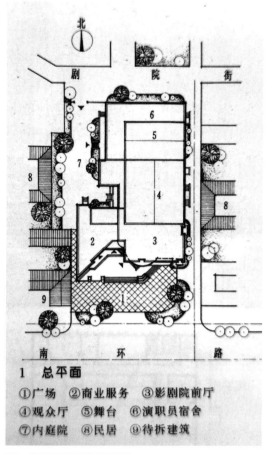

图2 洪洞飞虹影剧院总平面图

当听到清华大学正在为太原湖滨会堂做声学设计时，时任院长的王孝雄教授为我们请来了李晋奎教授。经充分研究协商，决定委托清华大学完成"洪洞县飞虹影剧院"声学设计任务，并指定我们年轻人作为联系人，沟通两个单位的合作事宜。这是一次难得的机会，也是一项光荣的任务。有机会向德高望重的先生面对面学习，我心中非常高兴。然而，年轻人面对自己敬仰的先生，难免会手足无措，心中诚惶诚恐。记得是在1991年冬季，我们满怀敬仰的心情第一次走进清华大学，由李先生带着去见秦佑国副院长。当时，建筑物理实验室在清华大学主楼地下室。秦先生热情地接待了我们，印象中先生操着南方口音，非常平易近人，打消了我们的紧张情绪，直接进入技术话题讨论。会议当场决定，由李先生负责完成建筑声学设计，秦先生负责完成电声系统设计，我们协助完成图纸修改设计任务。领到任务后，我们轻轻松松、高高兴兴地返回太原，并向王孝雄老师汇报见到秦先生时的点滴，他是如何如何地水平高，同时也是如何如何地没架子。1992年初春，我们收到二位先生寄来的声学设计图纸，当时在全国范围内，还很少有人用计算机制图。二位先生的纯手工制图，墨线线条之完美，手工字体之隽永，细节交代之清晰，令人赞叹不已（图3、图4）。此后，为了节约时间，我们之间通过书信往来，解决工程存在的实际问题。时至今日，我手头仍然保存着与先生们往来的信札，至少有六封，现在看来这些图纸和信札已成为珍贵的史料。

1993年，太原工业大学决定成立建筑系，拟定由清华大学建筑学院1979级校友范依礼老师担任系主任。为了加强建筑学专业的教学力量，我和石谦飞等几个年轻人从设计院被调入即将成立的建筑系。专业评估认证成为工作任务的重心。由于学校不断改革，教学机构不断分分合合，直至2009年学校才下决心启动建筑学专业初次评估认证。当年，我们又拜访了秦佑国教授。记忆中，秦先生与我们见面说的第一句话，就是"你们早就应该进行专业评估认证了，人家比你们设置建筑学专业更晚的院校，也已完成了专业评估认证。你们学校的建筑学专业历史悠久，但与人家相比较，已经落伍了。如果陈绎勤先生尚在世上，你们如何向他交代？"云云。一席话说得我们面红耳赤，大汗淋漓，但又感到非常高兴，因为秦先生说话时的语气，是嗔怪中带着抬爱。在秦先生的安排下，我们愉快地参观了清华的教学、图书、实验空间及其他场馆，获得了最直接的认知和经验。在我们的诚挚邀请之下，2009年7月，秦先生莅临太原理工大学（图5～图7）。在会见时任分管教学副校长吕明教授及其他校领导和部门领导时，秦先生直截了当地阐明专业教育评估认证对于以工科为主的高校的重大意义，校领导当场表态全力支持建筑学专业评估认证；秦先生还视察了建筑学专业教学硬件和软件设施，提出中肯的整改意见；在与中青年教师座谈时，秦先生指明建筑学这个特殊的工科专业在教学过程中需注意的地方；他还查看了教学大纲和学生作业，提出了应在哪些方面提升水平；等等。2010年5月，我校建筑学专业首次迎来专家进校评估视察，并顺利通过专业认证。

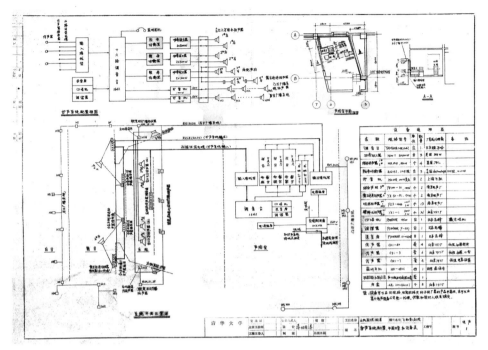

图3　山西省洪洞县飞虹影剧院电声系统设计（秦佑国）

设备名称	第一方案					第二方案				
	型号规格	产地	数量	单价（元）	总价（元）	型号规格	产地	数量	单价（元）	总价（元）
调音台	YAMAHA MR1642 十六路调音台	日本	1	12500	12500	YAMAHA MR1642 十六路调音台	日本	1	12500	12500
功率放大器	A 2300 2×300 W 功放	天津	3	4680	14040	BGW 7500 T 2×300 W 功放	美国	3	7500	22500
功率放大器	飞跃 750 NG 100 W 定压功放（单出）	上海	2	1590	3180	飞跃 750 NG 100 W 定压功放（单出）	上海	2	1590	3180
组合扬声器	YX 100-53 100 W 音箱	南京	4	1350	5400	JBL MR825 250 W 音箱	美国	4	5240	20960
组合声柱	YZ 100-31 100 W 声柱	南京	2	1800	3600	YZ 100-31 100 W 声柱	南京	2	1800	3600
返送扬声器	YX 50-81 50 W 返送音箱	南京	2	980	1960	YX 50-81 50 W 返送音箱	南京	2	980	1960
频率均衡器	ROSS R2155 2×15 段均衡器	美国	3	2400	7200	Advantage EQ152 2×15 段均衡器	美国	3	3380	10140
录音座	PIONEER CT-W630R 双卡专业录音座	日本	1	3400	3400	JVC TD-W204 双卡专业录音座	日本	1	2450	2450
激光唱盘	PIONEER PD-4500 激光唱盘	日本	1	2400	2400	PIONEER PD-4500 激光唱盘	日本	1	2400	2400
调谐器	PIONEER F-227 调谐器	日本	1	2150	2150	山水 TU-X301 调谐器	日本	1	1470	1470
传声器	CD1-3 动圈式话筒	北京	6	135	810	CD1-3 动圈式话筒	北京	6	135	810
传声器	CR1-7 电容话筒	北京	4	1250	5000	CR1-7 电容话筒	北京	4	1250	5000
传声器	CD1-40 动圈式近讲话筒	北京	4	355	1420	CD1-40 动圈式近讲话筒	北京	4	355	1420
监听耳机	SENNHEISER HD480C 监听耳机	西德	1	720	720	SENNHEISER HD480C 监听耳机	西德	1	720	720
吸顶扬声器	YX3-44B (120V, 3W)	南京	10	75	750	YX3-44B (120V, 3W)	南京	10	75	750
壁挂扬声器	YX1-1 (120V, 3W)	南京	10	75	750	YX1-1 (120V, 3W)	南京	10	75	750
插座盒	四路话筒插座	北京	8	90	720	四路话筒插座	北京	8	90	720
功放立柜	1.2 M 机柜	北京	1	1760	1760	1.2 M 机柜	北京	1	1760	1760
无线麦克风						嘉友无线麦克风接收机和话筒 DR303/Q303	台湾	1	5960	5960
话筒电缆	RVFP 2×37/0.1 音频电缆		1400 M	2.60/M	3640	RVFP 2×37/0.1 音频电缆		1400 M	2.60/M	3640
音箱线	音箱线		600 M	4.60/M	2760	音箱线		600 M	4.60/M	2760
广播线	RVS 2×2.0		300 M	1.50/M	450	RVS 2×2.0		300 M	1.50/M	450
话筒插座	K3P 卡侬式插塞		64	8.30	530	K3P 卡侬式插塞		64	8.30	530
其他配件					1000					1000
施工承包费用					15000					15000

合计：91140元　　　　合计 122430元

图4　山西省洪洞县飞虹影剧院电声设备报表（秦佑国）

图5 2009年7月20日,时任太原理工大学副校长吕明会见秦佑国教授(王金平摄)

图6 2009年7月20日,秦佑国教授与太原理工大学建筑系教师谈话(王金平摄)

图7 2009年7月19日,秦佑国教授考察太原天龙山石窟(王金平摄)

不幸的事情总是接踵而来。2021年2月24日,知名建筑学家、清华大学建筑学院秦佑国教授在北京因病逝世。我们深感震惊,万分叹息。我们失去了一位真正的学者,一位具有良知的优秀知识分子的代表。

谨以此文纪念我们最敬爱的秦佑国教授!

高山仰止处,空谷幽兰深!

王金平

2022年5月9日

一位具有科学思维的建筑教育思想家

——忆秦佑国先生

韩林飞 [1]

2021年2月24日晚,因疫情影响一年都无法面聚欢谈的同事们在春节后聚在了一起,谈教学、谈科研、谈学校的压力、谈与学生的趣事,大家相谈甚欢。突然,有说有笑的潘曦老师哭着急着要离开,一问才知秦佑国先生刚刚离开了我们。我非常愕然,悲伤的心情顿时冲破了几分钟前还有的笑颜。我们的聚会急匆匆地结束了,清华的几位校友都黯然神伤地消失在沉默的夜幕中⋯⋯第二天,我就将秦先生去世的消息告诉了莫斯科建筑学院的校长什维德科夫斯基院士,1999年他访问清华时,时任院长秦先生主持了他的学术报告会。校长仍记得22年前严肃认真的秦先生,两小时后就发来了莫斯科建筑学院官方的悼念函,对秦先生的去世表示沉痛的哀悼,盛赞他的名字将永远载入清华大学与莫斯科建筑学院教育交流的史册(图1)。

图1 莫斯科建筑学院悼念函

---

1. 韩林飞,建筑学博士、经济学博士,现为北京交通大学建筑与艺术学院教授、米兰理工大学教授、莫斯科建筑学院教授。曾任北京工业大学城市规划系首任系主任、北京交通大学建筑系首任主任。

三天后，在校医院告别室，先生静静地躺在冰冷的棺床上，现场的老师同学都非常悲伤，许多人都流下了真诚的怀念之泪。我将莫斯科建筑学院的悼念函交给先生的家人。同时，望着秦先生流下了眼泪……回想起与先生过往的点滴细节，禁不住思绪万千。第一次听到秦先生的名字，是入学后不久，我的同班同学莫争春是秦先生的硕士研究生，他经常谈到他的导师。我对他无比崇拜的神情和激动的话语记忆犹新，他说从来没有见过这样一位数理逻辑如此之强的建筑学教授，秦先生博闻强记，谈古论今如数家常。第一次见到秦先生是在我们的宿舍，秦先生来看莫争春做的西安咸阳国际机场设计方案。学生的方案免不了生涩片面，但秦先生细致而耐心地指出了方案的不足，完全没有以前有些老师讽刺挖苦我们方案的派头。我当老师后评方案时，常常想起第一次见秦先生时他评图的风采，言之有据、和颜悦色、仔细认真、鼓励加油，对学生充满爱心的神态，这就是榜样与传承的力量。我记得，秦先生不仅指出了方案功能设计方面的不足，还对建筑形式风格发表了清晰明确的看法，建筑造型不仅是感性的建筑师的个人风格和喜好，更不是流行与时尚的简单复制，应该是理性与浪漫的统一，应合理地体现人的需求、技术与材料的支撑。除此之外，他还谈到一些参考案例和参考书目。指出问题、说明方法、指出方向、肯定与鼓励，体现了先生作为一名教师的高贵品质。第一次见面，先生不仅是一名建筑物理（声学）方面的专家，更是一个出色的有独到见解的建筑师，一个品格高尚、循循善诱的教师。先生细心地观察到我穿着九二九厂的工作服，敏锐地问我是不是三线厂子弟。他十年前就在三线工厂，从设计到现场施工，盖了不少房子，积累了许多实践经验。先生还说当时很穷，但可以穷不可以土，给我留下了深刻的印象。第二天，我在给父母的信中谈到了同样在三线厂工作的教授对我很好，父母鼓励我多向这样的教授学习，学习学问，学习做人。

1994年，在去俄罗斯留学前，我在主楼门口碰到骑自行车路过的秦先生，他停下来问我毕业后的去向，得知我去俄罗斯留学，先生很高兴，嘱咐我道："苏联和俄罗斯的城市与建筑很有自己的特点，去留学除读书外，要多看看，可以多写写俄罗斯的情况，一边倒地去欧美留学并不是好现象。"一位尊敬的大教授热心的鼓励，语重心长的教诲，家人般的关心，让我再次感到秦先生作为一名教师的责任与热情。

1997年，当我向秦先生汇报，俄罗斯修复科学院院长、莫斯科建筑学院的教授非常想来清华访问时，他热情地说："国际惯例，往返机票自理，学院招待住宿。"他真诚地邀请俄罗斯的教授来清华交流。在秦先生的支持和

图2　秦佑国先生陪同吴良镛院士接待普鲁金院士（罗森摄）

帮助下，1997年普鲁金院士、1999年什维德科夫斯基院士顺利访问清华，从此开启了中俄建筑界之间的学术交流。当普鲁金院士讲学访问时，秦先生精彩的历史观点，再次给我留下了深刻印象（图2）。秦先生说："修复是一门多专业的科学，历史研究是基础，修复应体现最优秀时期价值的真实，反对假古董……"这些观点在他后来的反对圆明园异地重建、关于国徽设计的历史回顾与讨论等文章中均有体现。当时，在接待什维德科夫斯基院士时，秦先生彬彬有礼，得体大方，严肃又不失幽默、不卑不亢的形象也给俄罗斯学者留下了深刻的印象，我想这也就是二十多年后现在已是莫斯科建筑学院校长的这位教授仍记得秦先生并快速致唁电的原因。从两次接待俄罗斯学者的过程中，我深切地感受到秦先生广博的历史观，他是一位思想者，一位有独特"历史见解的思想者"。

回国后，我先后在北京大学城环学院、北京工业大学建筑与城市规划学院、北京交通大学建筑与艺术学院任教，秦先生仍在教学、科研、管理、学术交流方面支持帮助我许多许多。在北京大学做博士后、从事教学工作时，他鼓励并赞同我的学科交叉研究的思路。在不同领域的交叉学科，他建树非凡，是我的榜样。他支持我开展城市自然环境规划设计与物质形体规划相结合的方向，并向我推荐美国学者丹普西（N.Dempsey）的著作《可持续城市的未来形成与设计》（*Future Forms and Design for Sustainable Cities*）一书。后来我全文翻译了此书后，他热情地推荐机械工业出版社出版，这本书的出版也是秦先生对学生支持与帮助的结果，他深厚的功底说明他还是一名学科交叉的思想者。

2001年我在北京工业大学工作时,他热心地鼓励我们教授应教基础课,进行基础教学的研究,培养初学者的城市、建筑与环境意识,他的支持与鼓励使我明确了自己的教学方向。2002年,作为国务院学位委员会建筑学学科评议组专家、全国高等学校建筑学专业教育评估委员会主任,他对北工大建筑学科的建设提出了宝贵意见,即立足北京首都的发展,开展方向明确的首都规划、可持续发展、城市保护等方面的研究,其真知灼见在我离开北工大多年后仍是学科发展重要的指导方针。在学科建设方面,他在我们的母校更是贡献卓著。在两届副院长、两届院长期间,他继承发展梁思成先生的办学理念、融合吴良镛先生的人居环境科学理论与广义建筑学理论,创建了母校"一院、四系、多所"的"建筑—规划—景观"三位一体全面的学科体系。先生的这些贡献,使母校建筑学科的世界影响、全国无可比拟的地位再上一层楼,使我们这些校友自豪兴奋不已。先生是一位学科建设的思想者。

2007年,在我调到北京交通大学工作后,先生更是多次来到我们的学校,视察指导,做讲座,为我们学科的建设贡献了重要力量。2007年我做系主任时,先生来到我校进行评估前考察,指出我们应突出交通建筑研究特色、加强国际交流、为行业发展做贡献,先生说:"应有国际视野,更要立足解决国内问题。"先生的谆谆教导、殷切希望犹在耳边。先生是一位具有国际视野的思想家,思考本土、放眼全球、胸怀宽广。

2009年,在秦先生的指导下,我也在北京交通大学开设全校新生研讨课"城市概论"、艺术素质课"建筑与抽象绘画",践行秦先生的大学人文精神教育的思想。秦先生在2004年就发表文章,提出大学教育不仅要讲"素质"更要讲"气质",不仅要讲"能力"还要讲"修养"(科学修养、人文修养、艺术修养、道德修养)。秦先生也是这样身体力行的,他在清华率先开设了"建筑与技术""建筑的文化理解"课程,甚至在艺术学院开设了"建筑数学"课程。这充分说明先生不仅是一位人文精神的倡导者,更是一位人文精神的思想者、践行者。

2012年,在北京交通大学的一次教学研讨会上(图3),秦先生肯定了我们的一些教学思路,并在建筑仿真实验室、建筑物理实验室、未来城市研究中心等方

图3 2014年秦佑国先生参加北京交通大学教学研讨会（韩林飞摄）

向提出了中肯的意见，他指出："建筑师的培养不仅要注重人文素质，也要突出国家需求、突出科学素质的培养，要在实践中真刀真枪地培养学生的全面素质，科学思维是第一位的，技术是不可或缺的。"这些建议对北京交通大学建筑学科的发展起到了重要的指导作用。秦先生就是这样一位具有科学思维的思想者，他从不局限于建筑技术专业。

2014年，秦先生参观了我组织的《建筑造型基础、字、词、句教学训练》的展览（图4），并对北京交通大学建立适应造型创新感知心理学的基础教学体系予以肯定，可以说是相当高的评价。秦先生的建议使我认识到了教育的继承与发展创新问题，使我这个学科负责人倍感任重道远（图5）。秦先生在"建筑造型基础训练丛书"中写下了："形态构成训练对学生相当重要，在这一点上仍需要坚持向德国的包豪斯和苏联的呼捷玛斯学习；空间造型的训练要结合时代，不同的时代有不同的语言，应发展今天的建筑空间构成理论，对学生进行全方位的培养；'Colour is powerful.'基础教学应将色彩的魅力展现出来并将其与城市及建筑空间相联系，通过学习字词句的积累，培养学生的艺术创作修养。"这些真正的建筑教育家的话语，仍然在鼓舞着我们的基础教学，从这些字里行间可以看出秦先生是教育继承者与创新的思想者。

图4　2014年秦佑国先生参观《建筑造型基础、字、词、句教学训练》展览（王子昱摄）

图5　韩林飞向秦佑国先生汇报北京交通大学教学情况（王任翔摄）

秦先生离开了我们，但他的思想仍然是作为晚辈学生的我学习和努力的方向。因为，他是一名学科交叉的思想者，一位教育继承与发展的思想者，一位学科建设的思想者，一位具有国际视野的思想者，一位具有科学思维的思想者，一位有历史见解的思想者，一位人文社科的思想者、践行者。

谨以此文怀念真正的思想者，一位具有科学思维的教育家——秦佑国先生！

学长·建筑物理·水杉树

周兆驹[1]

秦佑国先生是我中学学长，比我高两级，但在中学时我们并不相识。我第一次见到他是在1985年，他正在清华大学建筑物理实验室做测试，那时我是参观学习者。我原来的专业是"原子物理"，到山东建筑大学任教后一直教"普通物理"，这次受命改教"建筑物理"课程、筹建建筑物理实验室，因此到清华大学考察学习。

秦先生很热情地向我介绍了声学实验室的一些概况，他说话乡音很重，引起我的好奇，一打听，原来他也是"江苏省扬州中学"毕业的，自然增加了许多亲近感。自此以后，我们又有了多次见面机会。我不仅深刻感受到了他那渊博的专业知识与深邃的专业思考能力，而且深深感受到了他那朴实无华与正直忘我的人格魅力。

自1986年参加第五届全国建筑物理学术年会起，我参加了各届年会直至退休（图1）。每次在年会上都可以聆听到秦先生富有新意而又精彩的主题学术报告，受益匪浅；我还拜读了他许多著作、论文和工程设计介绍。

他对我国建筑物理事业发展的贡献是多方面的，我认为

图1 在第九届建筑物理学术会议上合影，左起：周兆驹、秦佑国、盛胜我、钟祥璋

---

1. 周兆驹，山东建筑大学教授，曾任中国建筑学会建筑物理分会理事、山东声学学会副理事长。

最值得提到的有两点。

一是他将"建筑物理"扩展到"建筑物理环境",极大地丰富了"建筑物理"的内涵与外延。传统的建筑物理研究对象仅限于建筑物本身,现在则更多强调了"人居环境"及环境的舒适性。秦先生在这方面写过多篇论文,并力主将"建筑物理环境"列入了国家绿色建筑评价体系。他还是在全国建筑物理学术会议上第一个介绍"声景学"的学者,目前声景学已经成为建筑声学研究热门。

二是他强调了在建筑学专业教学中的"技术与艺术"结合,"科学与人文"的融合,促进了我国建筑学专业教学水平的提高。2005年,我校建筑城规学院曾请秦先生给低年级学生做了一场报告,他主要就是讲了建筑技术课程的重要性,他甚至还以自己为例,讲到了数学对建筑设计与研究的重要性,让学生们受到很大震动与启发。我知道秦先生自学了多门现代数学课程,如"拓扑学"等,在数学方面有较高造诣,这也是他能够在专业方面做出显著成绩的原因之一。

秦先生本科是建筑学专业,没有接受过较深的高等数学教育,因此要自学现代数学课程是困难的,不仅需要自学能力,更需要有毅力,我联想到了他中学步行回家的事。他是江都人,初中是在离家十几里路远的"江都县大桥中学"上的,而高中则到了离家有四五十里路的扬州中学。为了节省回家坐公共汽车的费用,他告诉我他都是走着回家的。他上高中时,正是我国的"三年严重困难时期",大家都在挨饿,身体虚弱,当时扬州中学连体育课都停了。在那样的条件下,要坚持走四五十里路,绝不是一件容易的事,说明了他小时候就是一个非常有毅力、不怕困难的人。

秦先生是建筑技术专家,能够担任清华大学建筑学院院长,其本身就有宣示作用。在我国各高校建筑系,建筑技术课程及授课教师普遍不受重视,但自从秦先生当了院长以后,状况有了很大的改观。

秦先生特别关心兄弟院校的专业建设,他多次到我校进行指导。我校在2000年申报"建筑技术科学"硕士点时,也得到他大力支持。

2002年,我参加扬州中学建校一百周年校庆时,知道了新校园规划是秦先生和吴良镛先生（扬州中学在"国立二中"时期的校友）做的。其中一块水杉林面积虽然不大，但令我印象深刻。那一株株笔直、挺拔、高耸的水杉树，寓意着扬州中学学子正直和向上奋进的精神。现在回想起来，那些水杉树也正是秦先生一生的写照。

2022年2月5日

第二篇

君子风范　家国情怀

永远怀念秦佑国同学[1]

柴裴义[2]

秦佑国是我们建7班的，1961年入学，我们是七年寒窗苦读的同学。另外，我们班还有8个同学回清华念研究生，应该说是十年寒窗苦读。那么，我们班的同学处在一个什么时代呢？入学的时候，三年严重困难时期还没结束，大家吃不饱肚子，生活非常艰苦。学业上基本是学得差不多，我们非常荣幸，梁思成先生、汪坦先生、王炜钰先生、关肇邺先生、陈志华先生等恩师、大师都教过我们的课，我们确实也学到了非常扎实的基本功。但是我们又赶上了"文革"，这些也影响了我们一些学业。但是我们班的同学都自强不息，在"文革"过后都在抓紧时间复习补习，重新考上清华研究生。我们陆续转入建筑设计教学、科研等领域，成为全国各建筑设计院校的中坚力量。

秦佑国是我们同学中的佼佼者。我们班有才华的同学很多，都是学习尖子，数理化非常好的也有很多。秦佑国非常有特点，除了建筑学专业之外，他在数学、物理、英语、文学各个方面都是比较优秀的。他在"文革"后期第一批进入清华读博，搞建筑声学、建筑物理专业，也是找对了方向，他本人的兴趣和专业结合得更好。

另外，他不断地在开拓不同的领域。在建筑学的大学科里头，他开展了建筑物理、绿色建筑的研究，还有很多的方向，并在这些方面都取得了比较高的成就。他在清华大学连续任建筑学院副院长、院长多年，一直坚持在教学第一线。应该说他在我们建筑学界、在建筑教育界都是大家，是我们班同学中的一个非常优秀的学习榜样。

---

1. 本文根据作者在2022年2月24日秦佑国先生逝世一周年追思会上的发言整理。
2. 柴裴义，全国工程勘察设计大师，梁思成建筑奖获得者，北京市建筑设计研究院有限公司顾问总建筑师，1967年毕业于清华大学建筑系。

今天，在秦佑国逝世一周年的追思会上，我们班的同学能来的都来了，大家都在深切地悼念秦佑国。对于他的思想，他的很多的成就、成果，因为都不是在一条战线上，我们作为同学有的还没有很深入的了解；但是经过今天各个院内、院外的专家们的介绍，我们更了解了秦佑国突出的建筑思想、突出的建筑贡献，这些都值得我们班同学向他学习。

追思秦佑国先生[1]

栗德祥[2]

秦佑国先生本科比我低一届，读研究生时我们同班，所以我算是他的老同学。

求真务实，使命担当；
学院建设，治理有方；
精通数理，跨界为常；
良师益友，酷爱讲堂；
蚕终丝尽，桃李芬芳。

栗德祥敬上

2022年2月24日于清华

---

1. 本文根据作者在2022年2月24日秦佑国先生逝世一周年追思会签到簿的题词和发言整理。
2. 栗德祥（1942—2022），原清华大学建筑学院副院长、教授、博士生导师。

关于老同学秦佑国先生的一点回忆

季元振[1]

时间过得真快！秦院长离开我们已经一年了。作为他的老同学、老朋友，我常常怀念着他。

我和他都是1961年从江苏考上清华建筑系的学生，算是老乡，而且我和他是一个小班的，自然比较熟。

读书期间，我知道他喜欢数理，"文革"期间学校停课，他就摆弄"无线电"，装收音机。这是我对他学生时代的印象。

之后，我们都被分配到解放军农场接受"再教育"。他在上海崇明邮电部农场，我在无锡建工部农场。劳动一年之后，我们又都从农场出来，他被分配到湖北山沟里某邮电部的工厂里搞基建。我去了湖北，在中建一局工作，钻山沟，建炼油厂。1973年，我又随单位听从中央调遣，到北京参加支援房山石化总厂的建设工作。

直到1978年，他考上了清华建筑物理专业的研究生，我们才又见了面。那时我在北京中建一局科研所工作。他曾专门到我当时的工作地点南苑去看望过我。当时的我正在参加一种预应力装配式的抗震结构体系的研究，这是1976年之后国家交给我们的一项重大科研项目，我带他看了我的创新和正在做的结构模型实验。他对我的工作状态有了了解。

大约是1993年10月份，秦佑（昵称）打电话给我（当时我已调回南京），告诉我说："清华这次争取到了进京指标，你们愿不愿意回清华教书？"他说："学校非常缺我们这个年龄段的老师。"

---

1. 季元振，1967年毕业于清华大学土建系建筑学专业。退休前，任清华大学建筑设计研究院副院长、执行总建筑师、研究员。

那时候我们都已年近50岁了，从来不敢想象还有希望回清华工作，所以想试一试。于是按照秦佑的吩咐，把我们的工作履历送交给学校审查。事情进行得非常顺利，劳动人事部很快下了调令，1994年暑假，我们全家都到了北京。

到了清华，我们首先遇到的就是住房和子女读书问题。

原来我想的很简单：我们已把南京的住房上交给了单位，到这里分房是理所当然的事。但没有想到在清华分房个人是要交钱的，更没有想到的是女儿转学也要交钱。

那时我们刚到清华，个人账户上是分文无有，怎么办？全靠秦佑伸出了援手。他从他个人的账户上帮我们垫付款项，又让我们去参加他自己的工程项目组，让我们有了进账，渡过了难关。

这些事情都发生在二十多年前，我们似乎早已淡忘。今天回想起来，实在令人感动。

那一次经他的手调回清华的除我和鲍朝明之外，还有金笠铭与王诂两位老师。秦佑为安排好我们这些新人的工作和生活费尽了心思。

后来他当了院长，工作很忙。而我又调离了学院到设计院工作，接触就比较少了。

我所了解的秦院长是一位非常要强的人，本来他可以用他的数理之长好好研究建筑声学，也许会获得更好的成绩。但他却想做更多的事，进入了许多他并不十分熟悉的领域，还担任了许多行政职务。他的身体终于不堪重负，作为他的老同学，我是很悲伤的（图1～图3）。

谨以此文表达我的哀思！秦佑国先生千古！

2022年2月8日

图1　1986年，沙春元同学和戴舜松同学在清华北院平房秦佑国、应锦薇家门前留影

图2　1996年邹增达同学（右一）到北京，在秦佑国、应锦薇西北小区家里与同学（张克群、余明薇、鲍朝明、季元振）小聚

图3　2001年校庆，同班同学在秦佑国、应锦薇的蓝旗营家中

追忆秦佑国同学

黄汉民[1]

秦佑国故去整整一年了。作为建七班的同班同学，作为"农友"，我更是怀念他。

我在建六班因病休学，1963年到建七班时已是大学三年级了。虽然与秦佑国也曾住同一宿舍，但同学时间很短。1965年下乡"四清"不在一个工作队，交织甚少。"文革"后恢复研究生制度，秦佑国比我早一年回校。他在建筑物理教研组，我在建筑设计教研组，少有交往。唯独在上海崇明岛解放军农场的一年多，倒是朝夕相处。可如今囿于年老健忘，搜肠刮肚也记不起太多。

1968年9月，秦佑国和我们建七班已分配到邮电部的四位同学一起到上海崇明岛的解放军农场——上海警备区富民农场"接受工农兵再教育"。直到1970年5月才各奔东西再次分配到邮电部的下属工厂。

真难得，五个清华同班同学都编在学生连队——农五连三班。1970年9月到了解放军农场，即下河捞毛竹、盖营房。竹结构、稻草顶，我们这几个学建筑的也算有了用武之地。"本为理工男，无奈学农耕"，在解放军农场种地，从插秧、除草、施肥、收割、运输、脱粒，战天斗地样样都干，还学会了种菜、养猪、砍柴……秦佑国幼年在农村长大，比起我们城市来的"书生"干起农活更加得心应手，自然成为我们三班的"干将"。抗击台风、海堤抢险，秦佑国虽瘦骨嶙峋，却不畏艰险、一马当先。

同一个班绝大部分是清华校友，大家齐心协力，在连队的种种比拼中总能领先。当时，部队农场的生活是这样的：农忙下地、农闲学习，每天早上出操、白天干农活、晚上学习，"早请示、午对照、晚汇报"……农活再苦再累我们倒不

---

[1]. 黄汉民，福建省建筑设计研究院原院长、首席总建筑师。

怕，只是想不通为何久久没有再分配的消息，学了五六年专业知识，不能学以致用，脱离本行在此干农活，什么时候才算"再教育改造"好了？什么时候是个头？我们这些"臭老九"，面对当时个别部队干部的"极左"做法，多有些抵触情绪。在"极左"的氛围中，我们这个清华学子集中的小班也有应对之策：在班会无休止的"斗私批修"中，个个争相举手抢先发言，气氛热烈，屡受表扬。其实我们早已安排好发言的次序。一个人慷慨激昂"斗批"，其他人专心干着"私活"。清华人什么时候都不忘学习，抓住一切机会充实自己。在学习《毛泽东选集》的同时，精读马克思、恩格斯的原著。深沉的迷茫和苦恼，真诚的思考和探索。艰辛的劳作、痛苦的"改造"，并没有使我们颓废、沉沦，反而展现出更多的乐观、幽默。我们对未来从未失去信心，始终关切祖国的前途。秦佑国就是一个勤于学习、认真思考的典型代表。他竖行手抄并精心线装成册的厚厚一本《唐宋词抄》就是当时的"产品"。白天干活、"斗批"，晚上吟诗作赋，自得其乐。每个月"四百二十大毛"无处花销，周末休息日，大家步行几公里，到响䀀镇上的小餐馆撮一顿是最惬意的消遣。

《响䀀行》《月夜江岸捕蟛蜞》就是秦佑国《农场诗草》中的两首。

响䀀行

有暇去响䀀，又聚酒肆中。
席上无宾主，自我是高朋。狂歌箸交击，笑语杯相碰。
盘中羹未尽，厨下肴又烹。店伙已不耐，书生意正浓。
君不见，千古多少英雄客，来时汹汹去匆匆，
怎无奈，今朝有酒今朝醉，一日和尚一日钟。

月夜江岸捕蟛蜞

九月十一，三班战士八人，夜行江岸，捕捉蟛蜞。秋江月明，微风拂熙，虽所获甚微，而兴趣盎然。

明月皎皎笼长堤，渔火星光杂天际，
万籁俱寂听江涛，夜空飞鸟鸣声凄。
江岸微行兴匆匆，荷锹携桶捕蟛蜞，
八人溯江两三里，大小不弃未盖底。

这些诗句当时在连队里广为传颂，道出大众的心声，更彰显了秦佑国飞扬的文采。

艰苦生活的磨炼，不断地自我充电，我们总算没虚度年华。在那个特殊年代的特殊境况中，我们日复一日地劳动、学习、"改造"。在青春、激情与迷茫、期盼的混杂中度过一年零八个月的时光。这段非同寻常的经历给我们留下终生难忘的记忆。

这里再录一首秦佑国当时写的《农场诗草》中的一首小诗，表达当时他对清华的怀念。

忆江南·清华（两首）

忆清华，最忆是圆明。残柱默送西山日，晚风清撒一天星，何日重复行？
忆清华，再忆是荷塘。黄昏莲下透蛙声，薄暮柳梢月初上，思之亦神往。

天意使然，1978年秦佑国考上清华研究生，如愿又回到清华。

秦佑国同学一生最大的贡献，无疑是研究生毕业后在清华大学建筑学院院长任上做出的。这期间无可辩驳的业绩，庄惟敏院士已有全面的论述。

秦佑国担任福州大学建筑学院名誉院长期间，多次来过福州，我听过他在福州大学的讲座，甚是佩服：他思路开阔、涉猎广泛，在建筑理论、历史、文化、技术等方方面面都有独特的见解。他准确定位当今中国建筑教育，他定义建筑学即科学与艺术的融合……他不愧是我们同班同学中的佼佼者，令我辈同学怀念，值得大家学习。

最后，附上几张我们在农场的生活照（图1～图8）。

图1 全班在营房前合影,前排右起第二人是秦佑国

图2 三班全体战士在农场合影,左起第四人是秦佑国

图3 在上海的两位女同学到崇明农场探望老同学,右起第三人是秦佑国

图4 农场合影,左起第四人是秦佑国

图5 农场合影，第二排左起第四人是秦佑国

图6 农场合影，第二排左起第六人是秦佑国

图7 农场合影，右起第三人是秦佑国

图8 农场合影，左起第二人是秦佑国

说说秦佑的"博"与"理"

沙春元[1]

首先,请允许我称秦佑国为"秦佑",我们从大学同窗开始就这样称呼他,六十年了,既顺口简便,又有一种亲切感。

秦佑离开我们一年了。他应当是我们建七班中最有作为和成就的同学。他从苏北农村一名"留守儿童",经过艰苦不懈的努力成长为清华大学建筑学院院长、教授、博士生导师,并屡获"良师益友""感动清华"模范教师等殊荣。他的过早离去令人惋惜,他的学问、人品、业绩和贡献,将与世长存。

秦佑是扬州人,我是常州人,同在江苏,也算半个老乡。毕业工作十年后又一同考上研究生,虽然我刚开始读研就去了德国进修城市规划,但也可算两度同窗。1981年秋,我从德国返回,曾在系里工作不到一年,于1982年夏回到常州。秦佑则以优异成绩留在系里任教。虽地隔南北,但我或逢校庆或出差到京,会回到母校,秦佑总会尽地主之谊热情接待。我从历次交往中,尤其是从秦佑的文章和业绩中了解和感受到他的学识和成就。特别是在读了庄惟敏院士的文章和建筑学院的征稿启事之后,我觉得似乎我也应该写点文字。

这两天,我重温了秦佑的部分文章著述,包括他寄给我的"建筑的文化理解"系列书,深受教益,感慨良多。我尝试用最概括的文字来表达他的特点和长处,或者说我们可以从秦佑那里学习什么或受到哪些启发,我觉得可以提炼为"博"和"理"二字。

我认为,秦佑有三"博":"博学""博究""博思"。

秦佑的专长,或曰主攻方向,是建筑物理,含建筑声学、建筑环境等建筑

---

[1]. 沙春元,曾任常州市规划国土管理局副局长、总工程师、常州市规划设计院院长,教授级高级城市规划师,国家一级注册建筑师,第九届全国人大代表,1967年毕业于清华大学建筑系。

技术类，他是中国建筑学界建筑物理领域的学术带头人。但是翻开他的"建筑的文化理解"系列书，他不仅对建筑技术、建筑物理知识烂熟于胸，而且对古今中外建筑史乃至近现代国内外重要建筑作品了如指掌，并有精到评论，谈到建筑美学、构图理论等也是旁征博引、头头是道，学识之博可见一斑。

"博究"，是说秦佑曾作为清华建筑学院的一任掌门人，对于事关学院声誉和学院开创者的业绩贡献能据理据实尽力维护。例如，关于圆明园遗址的保护，秦佑非常重视，竭力呼吁妥善保护原址现状，反对复原重建、改变现状的做法和动议；对于协助梁思成先生创办清华建筑系立下汗马功劳的林徽因先生在建筑考古、建筑理论和教育方面的成就，秦佑也倾力整理并广为宣传。

"博思"，是说秦佑勤于思考。庄惟敏老师称他为"思想者"，这是十分恰当的。他能思人之未思并大胆表达。例如，他提出：大学教育不仅要"素质教育"，还要"气质教育"；不仅要讲"能力"，还要讲"修养"。这些都是很有见地、高瞻远瞩的建议和立论。

秦佑的"理"，"理"亦有三："条理""文理"和"明理"。

秦佑在繁杂的行政工作之余，还要给学生上课，还要著书立说，主持参与科研项目或工程实践，参加各种会议，等等。他能完成这么多工作量，效率之高，令人惊羡。这种高效率得益于他做事的条理性。他能随时随地注意收集和积累资料，分门别类，妥善保存；用到时又能信手拈来，运用自如，妙笔生花。

"文理"，是说秦佑能自觉地理解梁思成先生倡导的理工科大学要"文理兼修"的宗旨，并身体力行。秦佑不仅擅长建筑物理，还给中央美院师生讲授"建筑数学"；此外，他还有较好的国学功底，谙熟中外历史，诗词咏吟也出手不凡、境美意深。多年以来，他爱上并长于摄影，他拍摄的水木清华系列照片十分讲究选景和构图，不少已选入建七班纪念画册。

"明理"，是说秦佑明白事理。为人处世要讲与人为善、克己奉公，要讲奉献，讲人品。秦佑多次荣获清华"良师益友"和"感动清华"模范教师荣誉称号，这是他爱生如子、对教育事业无私奉献的结果和证明。每逢校庆日，秦佑总要牵头与鲍朝明、季元振等同学一起组织安排来自祖国各地乃至海外的同学来校相聚，联系新老学院领导和任课老师、延请摄影师、预订餐厅和住宿、安排各种活动，使同学们高兴而来、尽兴而归。特别是建七班毕业五十周年汇集编辑出版纪念集《筑匠人生》时，秦佑作为主编付出了极大的辛劳，从汇总资料照片、确定总体结构、安排编委分工、重要事项决策，到校对、审核、审定，秦佑亲力亲为、仔细认真；今天，我们重读秦佑写的《前言》和《端详这51人的照片》，仍然可以感觉到他对母校、老师和同学怀有多么深厚的情意。而秦佑在做这些事情的时候，已经身染疾病，健康状况大不如前了。

以上所述，就是我对老同学秦佑国逝世一周年时想要说的话。他的"博"与"理"，值得我引为楷模，我想对年青一代建筑学人也许会有所启迪。

最后，凑上一首拙作《七律·忆秦佑》作为本文的结束。

七律·忆秦佑

凌寒傲雪探梅红，千里遥思忆佑公。

残柱西山辞落日[1]，青荷荒岛舞春风[2]。

耕耘桃李精心护，感动清华赞誉隆[3]。

筑匠人生未虚度[4]，长城巍丽耀苍穹[5]。

沙春元

2022年2月10日

---

1. 借用秦佑《忆江南·清华忆》词中句，该词抒发秦兄对学校附近圆明园的深情厚意，秦佑生前曾对保护世界名园——圆明园遗址提出重要真知灼见。——作者
2. 指每逢校庆日秦佑总会组织老同学回校相聚，游览校园。——作者
3. 秦佑荣获首届"感动清华"模范教师奖殊荣。——作者
4. 此句蕴两重含义：一是赞秦教授执教清华、著书立说、主持学院、硕果累累，人生堪称完美；二是秦佑主编建七班毕业五十周年纪念集《筑匠人生》，付出了大量精力，做出了重要贡献。——作者
5. 大学期间，有同学为秦佑编一谜面——"始皇修长城"，今未忘也，故"长城"在此亦有双关含义。——作者

追忆秦佑国同学点滴

朱爱理[1]

时间真快,转眼秦佑国老同学去世已有一年,送别时的悲痛场景仍历历在目,如今正值周年追思之际,追忆点滴以示怀念。

大学时我与秦佑(我班同学对他的昵称)在同一小班,开始交流不多,他不是活跃学生,人很瘦弱,不记得他曾经参加过哪些课外文艺、体育活动,但他喜欢去图书馆安静看书。后来,我

图1 在清华大学读书时期的秦佑国

们慢慢发现他的数学、力学学得很轻松,逻辑分析力强,同学们都觉得他应该是学数学科学的料,搞土木结构工程或无线电或许更能发挥他的专长(图1)。他的学习记忆力十分强,历史典故了解不少,学习很刻苦,平时不多言语,但讨论时却能与同学侃侃而谈。秦佑衣着朴素简单,虽家境贫寒却从不气馁,凭借刻苦学习的意志,得到班上同学的鼓励和资助。三年级时,赵大壮同学发现他除助学金外,没有买书钱,私下与几位同学购买《英华大辞典》送给他,扉页上写着:"秦佑国同学:穷且益坚,不坠青云之志……"此事例就是当时同学友情鼓励的写照,也是我对他在校时奋发自强的印象。

五年级参加"四清"运动,后因受"文革"影响直到1968年工宣队进校,同

---

1. 朱爱理,原中国纺织工业设计院高级建筑师,悉地国际(CCDI)顾问建筑总工,国家一级注册建筑师,1967年毕业于清华大学建筑系。

学们纷纷离开学校,被分配到农场、农村工厂等基层接受劳动锻炼。秦佑也是如此从农场到湖北工厂,在基层工作。

十年后,秦佑抓住恢复高校招生时机,报考了建筑物理声学研究生,这再次体现了他强烈的求知欲,正如"机会总是留给有准备的人"这句励志名言所言,班上当时45人中就有8位同学考上研究生,如饥似渴地学习,提升专业知识水平。这些同学日后都成为各大学院校、设计院的骨干及引领人物。这是时代的要求,也是他们自己努力奋斗拼搏的结果。我很钦佩他们目标坚定。

秦佑的求学之路是不易的。他向同学提到自己少年时是"留守儿童",竟然小学初中轮番在不同学校上学。尽管没有安稳的环境条件,但强烈的求知欲及改变命运的目标,铸成了他坚强的性格,使他不怕苦累、顽强拼搏,坚信"知识就是力量"。如果说我以前对他印象模糊,如今回看他一生的路程,越发觉得他这种坚毅的个性越来越清晰(图2)。

图2　2015年的秦佑国

秦佑同学又是很幸运的。他在研究生期间苦心研读,收获满满,留校任教,45岁时被提拔为副教授,两年后又升教授。几年后又成为建筑学院副院长、院长。有了院长头衔,也加重了一份责任。教学、管理双肩挑,他做到了。他还有机会作为访问学者去学习深造,拓宽视野,与世界名校名师交往,从世界看中国教育,他对建筑学院的发展又有了更深邃的思考。

这段时间,正好发生了一件意外而棘手的事。1998年9月23日,同在学院的赵大壮教授正值心脏手术前住院等候期间却失了踪影。消息传来,秦佑作为学院的院长为此付出了不少精力。这也考验了他对紧急事件的处理能力。秦佑做了三件事:第一,亲自第一时间发"寻人启事",找市级、区级有关部门、公安部门开紧急会议搜索、核查信息,再去各处医院奔波;第二,找到赵大壮下落后,安抚家属悲

图3　2018年秦佑国通过微信发送纪念王国维先生的照片

愤欲绝、躁动不安的情绪；第三，安排好后事日程，亲力亲为。其中尤以耐心反复安抚家属不平心绪所花费精力为最大。大壮若地下有灵，定会对老友感激不尽的。我与在京同学一起参加告别会，为大壮英年早逝（55周岁）唏嘘不已。事后我了解到，为了处理后事，秦佑与众同学、校方努力与医院协商查证，拿捏好于情于理合理的法律法规，从而避免了扩大医患矛盾。由此也可以看出秦佑面对行政事务的执行力：周全而果断。

我们班的微信群是一个同学交流信息的平台，微信文章题材广泛。我经常翻阅同学发来的信息，既是学习，也拓宽了视野。不少同学都将自己的最新信息传递过来（图3～图4）。

翻阅早两年的微信，尤其是秦佑去世前的一年多，他经常发自己整理的课件资料、照片等，照片内容有意大利等欧洲国家文艺复兴时期的建筑及壁画，还有印度建筑、俄罗斯著名油画家作品。文章有《我的读书观》《我和共和国一起成长》等，我从中看出秦佑的付出。这些都是他几十年在教学案头上的积累。他一心扑在教学上的风范，他受到学生们的爱戴，多次获得学校的嘉奖，着实令人敬佩。他的业余摄影照片有许多是风景照片，有张北大草原奔腾的马群，陕北、宁夏沙漠中的寺庙，新疆独特的山水风光，还有河北正定隆兴寺的一组照片，1999年拍摄的锦州义县千年古寺奉国寺的一组照片，以及校园内的花卉照片，都给我留下了深刻印象（图5～图7）。他的摄影作品无不体现出深厚的艺术修养及多年积累的高超的摄影技巧。

秦佑老同学逝世一周年，我找到几张照片作为缅怀纪念（遗憾的是微信保存空间有限，丢失了不少宝贵照片）。秦佑，我们永远怀念你。

2022年2月13日

图4 2015年校庆，建七班在京同学留影

图6 河北正定隆兴寺外景之一（秦佑国摄）

图5 河北正定隆兴寺内景之一（秦佑国摄）

图7 坝上秋色组照（秦佑国摄）

铮铮铁骨　纯心正道
—— 怀念秦佑国教授

袁天沛[1]

我和秦佑国教授相识于1970年，我们都在湖北阳新邮电部五三六厂参加建厂工作，他是我认识了五十多年的老同事、老大哥、老战友。时间过得真快，秦佑国教授离开我们快一年了，很多往事依然记忆犹新。特写此文，以致纪念。

一、百炼成钢——参加邮电部五三六厂的建厂工作

邮电部五三六厂原名叫邮电部五七一厂，是邮电部阳新五七干校组建的一个三线工厂，这个工厂自1970年3月开始由邮电部五七干校抽调部分五七战士建设，我是最早参加工厂建设的人员之一。

秦佑国老兄于1967年清华大学建筑学专业本科毕业，1968年到上海警备区富民农场（崇明岛）进行劳动改造。他的太太是他们清华大学同学应锦薇，并没有被分配到农场，而是被分配到湖北枣阳县建筑公司。

秦佑国老兄是1970年6月30日来到阳新工厂报到的，刚刚新婚不久的妻子应锦薇陪他一同前来。此外，还有一个从上海农场一起劳动的武汉同学徐精一，也一起来到工厂。

他和太太应锦薇首先在武汉汇合，挤在徐精一家住了一晚。6月29日晚，他们从武汉乘轮船经过10多个小时航行，于30日早晨到达武穴。然后，他们又改乘小轮船汉九班，经过近2个小时航行，30日中午才到达阳新富池大闸码头。

当时正值湖北的炎热天气，一问住在当地五七干校的同事，五三六工厂离大闸还有12里地，又没有交通工具，而他们带着全部家当——行李和箱子等，于是

---

1. 袁天沛，原邮电部五三六厂职工，原中国通信企业协会运营专业委员会高级顾问。

他们跟干校同事借了个两轮的板子车,三个人顶着大烈日,汗流浃背地走了两个多小时,才来到工厂。

让他们大失所望的是,工厂根本就是几排竖立在野山坡上的竹席棚,厂房还在平整土地阶段。于是,他在第二天送走了太太应锦薇,投入到三线工厂的建设中了。

邮电部五三六厂位于阳新县马鞍山,周围是空无一人的荒山,北面和东面紧邻大山,也是豹子、野猪、野兔、狼、蛇出没的地方。南面是网湖,也是血吸虫的重疫区。当地几乎家家都有血吸虫病人。那时正是中苏关系紧张时期,所有三线工厂都建设在靠山、隐蔽、分散的山区,这也是通讯兵部管理邮电部后建设的第一个三线工厂。我们所有的生活都是军事化管理,大家分别按照部队的连排班建制。

我那时印象中的秦佑国老兄,就是我们普普通通工厂建设者的一员,他穿着破旧的工作服,戴着一顶旧帽子,黑黑瘦瘦的体形,佩戴着瓶子底厚的近视眼镜,整天穿梭在我们的基建工地上。我们都知道他是清华大学的高才生,有着令人羡慕的仙女般的美丽妻子。

由于他是学建筑的,所以来工厂后就被分配到工厂的基建科任技术员。不久,他深厚的建筑功底就显露出来,马上参加了工厂厂房建设施工的划线和施工督导工作。当时工厂建设原则上是先厂房后宿舍,边基建,边生产。最早的几排办公室是用干打垒的土坯建设出来的。

那是一个特殊的年代,工厂里有来自总参通讯兵部的军管会代表,也有邮电部的局司级干部,还有来自邮电部设计院、邮电部研究院和邮电部机关的高级知识分子。大家都来自五湖四海,但都是五七战士,不分职位高低,都是从开山、炸石、平整土地、扎建席棚开始。经过四年奋战,到1974年正式投入生产,邮电部五三六厂已经是整个鄂东南地区现代化程度最高的工厂了。

从1970年3月开始建设,到1982年年底的统计,邮电部五三六厂总占地面积为28.87万平方米,是沿着山坡1公里长的山地建设的。其中工业生产用地12万平方米,房屋建筑面积5.58万平方米,其中厂房面积3.93万平方米,宿舍面积1.65万平方米。固定资产投资总额为1019万元,其中工业生产用房656万元,机械设备276万元。

在邮电部五三六厂的建设史上，秦佑国立下了汗马功劳。他将理论和实践结合起来，敢作敢为，勇于担当，认真负责。他为人谦和正直，坚持原则，不怕吃苦，敢说真话，不畏权势，给我们留下深刻的印象。

记得当时建宿舍的时候，原来设计是将宿舍的走廊建在南侧。秦佑国坚决反对，他认为湖北天气潮湿，特别是冬天，天气阴冷潮湿，宿舍窗户应该放在南侧，这样冬天可以多接受阳光照射。窗外可以预制一些挂衣服的铁架，方便大家晾晒衣服。于是他大胆提出反对意见，在他的坚持下，后来的家属宿舍基本上都是将走廊放在北侧。这是邮电部五三六厂宿舍的独特建筑方式，很受大家欢迎。

当时，工厂就是一个小社会，他主持建设了九个大型车间（包括机械机加工、电镀、塑压、总装、锻压、铸造、热处理、机修、科研等全部车间），还主持参与建设了办公楼、供应处、仓库、医院、学校、宿舍、变电站、水厂、食堂、礼堂、车库、浴室、电影院，甚至冰棍制造厂等。

那时，最早出现在工地上测量、划线、挖槽的人中，一定就有秦佑国的身影。夏天一身汗，冬天一身泥。我当时在电工班工作，所以我们两位经常配合，什么地方开始搞建筑，我们就将电输到那里。五三六厂的每一座建筑都留下了秦佑国的汗水和奉献。

到1978年秦佑国离开以后，工厂的大型基建工作就结束了。我想，对一个新毕业的大学生来说，这里才是锻炼和提升业务能力最好的"战场"。所以1978年在清华恢复研究生招生以后，他能够顺利通过考试并且回到母校进一步深造。可以说，在邮电部五三六厂的经历，为秦佑国打下了深厚的建筑设计实践能力的基础，而这种实践能力是一般教师无法比拟的。

二、幸福的家庭

1971年，秦佑国的夫人应锦薇被调到工厂。秦佑国和应锦薇两人是清华大学的本科同班同学。应锦薇出身名门，父亲应廉耕（1904—1983）是中国著名的农业经济学家、教育家。1926年应廉耕考入杭州之江大学化学系，1928年转入南京金陵大学农业经济系，主修农业经济学，1930年留校任教。1937年，他被选派赴美国康奈尔大学农学院农业经济系深造，1938年毕业回国，被金陵大学聘为农学院教授兼农业经济系主任。1947年应北京大学校长胡适和农学院院长俞大绂邀请，被特聘为国立北京大学农学院教授兼农业经济学系主任。1949年后，应廉耕出任北京农业大学教授，并兼任农业经济学系主任。

而秦佑国出生在江苏扬州江都一般的农村家庭，父亲在上海做裁缝，母亲曾经在上海做纺织女工，后回乡务农，两家的家庭条件有着天壤之别。我曾经问起应锦薇大姐："你怎么看上秦佑国大哥的？"她用非常朴素的语言回答我："我们是同学，秦佑国是班里最聪明的人，我们之间有很多共同的语言和爱好。虽然那时别人给我介绍过很多对象，但是我从来就没有去见过，我认为秦佑国聪明，能够理解我，是靠谱的人。"虽然那时大家说，从各方面来看，他们谈不上什么匹配。但是两个人的爱情却让大家特别羡慕，他们可以说是相濡以沫，举案齐眉，夫唱妇随，也验证了中国一句老话——郎才女貌。

大约在1971年，那时工厂刚刚建设好了家属宿舍，秦佑国的太太应锦薇从枣阳被调到工厂，这时他们才开始真正有了温馨的家庭。1971年，他们的第一个儿子出生，秦佑国的老母亲从农村赶来帮助他们带孩子。应锦薇一直与老人相处愉快，她关爱和孝敬老人，婆媳关系非常融洽，也一直令人称赞。

2020年2月15日，秦佑国老兄用微信发给我一段文字和一张照片。我问他："这是什么？没看懂。"

他回答："这是我一直保存的珍贵的一朵杜鹃花，用透明的描图纸压住，1971年随信寄给应锦薇，并且写了一首诗：'远山迷蒙湖平天，微风细雨斜飞燕。欲把春光与君分，春光难采寄杜鹃。'这首诗是我1971年春写的，当时应锦薇在湖北枣阳县建筑公司，还没有调到我们五三六厂。"（图1、图2）他又说："我1970年6月到五三六厂报到，没有看到杜鹃花开。第二年春天才看到，这也是我第一次看到满山的杜鹃花。所以采下一朵杜鹃花立刻寄给了应锦薇。"这朵杜鹃花见证了秦佑国和应锦薇的爱情。

秦佑国与应锦薇的爱情和家庭一直是非常美满和令人羡慕的。他们1970年结婚后，一开始分居两地，过着牛郎织女般的生活。后来，他们一起在湖北阳新过了一段安静的生活，养育了两个可爱的儿子。江苏老家的婆婆也来和他们一同生

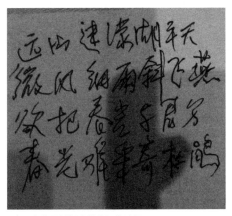

图1　秦佑国教授亲笔书写的诗词　　　　图2　珍贵的杜鹃花

活,在北京高级知识分子家庭出生的应锦薇,将家庭的后勤工作一直做得很好,孝敬婆婆,养育好儿子。1978年秦佑国到清华读研究生时,他们又过上了牛郎织女般的生活。直到20世纪80年代初期,他们才定居北京,真正过上稳定的生活。这个稳定温馨的家,使秦佑国的人生更完美;这个快乐和谐的家,激发出秦佑国的聪明才智,让他为中国的建筑教育事业做出了更多的贡献。

三、绘制工厂美好的图画

1973年,邮电部五三六厂大规模的基本建设接近尾声,准备来年正式投入运营生产。当时厂领导准备到部里汇报,并且希望得到部领导的进一步支持。由于工厂坐落于一个狭长的基地,按照当时的条件,用一般的相机是无法完整展现工厂的全貌的。这时,秦佑国自告奋勇,决定用手画出一幅整个五三六厂的全景图。他用3张100厘米×40厘米的白绘图纸粘接,把纸铺在一块木板上画起来。这幅图长2.9米,高40厘米,秦佑国用了整整几天时间,将工厂的全貌形象地展示出来。

那时我们都在办公楼工作,我也见证了他绘画的全过程,整个图面完整逼真,所有建筑全部按照比例展示了出来。当时五三六厂条件非常差,这种绘图纸就是没有网格的白纸,能够画出这样高水平的巨作非常不容易:第一,他能够站在一个高度将全景展示,包括地形地貌;第二,所有建筑完整地按照比例展现出来。最后，这幅图被命名为《五三六厂全景鸟瞰图》。

记得我当时第一次看见这样逼真的鸟瞰图，就孤陋寡闻地问秦佑国老兄："什么叫鸟瞰图？"他非常耐心地告诉我："就是从小鸟的角度看全厂的全景，就是在空中俯视工厂所看到的图像，比平面图更有真实感和立体感。"我当时就感觉秦佑国的视觉角度和我们的不一样，他能够站在天空完整地看见全厂的情况，太厉害了。

2015年春天，我正在筹建邮电部五七干校纪念馆，向工厂老同事征集文物。工厂老同事王思源来找我，将一张大图送过来。我打开一看，惊呆了，这应该就是秦佑国在1973年画的《五三六厂全景鸟瞰图》。我凝视了它很久，过了一会儿，连忙打电话给秦院长："我看见了你画的《五三六厂全景鸟瞰图》。"他连忙问我这个图如何得来。我告诉他，1973年，工厂的缪书记将此图送给邮电部计划司的王墨局长，20世纪80年代王墨局长离休后，将此画送给儿子王思源保存，这次王思源将此图捐献给即将在阳新成立的邮电部五七干校纪念馆。秦佑国让我马上将此图拍照，用邮件发给他。

过了一会儿，秦佑国来邮件说道："袁天沛，你好！看到你发来的图片，太让人高兴，让人激动了！真想不到当年我画的《五三六厂全景鸟瞰图》居然还在。我一直遗憾没有一张当年五三六厂的全景照片，也遗憾当年画的图恐怕找不到了。没想到四十二年后居然出现了！谢谢王思源的父亲保留了这幅画，也谢谢王思源，谢谢您。这张图是1973年画的，当时塑压车间、金属材料库、招待所、单元住宅（四层）、学校、电影院等房子还没有盖。图中的学校是画上去了，但后来实际盖的不是这样的。我想最近抽空去看一下，请你们安排一个时间。另外可以进行扫描，得到一个数码图片文件。再次谢谢你们！秦佑国 2015年4月1日"

2015年4月14日，我组织了一个小型的活动，将此画归还了原画作者——秦佑国教授（图3）。然后我到清华大学将此画扫描，经修饰后放在了邮电部五七干校纪念馆，这幅画经过四十二年漫长的旅途，现在又回归给原作者，这也算是一个奇迹，给我们留下了邮电部五三六厂全貌。

图3 我将《五三六厂全景鸟瞰图》归还秦佑国教授

四、中国古建筑的入门老师

大约1973年夏天,我和秦佑国一起到九江出差。那次出差,我的任务是为工厂购买电动机,而他的任务是购买一些绘图工具。我们完成工作任务后,傍晚他领我来到九江中心的甘棠湖的浸月亭。他告诉我,这个湖看着破破烂烂的,但是历史非常悠久,东吴名将周瑜曾在此演练水师。白居易为江州司马时,建亭于湖心,并写下《琵琶行》,其中有"别时茫茫江浸月"之句,"浸月亭"的名字就由此诗而来。

后来我们一起找到浔阳楼,他告诉我宋江就在浔阳楼题的反诗。这也是中国江南十大名楼之一,他还告诉我,这是典型的宋代建筑风格。那时我对中国古建筑的了解还很少,由于在北京长大,只熟悉北京古建筑的风格。秦佑国大哥仔细为我解释宋代建筑风格的特点,特别给我解释了宋代歇山顶的特点和意义,还告诉我斗拱的特点。他还介绍:中国古代建筑的主体主要是木构架建筑,在汉代已经基本形成,到唐代已经到达成熟阶段。通过他的介绍,我对中国古建筑和中国历史产生了浓厚的兴趣。

第二天,在等待返回工厂的汉九班时,他还抓紧时间,抽空和我到九江新华书店买了一本中国古代建筑史的书。在新华书店里,秦大哥看见好书就爱不释手,我们在书店里整整待了半天的时间。他看了很多考古方面的书籍,但是那时我们工资太少，囊中羞涩，只能看看而不能购买。他看书的时候还给我介绍了考古的专用工具——洛阳铲，并且让我看图片。他还说，当时邮电部在洛阳已经建设五三七厂，那里就要先用这种洛阳铲进行考古勘探。

这次出差时间非常短，但是秦佑国大哥给我讲了很多历史知识，让我很受启发，使我后来对中国古建筑和中国历史产生了浓厚的兴趣。从这一点来看，他是我国学路上的引路人之一。

五、正直和正道

后来，我们都回到北京，由于没有工作上的交集，他已经是清华大学建筑学院的院长了，工作也非常忙，所以大家联系较少。但是我们五三六厂的两次活动，他和应锦薇大姐都参加了，特别是2000年武汉朱致祥同志来北京，我和秦佑国大哥一起发起了北京的联谊会活动，一共有50多人参加，大家见面都非常高兴。

2007年，中央电视台财经频道请我在电视台的家装频道中讲解家居风水历史和知识，作为特约嘉宾，我准备请秦佑国教授一起做一期节目。我给他打电话，讲了节目的特点，他立即回绝了。我清楚地记得，他说："对于风水，我认为没有科学的依据，我作为清华建筑学院的院长，我相信的是科学，我相信环境地理学，这是以科学为依据的，但是传统风水的理论没有经过科学的论证，所以我不能讲，也不能参加。"然后，他还特别告诉我，现代建筑与传统风水理论是有矛盾冲突的，特别是在房屋的缺角和八卦位置方面，没有科学理论来支撑是不行的。秦佑国还是像以前那样的耿直，虽然没能邀请到他，但是他坚持科学的观点是我非常赞赏的。

2015年，我们准备在湖北阳新建立邮电部五七干校纪念馆。关于如何建造纪念馆，我征求秦佑国院长的意见。他首先说，纪念馆的建筑风格一定要还原五七干校时代的风格和特点，要红砖灰瓦，外墙不要抹灰，应采用简朴和怀旧的风格。他还详细构想了两层建筑的风格，包括楼梯、大厅、四个展厅的设置、楼高和屋顶等。现在这个纪念馆就是按照秦佑国院长的意见设计建造的。纪念馆里也有他的照片和介绍，我一直希望能够陪他回到阳新去看看，可惜他说工作太忙，没能实现这个愿望。

2016年,他知道我又去了西藏,就来电话告诉我,他一生的遗憾就是没去过西藏,很想到那里去看看。我说:"好啊,我可以陪你去。"他有点担心自己的身体,我告诉他我一点高原反应也没有,应该没有什么问题。他发给我在宁夏和内蒙古采风时的一组照片,摄影的水平特别高。

2020年6月8日,他给我发来微信,并且告诉我6月10日是林徽因先生诞辰116周年。他说自己将在这一天主讲《女建筑学家林徽因》,并且给我发来课件,说这是"建筑的文化理解"讲稿,也是他2019年写的课件。他特别告诉我林徽因先生在国徽设计上是有贡献的,他有详细的资料可以证明这些,希望我看看他的课件。至今,他的课件还保留在我的电脑里。

2020年11月11日,是我们两人微信的最后信息联系时间。那天,我看见"古籍"微信公众号上发表了《秦佑国:七条理由坚决反对重建圆明园》一文,就将文章转发给他。过了一会儿,他给我发来他于1999年在《建筑学报》发表的《关于重建圆明园的意见》一文,并且说:"谢谢转来的有关圆明园重建的微信文章。居然到2020年还有代表在人大提议重建圆明园。我把二十一年前发表的文章发给你看看。"2021年春节前,我给他发微信问候,谁知他已经住在医院里,没想到这成了我们之间的最后一次联系。

2021年2月24日,秦佑国教授离开了我们。在清华大学的遗体告别仪式上,我看着秦佑国大哥安详的面容,悲痛万分,回想我们共同经历的日日夜夜,填词一首,以致纪念:

清平乐·悼念秦佑国教授

人生难料,先生仙游了。
五十年前同战壕,音容笑貌记牢!
为人铮铮铁骨,做事一丝不毫。
育人风藻传世,德韵纯心正道!

又及

看完我写的这篇回忆文章,柳长昆(原邮电部五三六厂退休老职工)发来一段文字:

以上的纪念篇章,表达了曾经的五三六人对秦佑国先生的共同赞誉和敬重。

正是为人"纯心正道",才被人"怀念""仰止"。

在某些"技能"领域方面,他是专业的,我是随生随灭的"纯草根",记得他曾对我有过中恳的指导和教诲。这么多年过去,使人难以忘怀。

怀念秦佑国先生

陈俊良[1]

我是第一批来五三六厂的北京五七干校的知青。1970年3月开始建设五三六厂，后来陆续来了转业军人、黄冈知青，接下来一批是大学生（5月），我印象中秦佑国没有和这批大学生一起报到，他是6月底才来。

我是通过班长范明清知道了清华大学的高材生秦佑国的。我们班每天在木工棚干活，负责各个工地脚手架的板材，工间休息时，班长就领我们来到木工棚里间，即秦佑国、徐精一的宿舍，弹奏起来秦佑国教给的曲子，看得出来我们班长非常崇拜秦佑国。

当时秦佑国鼻梁上架着一副近视度数很高的眼镜，我感觉他是一个书呆子式的秀才，后来从不少同事口中了解到他是一位多才多艺、很有生活情趣的高才生。

那时环境很艰苦，生活物资也极其匮乏，大家都住在芦席棚里，一到雨天，屋外下大雨，屋内下小雨，躺在床上能看到屋顶透进来星星点点的光线。秦佑国就是在这样艰苦的环境中展现其浪漫情怀的，他常常在晚上收工以后弹着心爱的乐器，仰望星空，写着给爱人的情诗，思念远方我们美丽的应锦薇大姐。

记得有一天，我们正往二车间工地运送脚手架板材，突然龙卷风来袭，用飞沙走石来形容一点不为过。后来回到宿舍一看，我们住的芦席棚顶子被大风掀开了，大家合力翻过来加固一下，继续住到了9月份，直到去外地培训。

待一年后（1971年）我培训归来，一进入厂区，映入眼帘的是一副新面貌，这里已经发生了翻天覆地的变化，这都是我们五三六厂总设计师秦佑国的佳作。当时可称得上是五三六厂的鼎盛时期，所有配套设施一应俱全，如学校、幼儿

---

1. 陈俊良，原湖北阳新邮电部五三六厂职工，中国邮政研究院退休干部。

园、商店、招待所、电影院、冷库、车队、食堂、澡堂、锅炉房，等等，真可谓麻雀虽小，五脏俱全。当时周边的人都以能进入五三六厂工作为荣。

  尤其在全厂职工住房问题上，秦佑国花了大心思，动了脑筋。一改当地住房习惯，他将住房放在阳面，房间暖暖的、敞亮，走廊、楼梯放在北面，改善了大家的居住环境，使大家再也不用担心风雨的侵袭了。秦佑国是我们大家敬佩的师长，造福了五三六厂，可称得上是我们五三六厂的总设计师。

  谨以此文追思五三六厂的总设计师——秦佑国先生。

2022年1月17日

桃李皆仰止

——忆秦佑国教授

王立明[1]

2021年2月24日，辛丑年正月十三，秦佑国走了，享年78岁。这位我国知名的建筑学家、清华大学建筑学院原院长离开了这个世界，这让我心痛不已。回忆早年与秦公相识、相处的六年时光，很多往事、小事都浮现在眼前。

1972年4月，我到湖北阳新邮电部五三六厂参加工作，认识了秦佑国及其夫人应锦薇。他们二人均为67届清华大学建筑学专业毕业，分配到厂里从事基建工作。因为都在办公楼上班，锦薇大姐也是北京人，我们很快就熟悉了。

那时候秦佑国夫妇也就30岁出头，已是建厂的中坚骨干。秦佑国后来回忆道："1970年6月，我被分配到湖北阳新的邮电部'三线工厂'。这个厂在鄂东山区，当时是一片荒地，来了就投入到建厂的规划、设计和施工工作中，一干就是八年，历经了建筑工程的'全过程、全工种'。既做建筑设计，也做结构设计，还要现场施工。其间，碰到以前在学校没有学过的专业知识，就去'读书'，如结构设计、施工规程等。"可见，他在几年中积累了丰富的设计和工程经验。

秦佑国是敬业的。那时我常常见他在建筑工地解决各种问题，晴天一身土，雨天一身泥，夏天炽热的太阳似乎要把人烤化，高温达40℃，但他仍然忙碌在一线工地，没有一点知识分子的架子。锦薇大姐有一次和我抱怨，说他又黑又瘦，像民工一样。

秦佑国非常有才华。1976年周恩来总理逝世，全国人民万分悲痛，以各种形式悼念总理。工厂处于山沟，无法获得总理肖像，秦佑国受命，用一支铅笔、一块大画板，对照一张总理小照片，在一张巨幅白纸上，用了四五天时间，绘就了

---

1. 王立明，原湖北阳新邮电部五三六厂职工，北京中华全国集邮联合会退休干部。

图1　五三六厂全景鸟瞰图

周总理的肖像，特别是那双炯炯有神的眼睛尤其传神。在这期间，我常常在空余时间看他绘画。几天后，全厂职工在这幅画像前，举行了纪念总理的追悼会。

1973年，阳新五三六厂初具规模，秦佑国绘制了一幅巨型的五三六厂全景图，这幅水彩画是迄今为止唯一留存的工厂全貌。几经流转，七年前被找到了。秦佑国也非常激动。这幅画毕竟是他四十年前用心血绘制，画中场景也是他生命中奋斗了八年的地方。目前，这幅画已被收藏在阳新半壁山农场的邮电部五七干校纪念馆里（图1）。

秦佑国的知识面很宽，他熟悉绘画、擅长写作、深悉历史、理解音乐。阳新几年，我思想消沉，总觉得看不到人生希望，但有时也会读些书消磨时光。有一次我和秦佑国聊起了《红楼梦》，我感觉这本书自己读懂了，但一入题就感到自己的浅薄，似懂非懂。

比如，说到王熙凤的一首诗，"一从二令三人木，哭向金陵事更哀"。秦公说，这是曹雪芹笔下王熙凤的命运，前一句是写贾琏对她先是听从，后是命令，再后来"人木"合起来是个休字，把她休了，王熙凤的结局很惨。

在秦佑国身上，我看到了知识的力量。他从苏北贫困的农村走出来，他的聪明才智，渊博的学识，宽广的知识面，与他的大量读书是分不开的。读专业书，使他的工作精益求精，有很强的处理问题能力；读文史哲，又使他思路开阔，见解独到……这些都为他回北京后更大的发展打下了基础。可见只要人足够优秀，无论到哪里都会发光！

1976年，厂里办了七二一工人大学。我有幸在那里兼职了一段时间，秦公为学员主讲数学课，那是我第一次听他讲课。他语言精练，逻辑性很强，整堂课下

来没有多余的话,课堂上非常安静,大家为他的知识、他的课所折服。

不可否认的是,学员的水平参差不齐,很多人可能听不懂。但眼前的这位秦老师,却在十年后站在中国最高学府——清华大学的讲坛上。他传道解惑,教书育人,在讲坛上一站就是三十多年,他做出了令人瞩目的成就,桃李满天下,师恩广颂!他把自己的一辈子都献给了中国的教育事业!

秦佑国和锦薇大姐对人真诚、热心,我深有体会。那些年在阳新的生活十分清苦,很难吃上一顿肉。他们看我单身一人,常常让我到他们家吃饭,除了过年过节,周日休息的时候也常要我过去。那时秦佑国的母亲住他们家里,帮助他们照顾孩子和料理家务。这个慈眉善目、干净利落的老太太,曾经在上海做过三十五年的纺织女工,1962年国家经济紧缩,她才回到扬州农村。

每次到他家,他们都要多准备些菜招待我,记得最清楚的是那道扬州名菜鱼头炖豆腐,味道真的是好。在他家的书桌上,总是放着正在读的书,他们还经常讲些学校及生活中的趣事,使我浮躁的心渐渐平静下来。若干年后,当我不好意思地对锦薇大姐说:"我总到你家里吃饭。"锦薇大姐笑着说:"那时也没什么好吃的。"

1978年,秦佑国考上了清华大学的研究生,到北京读书了。一年多后,锦薇大姐也调回北京工作了。

再一次见到他们,大概是二十年后的1998年,我也回北京工作几年了。在原五三六厂老职工在京聚会上,我见到了秦佑国夫妇,他给了我一张名片,上面显示他是清华大学建筑学院院长、国家一级注册建筑师。

从一个三线工厂的骨干,到这个国家的栋梁!秦佑国以他的勤奋、他的努力,完成了这个跨度极大的华丽转身。此后,秦教授并没有停步,他的步履依然矫健，他的成就依旧辉煌！

以后几年，我们与秦教授一家陆续有些往来。2003年年初，秦教授给我打了个电话，告诉我，他这年六十岁了，正好是生肖马年，他想要两版生肖马票。后来我把两版马票送到了他家，他要付我钱，我没有要。我说："感谢你们多年对我的关心和帮助，这只当是我的答谢吧！"

十年前，我们与天沛夫妇、正华夫妇及京燕，邀请了秦教授夫妇一起，到熊宗谊、高杰家中相聚。那一天大家都特别高兴，兴致勃勃地听秦教授讲建筑、讲文化、讲梁思成、讲林徽因。教授讲得既有知识，又有趣味，一个整天，大家仍然意犹未尽。那次相聚，在我们每个人心中都留下了深刻的印象。

这两年，当我拿起笔写过去的时候，尤其是在回忆阳新生活时，笔触有些沉重。去年我写了篇关于阳新杜鹃花的文章，文中引用了秦佑国教授的一首诗《杜鹃》，秦教授得知后，还让人转告了他的谢意，并且发来了以毛笔书写这首诗的图片（图2）。

秦教授为人正直，与他相处很舒服，他从来不以名校毕业自傲，也不以广博的知识鄙视他人。他总是默默地给予别人尊重，这种为人处世方面的严格自律，使他充满了人格魅力，从而得到了更多人的敬重！

我离开阳新时31岁，没能够上大学。当一扇门向你关上的时候，往往会有另一扇门对你打开。古人云：近朱者赤，近墨者黑。你是谁不重要，重要的是你和谁在一起。在阳新，我有幸认识并接触了秦教授夫妇几年，其间他们并没有给我讲什么大道理，却用行动告诉我该怎么做人，怎么去工作、去学习，怎么去走你的人生路。

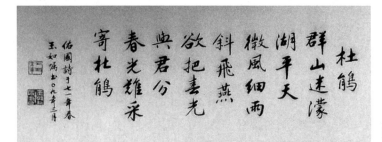

图2　何玉如题写秦佑国的诗《杜鹃》

几年的耳濡目染，重塑了我的人生格局，使我不再有那么多的幻想、空想，使我懂得了要自尊、自强，有了走好人生每一步的想法和行动。

如果说艰苦的阳新生活有收获的话，能够有秦教授这样的良师益友，有锦薇大姐体贴入微的关心，何尝不是我人生中的大幸？

清华建筑学院校友会讣告中写道："他将毕生精力奉献于建筑教育事业，筚路蓝缕，披荆斩棘，开拓建筑学科体系……引领和支持全国众多建筑院校改革发展。他是卓越的建筑物理学家，他为人正直、学识渊博，一生钟情教育，曾七次获评良师益友，师恩广颂，桃李满天下。"

秦教授告别仪式上，一副对联格外令人瞩目："桃李皆仰止，先生之风山高水长；知行俱师范，君子其人夙兴夜寐。"这也是对秦佑国教授一生的最高评价！

阳新春季漫山遍野的杜鹃花，曾有秦教授流连、欣赏的脚印。清华最高学府的讲台上，曾经活跃着秦教授夙兴夜寐的身影。

秦佑国先生千古！

2021年3月8日

回忆与秦佑国在部队农场劳动锻炼的日子

徐精一 [1]

1968年8月，正直"文革"时期，我们这些67届分配到邮电部的大学生（由于"文革"原因，67届大学毕业生到1968年才开始分配），全部都要到上海警备区部队农场进行劳动锻炼。

来自武汉邮电学院的学生在上海警备区横沙岛农场劳动锻炼。北京邮电学院、南京邮电学院、重庆邮电学院及非邮电学院的学生被分配到邮电部在崇明岛上海警备区富民农场（6386部队）劳动锻炼。秦佑国和我（毕业于华中工学院）就是在崇明岛富民农场认识的。

富民农场（全称为中国人民解放军上海警备区后勤部富民农场）位于崇明岛北沿中部偏东地区，当时在崇明岛富民农场劳动锻炼的先有八个学生连队：农一连、农二连、农三连是北邮毕业生；农四连是南邮的毕业生；重庆邮电学院和非邮电学院的毕业生在农五连；武邮的在长江口横沙岛农场农六连；1969年分配到杭州的68届毕业生在农七连、农八连劳动锻炼，也在崇明岛。

我们农五连的学生分别来自清华、北大、浙大、川大、重大、天大、上海交大、西安交大、吉林大学、南开大学、华中工学院、华南工学院、南京工学院、北京工业大学、华南师范学院、华东水利学院、天津轻工业学院、重庆邮电学院和北京钢铁学院等十几所高等院校，后来又来了留北邮任教的66届的研究生和毕业生。因此农五连被戏称为"杂牌军"。

农五连有三个排：一排和二排是男生排，三排是女生排。连干部、排长是现役军人，副排长由表现好的学生担任。我和秦佑国分配在一个排劳动。我在农五连二班，秦佑国在农五连三班。

---

1. 徐精一，原上海警备区后勤部富民农场战友、邮电部五三六厂同事、湖北电信器材厂退休干部。

在部队农场，除全连开会、讲课外，生活、劳动、学习都是以班为单位进行的。这里简单回忆几件我和秦佑国一起经历的印象较深的事，以此悼念秦佑国老战友逝世一周年。

崇明岛号称中国第三大岛，当时还有很多荒滩，本地的人口很少，交通也非常不方便，所以从20世纪60年代开始，岛上就陆续成立了不同的农场。我们农场的主要任务就是圩堤造田，修建农业渠道，进行农田劳动。

刚到农场时，我们住的是青砖红瓦水泥地面的正规营房。1969年春节后，将又有一批68届被分到杭州的大学毕业生要来富民农场劳动锻炼。居住的营房不够用了，场部决定在马路边的一块稻田里盖一座营房。

房屋是用竹子做屋架，芦苇和稻草做顶棚和墙面，稻草墙外糊上稻田泥土。因为我们连队有清华大学、天津大学、南京工学院建筑学专业、工民建专业的建筑系学生，所以营房全部工程由我们连队全面负责，房屋的设计落到了学建筑的学生身上。当时主要负责设计的是三班清华的秦佑国、黄汉民、赵元庆等人。

一过春节，他们就日夜加班进行设计，制定施工方案。在整个营房建造过程中，秦佑国及其他学建筑的同学发挥了重要作用，他们白天除了完成自己的任务，指导我们这些毫不懂建筑的同学施工，晚上还要考虑解决当天出现的问题，又要安排第二天的工作，真是忙得不亦乐乎。

在连队连排干部的领导下，在秦佑国及其他学建筑的同学指导下，全连上下齐心协力，苦干加巧干，用了近两个月的时间终于盖起了三排住房、一排厨房，以及开会、吃饭用的饭堂。

天气转暖后，我们连搬进自己亲手用竹竿、芦苇和稻草建造的草房里，原来住的正规营房让给后面来的同学们住。

刚搬进草房里时，不知是从芦苇还是从稻草里经常掉下白粉似的小虫，粘在脸上、身上痒痒的，白天休息时还要躲在蚊帐里。住进来不久，床下长出一尺多长的小草。居住条件虽然艰苦一点，但这是我们自己建造的草窝，还是小有一点成就感。

我们二班与秦佑国所在的三班中间只隔一层透光的芦苇帘。劳动之余，我们这些来自五湖四海的小伙子就在这简陋的营房里弹拉说唱，互相交流从各地传来

图1 我们搭建的草房

的信息。我和秦佑国的床铺正好通过隔帘的门相望,也经常躺在床上聊天。这也算是一种自寻乐趣吧!

图1的照片中,后面就是我们搭建的草房。

1969年农历八月十八日凌晨,营房里突然响起急促的哨声,通知八月十八日长江口会有大潮,需要紧急加固崇明岛北边的大堤。全连同学不分男女全部集合步行几个小时到距连队营房十几公里的海堤抢险。当天凌晨,我们班担任警卫值班,没有随大部队一起前往。

八月十八日早上,我们班吃过早餐后乘坐农用拖拉机也赶赴大堤,大约8点到达目的地,与先到的同学及当地农民一起加固大堤。这座大堤是崇明岛北面围海造田后修起来用于保护崇明岛的,是第一道防线。堤面有四五米宽,十来米高,可以供卡车行驶。我们的任务是用堤内的泥土装进草包加固堤外的堤身。全连军队干部及同学努力奋战,在堤身外垒了一层又一层沙包,把大堤包得严严实实。我们二班和三班战斗在一起,秦佑国虽然瘦小体弱,但干起活来丝毫不亚于其他同学,拼命地背着沉重的草包来回跑在大堤上。

中午时分,长江江面远处出现一条长长的白线,向大堤涌来,潮水终于到来了!潮水越来越近,越来越大。此时,当地农民赶紧拿上自己的工具往回跑,我们这些"一不怕苦,二不怕死"的"革命小将"仍然毫不畏惧地坚守在阵地上,继续加固大堤。潮水涌到大堤边,拍打着堤身,掀起十几米高的浪花,先把垒在堤外的草包冲得荡然无存。随后,堤面也一点一点地变窄。此时,我们仍然坚守在堤上,还向堤外扔草包。直到堤面被冲刷到只有一尺多宽时,上面才下命令撤出大堤。

图2　秦佑国他们班在农场的照片1

"激战"了一天,晚上我们睡在当地农民家的棉籽堆里,早上醒来时全身爬满了棉籽虫。天亮后返回营地,每个人都疲惫不堪,简单洗漱后就躺在床上睡觉。

后来,听到广东牛田洋农场因海啸冲垮了海堤,分到外交部劳动锻炼的大学生及一些下放的外交官被冲走死了不少人的消息,我的心情非常

图3　秦佑国他们班在农场的照片2

沉痛。如果大堤被潮水冲垮时我们还没有撤离,那么后果真是不堪设想,回想起来,还真有点后怕。这也算是经历了一次生死考验。

图2和图3分别是秦佑国他们班在农场的合影。

农场劳动锻炼近两年,值得回忆的事情还有很多。谨以表述上面两件记忆深刻的事,怀念我们的老战友、老同学秦佑国教授。

追忆秦佑国先生参加三线建设的经历
——邮电部五三六厂的设计与建设

谭刚毅　曹筱袤　高亦卓　邓原　李保峰[1]

参加国家的三线建设是秦佑国先生终生难忘的人生经历,并对秦先生的治学、教育和实践都产生了巨大且深远的影响。秦先生曾多次在采访、讲座及与学生的交流中提及其1970—1978年在位于湖北省阳新县的原邮电部五三六厂的建厂历程。

原五三六厂始建于1969年,是隶属于中央邮电部的三线建设企业。厂内唯一建筑"科班出身"的秦先生在五三六厂建厂的八年中,不仅完成了厂区的规划、建筑、道路、甚至景观设计,而且参与了从选址、勘探到施工的整个建厂过程,更是作为员工工作、生活在此。作为毕业后首个建筑实践,"全过程、全工种"的建设经历为秦先生之后的建筑教学和设计实践埋下了一颗难以忘怀的种子[2]。为了更全面地记录秦先生早期的建筑实践历程,我们对原五三六厂现状展开了抢救性调研与测绘,并对秦先生原五三六厂的工友徐精一与张国多先生进行口述访谈。希望借由回顾这段支援三线建设的历程,缅怀秦先生。

1968年到崇明岛农场,秦佑国和我被分在一个连队,我是二班,他是三班。工作分配按专业来,一个厂一个,学建筑的就搞建筑。1970年5月,秦佑国

---

1. 谭刚毅,华中科技大学建筑与城市规划学院副院长、教授、博士生导师。曹筱袤、高亦卓,华中科技大学建筑与城市规划学院博士研究生。邓原,华中科技大学建筑与城市规划学院硕士研究生。李保峰,秦佑国先生指导的2001级博士,现任中国建筑学会绿色建筑学术委员会副主任,《新建筑》杂志社社长,华中科技大学建筑与城市规划学院教授、博士生导师,曾任华中科技大学建筑与城市规划学院院长。
2. 邹羽、王晓明、周可、秦佑国、黄天其:《"中国城市与建筑四十年"大家谈》,《新建筑》2020年第2期,第45—53页。

和我一起被分配到阳新五三六厂,当时去了43个大学生。

——徐精一(秦先生好友、原五三六厂员工)

1968年9月,秦佑国先生离开清华校园,随班上另外四人被分配至上海崇明岛部队农场。受到"文化大革命"的影响,工作分配推迟至1970年。秦佑国先生在崇明岛农场参加了两年的劳动锻炼后,于1970年5月被分配至阳新五三六厂参加工作。秦佑国先生在其好友徐精一武汉的家中住了一晚后,两人一同前往五三六厂,奔赴三线建设(图1)。

我们从地方招来500多个民工,还有100多个转业军人充当骨干,挑沙子、灌浆……技术工作都由我们自己干。当时(厂区的设计图)是在邮电部图纸基础上,根据现场情况,交给基建组来画,基建组有包括秦佑国在内的五六个人,只有秦佑国是建筑"科班"出身的。

——张国多(原五三六厂军代表)

五三六厂原是一片荒地,紧挨着阳新五七干校。厂址处原为一个小村庄,后因血吸虫病泛滥,村里的人都走了,只留下"荒山野地"。秦

图1 秦佑国先生前往五三六厂前与夫人在武汉长江大桥上的合影,1970年(潘曦提供)

第二篇 君子风范 家国情怀

佑国先生来到邮电部五三六厂后就加入了基建组，基建组由秦先生和其他来自邮电部设计院的设计师组成。初来乍到，秦先生的主要工作是负责总图规划和房屋的设计。这些年轻人无论当时在学校学的专业是什么，在三线建设实际工作中，设计、施工样样都要冲锋在前。整个厂的规划由秦佑国先生设计并亲手绘制鸟瞰图，厂区布局依山就势，厂区大门外设有与五七干校共用的邮局、小学、商店和职工医院；大门内便是生活区，设有招待所、宿舍、幼儿园、电影院、粮油站；生产区紧邻生活区，是厂区核心区域，各类车间和办公楼沿厂区内主干道依次展开，办公楼南侧设有公共食堂和篮球场（图2、图3）。

图2　秦佑国先生手绘的五三六厂全景鸟瞰图，2021年（袁天沛提供，作者标注）

邮电部那边有图纸，个别是用的他们的，其他都是自己设计的。设计由他们（基建组）自己决定。像打仗一样，兵马未动，粮草先行，好多东西没有设计完就要把材料先提出来，都是并行的，边设计边施工边生活，"三边"。

——张国多

1970—1972年，为了完成建厂初期紧迫的建设任务，秦先生不仅要在"芦席棚"里搞设计，还要在工地现场与施工队的民工一同施工。1973年工厂初见规模后，四五人的基建组发展为基建科，在设计工作之外，也承担起了施工管理工

图3 原五三六厂生产区，部分厂房现已被新厂拆除或改建，2021年（作者自摄）

作。为了更快、更好地完成建设任务，五三六厂从当地农村招来500多个民工，配合100多个转业军人开展施工工作。大家一起按时完工，早出晚归，雨天满身泥水，每天都在和时间赛跑。在秦先生与五三六厂建设者的共同努力下，建厂初期的"席棚子"被一座座红砖宿舍取代，电影院、招待所等众多建筑也相继建成并投入使用。尽管建设任务紧迫，但是秦先生并没有"照抄"标准图，而是坚持着独立的建筑思考。其中，最有名的例子便是五三六厂中一座"盖反了"的集体宿舍（图4）。

图4　秦佑国先生设计的第一栋"盖反了"的宿舍楼现状，2021年（作者自摄）

　　我设计的第一栋住宅：三层楼，长外廊，每层6家……房子盖到一层时，一天下午，书记、厂长、工会主席，党、政、工三个一把手把我叫去，问："秦佑国，你怎么把房子盖反了？"我说："怎么反了？""你看，这里人家都是廊子朝南的，向阳的。你把廊子朝北，面向山坡。"我说："我们的住宅，先是外廊，进门是厨房，往里是居室。廊子朝南，居室就朝北，终年不见阳光。这里冬天很冷，又没有暖气。再说，场地是开山填坡的，底层的居室窗外就是大陡坎，阴冷潮湿。"……经我如此解释，他们明白了，于是继续施工。

——选自《中国住房60年》中秦佑国先生文章《我的住房故事》

建厂初期，为提高设计效率，宿舍楼大多根据标准图进行施工。然而，秦佑国先生在充分考察场地条件后，大胆对惯性思维提出挑战。考虑到冬季寒冷和潮湿的气候特征，外廊改为北向；开窗加大至1.5米宽，客厅朝南。如此一来，冬天室内充满阳光，厨房在北面，挡住北风。秦先生的创新在经历了验证后，这种"盖反了"的宿舍取代了标准图集，在厂内迅速推广。周围的厂矿企业也逐渐改为北向外廊的住宅楼[1]。1972年，秦先生的夫人从枣阳建筑公司调进五三六厂，夫妻二人住进了自己设计和建造的住宅之中（图5）。

图5　秦佑国先生曾经居住过的五三六厂宿舍，2021年（作者自摄）

五三六厂的设计是秦佑国先生离开校园后完成的第一个建筑实践项目，其挑战不仅来自于艰苦的工作环境与紧迫的建设任务，同时也来自于实际工作中遇到的大量课堂外、甚至是学科外的难题。在这期间，秦佑国先生边学习，边设计。除建筑设计外，还需考虑结构计算、施工规程、道路测量、土方工程、通风系统，等等[2]。设计完成后，秦先生还需要负责施工组织设计，与退伍军人及几乎从未接触过建筑施工的民工共同参与到建筑施工中。

---

1. 刘燕辉：《中国住房60年》，中国建筑工业出版社，2009。
2. 秦佑国：《我的读书观》，《建筑创作》2007年第4期，第2页。

> 秦佑国待了八年，他走之前（厂区）基本上已经（建设得）差不多了，1978年考研究生走的。差不多1982年，厂里就开始搬家了。
>
> ——徐精一

1977年秋，秦佑国先生开始备考，利用工作之余自学课程，1978年顺利考上清华大学研究生，回到了阔别已久的校园。1978年年初，秦先生完成了他在五三六厂最后一项设计工作后，便离开了阳新。八年时光匆匆流逝，作为当时扎根三线建设的建筑师，秦佑国先生多次被评为先进工作者。这段为祖国建设事业奉献的岁月，使秦先生有机会将理论知识与生产实践相结合，深刻影响了他之后的建筑设计与教学工作。

秦佑国先生在邮电部五三六厂的"全过程、全工种"的经历一直持续地影响着他的思想、工作和生活，同时也为秦先生后期对建造技术的研究打下了情感与实践基础。秦先生回忆道："正是那段时间让我进一步认识到建筑学专业的实用性，练就了自己全工种设计的本领。"[1]秦先生倡导的教学模式中，强调教学、科研、工程实践相结合的方法[2]。秦先生的建筑学思考不仅影响了清华大学的学子，也影响着其他建筑院校的建筑学教育。2014年4月，在华中科技大学连续两场的讲座中，秦老师用他在五三六厂建设的亲身经历为华中科技大学的学子们上了生动的一课（图6）。在讲座中，他曾强调建筑之真意，提及梁思成先生曾经的教诲"你们毕业了，但是事实你们是'始业'了，你们的业就是建筑师的业，责任十分重大"。他还在"建筑、科学与艺术"的课程中教导学生，希望他们将来能成为"学术大师、治国英才、兴业之士"，能做大事。

多年后，我们回到五三六厂，在紧邻厂区的五七干校纪念馆内看到了秦先生及其他三线建设者们不畏艰辛、艰苦创业的建厂经历（图7）。三线建设中的建筑实践展现的是像秦佑国先生这样的建筑师的热血与才华，更是深藏在他们心中

---

1. 清华大学·新闻：《【我与新中国的故事】秦佑国：牢记建设国家的使命》，https://www.tsinghua.edu.cn/info/1697/70147.htm?ivk_sa=1024320u。
2. 邹羽、王晓明、周可、秦佑国、黄天其：《"中国城市与建筑四十年"大家谈》，《新建筑》2020年第2期，第45—53页。

的为国家建设贡献力量的家国情怀。"干一行爱一行"的职业精神体现了他们作为社会建筑者的担当。我们铭记这段建设历史,也缅怀如秦佑国先生一样,跋山涉水,曾经在大山深处默默无闻、艰苦奋斗,用辛劳和血汗建设三线的祖国建设者们。

注:参加现场调研和访谈的人员包括曹筱袤、高亦卓、邓原、耿旭初、马小凤、谭刚毅、董哲、贾艳飞、汤诗旷等。

2022年2月14日

图6 秦佑国先生在华中科技大学建筑与城市规划学院系列讲座海报,2014年(谭刚毅提供)

图7 调研团队在秦佑国先生指导下完成的邮电部五七干校纪念馆前合影,2021年(作者自摄)

第二篇 君子风范 家国情怀

杰出校友的典范
——追忆秦佑国院长

朱如忠[1]

秦佑国教授是清华大学建筑学院原院长，我校1961届杰出校友。秦院长是我心中尊敬的学者、领导和行动的楷模，更是我所了解的众多杰出校友中的典范。

秦院长是众人学习的榜样。秦佑国，1943年12月出生于上海，1958年在江都县大桥中学初中毕业后免试保送进江苏省扬州中学，1961年高中毕业（图1、图2）。多年前，秦院长在接受某杂志的人物专访时，被问道："你人生的关键点是不是考上了清华？"他回答："考上清华固然重要，但关键还是初中毕业被免试保送到扬州中学。"进入扬州中学之后，他的兴趣转移了，开始阅读科普的、地理历史的、现代文学的书。扬州中学有一个很好的图书馆，使他眼界大开。图书馆朝西山墙上开了一个门，进去是报刊阅览室，门一天到晚开着，无人值守。当时，他最喜欢看的杂志是《知识就是力量》。高二时，有一周的劳动课程，他被分到图书馆参加校内社会实践活动，有机会进入两层楼的书库，看到了图书馆的藏书，他印象最深的书是新中国成立前学校自己的出版物。在图书馆劳动期间，他和管理图书的老师熟悉了，后来，他用一张借书证可以借好多本书，晚自习时就看。学校离家有40多里路，秦院长高中时住校，星期天不回家，他就常到街上的新华书店去看书。可见他高中时代爱学习，兴趣广泛，这和扬州中学"科学和人文相融合"的办学特色密不可分。

秦院长是爱母校的模范。没有对母校的热爱，就没有思想和行动的果实。1999年冬，沈怡文校长到清华大学找秦院长，希望秦院长给扬州中学做校园规

---

1. 朱如忠，江苏省扬州中学高级教师、副校长、教育发展基金会理事长。

划，迎接2002年扬州中学的百年校庆。同时，吴良镛院士也是扬州中学（国立二中）的校友，也在清华大学建筑学院，沈校长也请他出出主意。秦院长很乐意，一口答应下来。年后，秦院长率团队亲赴扬州中学实地考察，提出的校园规划理念和意见是：扬州中学校园的规划和建设要体现百年扬州中学的历史和文化底蕴，要保留历史的记忆和已有的格局，同时要对校园景观和绿化环境进行整理，改善校园基础设施条件，适当提高新建建筑的质量和标准，新建筑既要与校园风格谐调，又要有时代气息。秦院长提出的理念和意见得到了学校的充分理解和大力支持。

图1　树人堂前留影

图2　高中毕业集体照（1961年6月9日，第三排左三站立者为秦院长）

第二篇　君子风范　家国情怀

具体实施方案是：第一，保留树人堂、品字楼、老图书馆等老建筑，把树人堂被改掉的门廊恢复原样，在树人堂前增加水池，让学校重新有水，保持前区旧有的格局，才能保持百年老校的历史感。第二，打通教学区原有的中心通道，这是一个"历史的通道"，需要把朱自清（1916届校友）铜像从办公楼前道路正中搬离至品字楼（老品字楼）东大楼前，做一个小的纪念广场，把草地和花园中的绿篱去掉，使得视线通透、场地开阔。第三，新建的三座建筑——综合楼、学生宿舍、食堂在设计时，其立面、色彩和体量都考虑了与校园环境氛围和旧有建筑的谐调（图3）。综合楼体量大，离路边近，如果实体落地，会造成周边空间紧迫局促，于是考虑底层架空，南端又向花园敞开，使得底层空间和周边环境连通，消除了空间的紧迫感。中间设玻璃中庭，既解决楼上图书馆阅览室的采光问题，又把光线引入底层，玻璃倒锥，具有现代感，有科学与艺术结合的含义。这样的设计方案从当时到现在都不落后，体现了秦院长超前的设计理念，后来前来参观交流的各界人士都对此赞不绝口。

秦院长是行动的楷模。秦院长对母校的情深在具体的工作设计细节上可见一斑。十几年前，我第一次和秦院长见面。当时，学校考虑将校园再次改造，迎接一百一十周年校庆。那时针对校园有两种设计方案，秦院长的设计居其一。后来，学校综合考虑后选择秦院长的设计方案，和百年校庆设计风格一脉相承。具体是拆掉相距很近的两栋"一"字形楼（不符合抗震要求），将新建的两栋教学楼中间距离拉大，每栋楼呈"工"字形。前面三层与品字楼相配。在讨论该方案时，发生了一段有趣的小插曲。有人认为这两栋"工"字形教学楼和老品字楼靠得太近，南侧梧桐树也会受到影响，现场的讨论气氛热烈、紧张。秦院长用大智慧化解矛盾。他提议大家一起看现场，自己亲自拿百米卷尺丈量尺寸，耐心解释，说服了大家，最终打消了大家的顾虑。秦院长身体力行且务实的工作作风和高水平的建筑设计令大家终生难忘。事实证明，该方案解决了学校教室紧张的难题，和后期秦院长的博士生杨洲总建筑师设计的实验楼形成现代的新品字楼。老品字楼和新品字楼相得益彰，充分体现了学校高品位的校园文化、高质量的教育水平，也培养出了高品质的优秀人才（图4）。

图3 综合楼

图4 左为逸夫楼，右为胡文虎楼，中为实验楼

秦院长是校友的典范。和秦院长多年的接触、沟通使我深刻地认识到，扬州中学一直是他心中所惦念的，深厚的母校情结始终激励着他时刻关注关心母校的发展。2020年，学校成功申报江苏省首批高品质示范高中建设学校，扬州市委市政府给予高度重视，为适应新时代的教育发展，学校决定对校园建设提档升级，同时迎接一百二十周年校庆。学校决定兴建体育馆综合体并恢复原学校大门南侧南楼。受学校委托，我联系秦院长请他领衔指导做规划设计。秦院长稍作思考便答应下来，后请他的学生杨洲总建筑师做具体方案设计。体育馆综合体建设项目被列入2021年扬州市重点建设项目之一，也是扬州中学一百二十周年校庆献礼项目。秦院长工作细致入微，为人低调，将个人简介和杨洲总建筑师简介一起发来，供相关部门审核。项目设计方案经过近十来次视频会议讨论、修改、改进，秦院长每次都用近40分钟时间从学校文化、设计总体理念、建筑风格、周边环境、未来投入使用综合分析等方面进行讲解，优化设计方案。殊不知，近几年秦院长身体一直不好，我们无法想象他每次都是以怎样的毅力坚持修订方案，包括在篮球馆上方设计双跑道的回廊，以保证下雨天三个班级学生能在室内上体育课等。他说，学校寸土寸金，必须放眼未来，设计好体育馆综合体，尽可能满足学校的教学需求，保证建筑风格的恢宏大气，使之成为学校由树人堂至学校大门未来中轴线南侧新的标志性建筑（图5、图6）。

回首往事，我清晰地记得有两位杰出校友把生命的最后时光献给了母校（图7、图8）。一是1992年九十周年校庆前，1930届校友胡乔木先生即将走完生命的历程，还在为学校新校歌作词；二是秦佑国先生在生命的最后阶段为学校的发展尽了最后一份力量。穷且益坚，不坠青云之志。生命尽头，勿忘感恩之情。这是对秦院长最真实的写照。秦院长高尚的人格将会一直被世人景仰。

在秦院长逝世一周年之际，谨以此文沉痛悼念清华大学建筑学院秦佑国教授。

2022年2月4日

图5　新建体育馆综合体效果图

图6　体育馆综合体建成照片

图7　江苏省扬州中学大门

图8　秦院长回到母校教室

第二篇　君子风范　家国情怀　163

未相帮

王丽方 [1]

一、清华北院：秦老师的鼓励

2000年，为庆祝清华大学九十周年校庆，一系列校园建设陆续完成。我的景观设计项目水木清华、工字厅南与北院景园（情人坡）则于1999年完工。北院位于校园地理中心，完全是新开辟的一片景园。秦老师有一次对我说："北院做得很好。"

二、扬州中学：秦老师交给我的一个任务

过了一段时间，秦老师的母校——著名的扬州中学校长一行来清华找到秦老师，扬州中学将筹备建校一百周年校庆，请秦老师在校园景观与建设上给予帮助。秦老师带校长一行去北院参观，后来将校园景观设计的任务交给了我。

扬州中学老校园处于旧城，建筑老旧。我尽力为老旧的校园做了几个亮点。其中之一是双扇青铜校门。造型现代，只有线条，没有花饰。在青铜直棂条上嵌入白铜细线条作为细部。青铜门的技术设计，是与上海交通大学机械系老师合作完成。门的制作与上海重型机械厂技术工人合作，那应该是当时中国顶级的一组技术工人。

扬州中学校方对我的工作很满意，秦老师也很满意。

三、杭州西湖：秦老师交给我的又一个任务

2004年，杭州市搞西湖文化建设，想在西湖边建设一座亭子，纪念林徽因诞辰一百周年（林徽因出生于杭州）。杭州市希望与清华大学建筑学院共建这个亭子，秦老师把这个任务给了我。

---

1. 王丽方，清华大学建筑学院教授、博士生导师，国务院参事，民革中央委员。

我将这个任务当成一个机会。半年时间，几经曲折，不做亭子，结果就是现在的林徽因纪念像。纪念像于2006年落成。设计将林徽因的形象与她表述"建筑意"的文字融入杭州西湖的湖光烟雨中。

当年10月，林徽因、梁思成的女儿梁再冰女士给我来信：

"王丽方教授：衷心感谢您为我妈妈的纪念碑所做的设计。最近我和老伴及女儿到杭州，见到了此碑，并拍摄了一些照片，送给您看看并留作纪念。（我们是从各种不同角度拍的，因游人很多，能'插空子'拍照颇不容易。）"

在杭州西湖的花港观鱼，林徽因纪念像将长久地存在，我想。

这半年时间中，秦老师曾两次召开讨论会，讨论我的设计方案。

秦老师有一天给我一张他拍的杭州林徽因纪念像照片，拍得很美，他应该是满意的。

四、技术—艺术

在1998年北院景园设计中，我尝试在景观中交错使用多种材料，通过构造加以表现，小有所得。其后的清华附小新校舍工程设计，在总体方案上，将建筑与景观密切交织交融；在施工图设计上，将新颖的构造做法和多材料交错作为表现方式。秦老师郑重地评价：清华附小是创新的，没有抄袭。

讨论设计教学，老师们常常感到如果能与构造课融合，就能把设计教出深度。而构造课的老师，则深感构造课如果能以设计为课程作业，教学就能变得鲜活而有深度。但是两边的老师都感到实现融合很是困难。

2009年的一天，我想到是否可以给本科生开一个建筑细部课程。我跑去向秦老师请教，他马上就与宋晔皓、张利等老师交流商议，大家觉得是好主意，我们很快把课程结构内容排出来，申报开课。由于我当时年资合适，课就由我来开，宋晔皓老师协助。课的概论要求全面，请秦老师来讲，他欣然应允，概论讲得极为精彩。我们还请胡越总建筑师讲实践，也十分精彩。这是国内首次开设建筑细部课程，它的艺术性、技术性、实践性和研究性都呈现了高水平。课程后来由宋晔皓老师主持，又有很多进展。秦老师给学生讲概论，一直讲到2019年，其间留了教学录像。2020年在疫情中，线上授课就使用了秦老师概论课的教学录像。没有想到2021年他离开了我们，以后只能看录像了。

五、秦老师与张弘

2017年，我请张弘老师一起研究老旧多层住宅的加装电梯课题。张弘虽然对这件事有兴趣，可是他此时担任建筑学院党委副书记主管学生工作，加上专业研究和教学，工作极为繁重。有一次我与秦老师谈到这个情况，秦老师说："我和他谈一谈看。"之后，张弘老师从繁重的工作中挤时间，尽心竭力承担了课题很多工作。秦老师对张弘老师的影响力令我暗暗称奇。

2021年5月的一天，我与张弘老师从项目会议上回来。这时电梯课题终于圆满完成。而张弘老师自己这几年全力推进的乡村振兴工作站已经遍地开花，取得了很大的成功。我们一路在车上轻松聊天，张弘老师开心地说："王老师，什么时候我带您去我家乡看看吧，特别美，吃的也好。"我说："太好了！只怕你太忙，哪有时间呢？"张弘老师愣了一秒钟，突然痛哭不止，好一阵才平息下来。他说，自己多年一直邀请导师秦老师去他家乡，秦老师也很有兴趣要看看富春江、桐庐一带的山水人家。多少年了，每一次机会都因为他自己实在太忙而往后推。现在，与导师同游家乡山水的愿望再也不能实现了。

六、未相帮

2006年，秦老师与我谈话，希望我加入建筑与技术研究所。他认为我年资和背景比较合适，希望我来承担领导这个所的担子。我多年来受秦老师教导帮助，在建筑技术与艺术方面有所进步，一直很感激他。但是此时我心中已经形成了另一个研究方向，就是自然建筑学。方向的取舍，让我很有些痛苦。思考几日之后，我向秦老师谈了我的想法。秦老师略有遗憾，但表示充分理解。好在建筑与技术所还引入了年轻有为的宋晔皓老师加入。宋老师对技术的涉猎更加广泛，精力充沛，成绩斐然，不久就担起了所长的担子。秦老师仍然与我保持了随时交流探讨学术及给予指导帮助的师长关系。

秦老师走了。他对我帮助那么多，我对他没有任何回报。特别是，我没有像他希望的那样，加入建筑与技术研究所。这十多年来，我得以专心研究明代园林，本想有了成果就向他汇报和表达感谢，以他对中国景观的喜爱，应该也会很开心。现在写这篇文章，让我想起来，心中觉得难过。

秦老师将他对建筑学院的热忱和他的思考留在了建筑学院的发展中。

秦老师是有赤子之心的人。

王丽方

2022年1月15日

八十年代声学的点滴往事
——怀念秦佑国老师

康健[1]

秦佑国老师于2021年2月24日不幸离世,想到几年前在他家里的一次见面,竟成永别,不胜感伤,许多点滴往事在脑海里像放电影一样慢慢展开。

秦老师是我的同门师兄。1983年,我进入清华大学建筑学院建筑物理实验室,先是建筑学本科最后一年的专门化,然后攻读建筑声学硕士学位,均师从车世光先生。当时秦老师正在进行博士研究,导师亦是车世光先生,虽然秦老师年长我21岁,亦可算是师兄。秦老师的硕士、博士研究包括隔声的统计能量分析、室内声场的有限元法及声线法模拟等,都是当时国际上的热点问题,现在回首来看,秦老师的研究工作均为国际领先水平。当时声学方向的师兄还有吴硕贤院士、韩金晨老师等各位精英,都是我们这些"文革"后恢复高考才进入大学的小字辈们的学习榜样。尤其是我们每天下午在校园大喇叭"为祖国健康工作五十年"的号召下到圆明园进行头脑简单的跑步运动时,总是碰到他们在散步、思考学术问题,同样是步,"跑"和"散"骤见境界差异,使我们肃然起敬。

秦老师也是我的老师。我在建筑物理实验室学习期间,秦老师留校任教。在恢复高考后进入大学的学生中,胡天羽和我是建筑物理实验室在声学方向的首届硕士生,秦老师专门为我们两名学生开了一门理论声学课程。建筑物理实验室有一条宽窄不一的走道,有一块宽的地方用来开小会和交流,即我们仨上课的地方,上课期间经常有人走过,亦可谓开放课程。我们近年的研究表明,这样不经意的开放学术交流空间是大学建筑的精髓,与一个大学的创新水平高度相关。

---

1. 康健,清华大学建筑学院学士(1979—1984年)、硕士(1984—1986年)、教师(1987—1992年),伦敦大学学院教授,英国皇家工程院院士、欧洲科学院院士。

尽管只有两个学生,秦老师每次授课都精心准备,教学敬业精神令人感动,秦老师给我们用粉笔满黑板推公式的情景至今历历在目,将我从满是设计的建筑世界带到了满是公式的声学世界(天羽是清华力学系毕业的,跨界的感觉可能不明显)。老师们也鼓励我们到附近的中国科学院声学研究所去上马大猷院士等前辈学者主持的声学研究生课程,在专业方面打下坚实的基础。建筑学是一个多学科的专业,在某一方面进行深入研究,需要对相关专业的知识和方法有深入的了解,这样的训练使我们在以后的学术生涯中受益匪浅。秦老师对我们的生活也关怀有加,有一次我们研究生有幸借到食堂举办舞会,但音响设备需要自备,秦老师批准我们借用实验室的声学设备并热心帮助我们调试好系统,可惜到现场后没想到食堂的插头居然是360伏的,一插上就烧了设备,当时大家万分遗憾的感觉可想而知,现在还记忆犹新,当然也包括秦老师和我随后在实验室满头大汗修好设备的情景。吃一堑,长一智,后来我们外出测试都带一套备用设备。

秦老师也是我的同事和领导。我1986年年底硕士毕业留校后,与秦老师成为同事。秦老师先后担任建筑物理实验室主任、教研组主任、建筑学院副院长,成为我的各级领导。从1987年到1992年出国,我在清华任教的五年半内,秦老师言传身教,在科研、教学、实际工程方面都给我们这些青年老师以极大的帮助。当时声学方向有张昌龄、车世光、李晋奎、王炳麟、谭恩慈、秦佑国老师等知名学者,加上刘志超、卢贤丰、张海亮三位工程师系列的老师,兵强马壮。刚留校不久的我就在与教研组各位老师教四年级体育馆建筑设计课的同时,担任学院本科建筑声学课的主讲教师,由于考入大学时我的年纪较小,刚开始教学时学生们与我年纪相当,上全年级90人的大课很是紧张,现在想起来,非常感谢各位老师对我的信任和支持。由于我是当时声学方向唯一的青年教师,有幸跟着各位老师参与了各种科研、交流、标准项目,以及大量的实际工程设计及测试,为后来的学术生涯积累了宝贵的经验(图1)。与秦老师一起外出测试、出差尤多,朝夕相处,不仅专业得以进步,也能听秦老师谈天说地,包括他童年时各种饿肚子的故事。例如,他上学带的便当是一瓦罐能数出米粒的米汤,上学途中米汤在瓦罐里晃,饭后米汤在肚子里晃,云云,不亦乐乎。

秦佑国老师在学术、社会、政治、生活等各方面都有很多独到的见解。他一

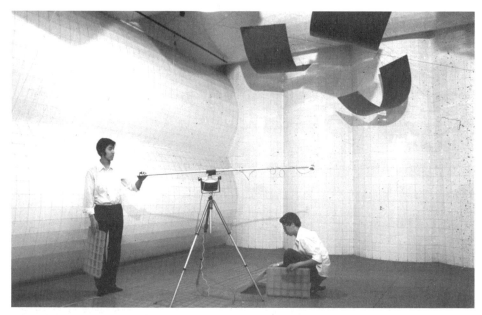

图1 20世纪80年代在清华大学混响室测试吊顶材料的吸声系数,秦佑国老师在摆材料,我在调话筒。记得这张照片是为宣传实验室做的摆拍。多年来我在教学中一直用这张照片说明什么是混响室

直认为,在建筑学院,建筑技术的教师要对建筑学及建筑技术均有深刻的理解,才能真正把建筑技术有机地融入建筑设计。这样的思想在一个实际工程中得到了突出的体现。20世纪80年代后期,我们在秦老师的带领下进行南苑机场附近的空军第一研究所航空发动机试车台排气消声工程设计。当时的难题是,航空发动机试车台的噪声级极高,测试时若靠近马上就会把耳朵震聋,而周围是居民区,因此一般的消声器远远满足不了所需的降噪量。秦老师的设计思想是用整个建筑来做一个大消声器,因此我们的声学设计其实就是一个建筑设计。大胆假设,小心求证,当时进行了大量细致的现场测试。一次夜间测试后,我们住在现场简单的空军招待所大客房里,大家都极其疲惫,鼾声如雷。第二天互相指认别人打呼噜,不过在秦老师主持下,大家严格推理的结果是所有人都打了呼噜。

正如庄惟敏院士所说,秦佑国老师是一位永远的思想者。秦老师非常善于梳理逻辑框架,发现事物本质,很快进入一个领域并有所建树。尽管开始的研究领域是建筑声学,秦老师也在绿色建筑、建筑教育及学科建设、人才培养等许多方面做出了巨大的贡献。他身体力行,在全国范围内培养并影响了几代学者(图2)。

图2　2003年，我主持英国学术院关于中英建筑教育比较的研究项目，与英国建筑师Jeremy Till及Sarah Wigglesworth教授来清华交流时，时任建筑学院院长的秦佑国老师在介绍学院情况

　　学术生涯中总有一些师长、同事，我与他们交谈时舍不得开口，珍惜聆听的机会，秦老师便是其中之一。记得我们上次的聊天话题是下雪后树挂形成的物理过程，主要是因为秦老师后来的一项业余爱好是摄影，拍了许多树挂，上上次的聊天话题是全球气候变化。可惜再也没机会有下一次的话题了，怀念秦老师。

康健

2022年2月8日

怀念我的老师和学长秦佑国先生

张三明 [1]

从1985年开始读建筑技术研究生的三年中，我主要跟着秦佑国先生学习和做事。秦先生的硕士导师也是车世光先生，秦先生不仅是我的老师，也是我的大师兄，自然与先生多了一份亲近。秦先生给我们上过一个学期的声学基础课程，这个课学生不多，包括中国建筑科学研究院两个研究生在内也就四人，在建筑物理实验室小过厅上课，我们因此可以近距离接触秦先生。1986—1988年，我的导师车世光先生承担了建设部重大科研项目《改善城市住宅的功能与质量》第五分项《城市住宅声环境的改善》，我和秦先生都参与了该课题研究，课题进行中我经常得到秦先生的指导。那时秦先生是建筑物理实验室主任，时常带我参与实验室工作，印象深的有济南剧院声学测试和主观评价、南苑飞机发动机试车台噪声控制测试、总政录音室声学设计、北京市区道路交通噪声测试、建筑物理实验室隔声实验室改造及实验室各种声学测试等。跟着秦先生做事总是很开心，我从中学到很多课本上没有的东西，为我后来的建筑声学研究和实践工作打下了良好基础。

清华毕业后，我经常在会议场合见到秦先生，时常利用到北京的机会去看望他，包括参加同学为秦先生组织的生日会，每次与秦先生在一起都无所不谈，每次都有很大收获，因此我非常珍惜这种机会。2016年，趁秦先生参加温州中国建筑物理大会时，我请他到浙江大学建筑工程学院做了一次学术报告，报告题目是《中国建筑呼唤精致性设计》，受到广大师生欢迎，并合影留念。我请先生来杭州顺便游玩休息一下，秦先生夫人应锦薇同行，参观了西溪湿地、西湖周边、中国美院象山校区、运河两岸等，并在西湖边林徽因雕像等地留影（图1）。这次秦

---

1. 张三明，浙江大学建筑工程学院建筑技术研究所副教授、浙江省声学学会副理事长，1980—1985年清华大学建筑学本科，1985—1988年清华大学建筑技术研究生。

先生心情非常好,这也是我毕业后和秦先生在一起时间最多的一次,感到非常高兴。

秦佑国先生对学生非常关心。研究生上学期间,秦先生多次以勤工助学方式帮助我,这样做不仅让我得到了锻炼,提高了科研能力,还解决了部分经济问题,对我帮助非常大。秦先生不仅帮助过我,也帮助过其他同学。有一次与先生聊天,他说有的博士生在经济上比较困难,为博士生获取一定生活补贴,自己也会接一些设计项目,让博士生参与设计,他工作繁忙,没有必要挤出时间做设计,他这样做完全是为学生着想。秦先生对学生的关心是多方面的,我清楚地记

图1　秦佑国先生和夫人在西湖边林徽因像前留影(张三明摄)

得,1986年冬,为获得道路交通噪声数据,我和施锦华学弟借用东二环张大立同学家,进行24小时交通噪声测试。第二天一早,秦先生骑车过来,说过来看看我们,判断我们电池快用完了,顺便带了电池。我都不知道他是怎么找到我们的,在看到秦先生的那一刻,我感受到一股巨大的暖流,当时的情景至今还历历在目。

秦佑国先生将自己的一生奉献给了建筑教育事业。秦先生专业能力非常强,声学理论基础很好,在给我们上声学基础课程时,常常是写了满黑板的理论推导。秦先生在建筑声学很多方面取得重要研究成果,在国内最早开展统计能量(SEA)研究,在1979年年底就已开始应用SEA于墙隔声的研究,研究成果寄给SEA的创始人MIT声学研究中心主任Lion教授,得到他的好评。秦先生专业非常好,但更爱教育。他从1990年开始任建筑学院副院长,1997年开始任院长,行政

工作占了他大量时间，影响了建筑声学研究。我觉得有点可惜，有一次和秦先生说起自己的看法。他说自己做建筑教育对社会贡献更大，他心中想的是奉献大小而不是自己的名利得失。秦先生正是因为对建筑教育的热爱，开设了多门启发性的课程，工作再忙也要坚持给本科生上课。教书育人，启迪学生，一直是秦先生最钟情的事。有一次，我看望秦先生，说起他获得清华"良师益友"称号，全校仅几人，学生的认可是他最看重的荣誉。秦先生的硕士和博士有一个微信群，我也在该群，自己虽然不是先生的硕士，可自己是群里最早接受先生指导的学生，群里的学生是秦先生教书育人的最大受益者，也最能感受到秦先生对教书育人的投入。秦先生把课件都给了大家，方便大家学习参考，在群里也最能感受到同学们对秦先生的爱戴和感恩。

秦先生喜爱读书，经常和我们讲读书的事，有时在旧书摊看到好书就买回来读。可能由于先生博览群书，再加上具有科学思维，所以看事物常常有独到见解。每次和秦先生一起，闲聊之中往往会得到很多启发。

秦先生喜欢摄影，出差都会带上一个小相机。2016年，我请秦先生来杭州，他也带着小相机。我多次和秦先生一起看他拍摄的照片，听他讲拍摄的故事。秦先生很乐意把自己拍摄的照片和我们分享，因此，我有机会保存大量先生拍摄的照片，有建筑、风景、花草等，每次看这些照片，感觉先生就在身边。秦先生平常拍摄的照片有很多用于教学和学术，他也把拍摄照片作为观察事物的手段。记得有一次在秦先生家，他让我看了不同时间在家拍摄的西山，有清晰的也有雾蒙蒙的，他从照片谈起了北京的空气质量问题。

去年初春，得知秦先生去世消息，我悲痛万分。我收集了与秦先生相关的照片、采访稿、回忆录等资料作为留念。在秦先生去世一周年之际，谨以此文表达对先生的无限思念。

张三明

2022年2月于杭州

怀念秦佑国先生

宋晔皓 [1]

秦先生是我在清华求学和工作过程中,最尊敬的老先生之一。

他为了中国建筑教育事业的发展,为了清华建筑教育的发展,兢兢业业,孜孜以求,殚精竭虑。对于清华建筑教育的用心,所有经历过那个时代的老师,都感铭于心。秦先生经常跟我说,他做过一件事情,即利用国际合作交流的机会,把学院几乎所有的青年教师派到国外一流建筑院校访学、进修,为学院储备了一批年富力强、有国际视野的人才。每言及此,先生都极为开心和骄傲。作为被秦先生代表学院派出去访学的一员,对于先生的高瞻远瞩,我心怀感恩。当然,先生最开心的是,所有的青年教师进修完都回到了清华,没有一个不回来的。

读本科期间,秦先生主要的教学课程是"建筑物理"中的"建筑声环境"部分,当时的清华建筑学院建筑声学研究和教学,阵容强大,人才济济。先生没有亲自教我们88级,但是通过授课老师李晋奎先生,尤其是比我们大不了太多、辅助我们实验认知的康健老师,我们了解到清华有这么一位建筑科学奇才。在主楼8楼、9楼走廊偶尔遇到秦先生,他也是一副心目中典型的知识分子形象,清癯,戴着一副眼镜,不苟言笑,偶尔一瞥,眼神里带着智慧的光。

清华给我诸多教诲的先生们,有的似昭昭日月,光芒耀眼;有的如巍巍高山,仰之弥高;有的则渊渊其渊,非多接触无以知其智慧深远,思虑广博。秦先生对我来说是第三种,也可能是因为我是从德国访学回来才有机会多接触先生的缘故吧。秦先生看上去不苟言笑,但随着深入的了解和接触,我知道先生其实是极重感情和极富感情的人,只是如很多满腹经纶的知识分子那样,不是特别善于把自己感情表露出来,如对前辈的尊崇之情,对同辈的感恩之情,对后辈的关爱

---

1. 宋晔皓,清华大学建筑学院教授、博士生导师、建筑与技术研究所所长。

之情。对于梁先生、林先生、吴先生、关先生、李先生等师长辈的学术成就，秦先生始终铭记，如数家珍。他一直念念不忘的是当年本科在清华读书时，赵大壮等同学凑钱给他买的一本英汉字典，经常和我们闲聊的时候说起，每言及此，我们都会体味到先生深深的感激。有一次在一楼研究所，他请我到里屋的办公室，问我："你把子课题让给张弘负责了？"我想先生说的应该是之前跟标准院筹备的"十一五"科技支撑计划的一个关于村镇课题里面的子课题，便回答说是的，因为我已经解决了职称问题，担任子课题负责人只是锦上添花，而年轻人职称晋升更需要这个，那便极有可能是雪中送炭了。先生只是点头淡淡地说了："很好，很好。"但是在他的眼光中，可以看到他满满的欣慰和对后辈发展的期许。

回想起来，我和秦先生逐渐熟悉起来有几个重要的时间节点：2004年，2006年，2008年。

2004年，我从德国访学归来，学院本来也计划安排我回建筑系，为系里做些工作，当时秦先生也找我在系馆一楼的院长办公室聊了半天，向我详细介绍了目前国内绿色建筑研究的事情和一些课题的情况，期望我能到建筑技术方向，继续从事绿色建筑设计和研究工作。当时因为手头还有些研究所的建筑设计任务，就慢慢拖了一段时间。但是确实是自己访学所见所得，让我极为坚定地思考建筑落地问题，思考形式、材料和构造的逻辑关系，认为这些同设计概念完美阐述一样，也是建筑学的根本，并真正影响到建筑的建成品质。后来在2006年，秦先生跟我和很多老师交流了创建建筑与技术研究所的思路。先生对于建筑技术和建筑设计的关系，认识极为深刻和独到，他的思想是建筑与技术研究所成立的基础，目的是拓宽建筑技术固有的边界，更好地与建筑设计结合，将传统的清华建筑学院建筑技术的几个方向，如建筑物理、建筑构造和计算机，结合先生对于建筑精致性的思考，并基于建筑技术和建筑创作的关系，重新整合，成立建筑与技术研究所。先生经常说，不要小看了这个"与"字，有了它，建筑创作和建筑技术就关联起来了。先生引用奈尔维的话来表达他的认识："只有对复杂的建筑问题持肤浅的观点，才会把这个整体分化为互相分离的技术方面和艺术方面。建筑是而且必须是一个技术与艺术的综合体，而并非是技术加艺术。"如同呼唤精致性一样，他呼唤："中国建筑学人需要深入准确地理解建筑、艺术和技术（architecture, art and technology）的含义和关系！"他还大力倡导："建筑技术也是建筑创作的元素和内容，建筑技术也是建筑创作灵感的来源和启迪，建筑技术也是建筑艺术的体现和表达。"这一切都是先生从如何发展中国建筑教育的角度，从一个曾经作为清华建筑学院掌门人的高度，思考和凝练的建筑创作与建筑技术的关系。这三条原则一直深深影响着我的建筑研究和创作。

2008年年底的时候，秦先生拉着我说："这个建筑与技术研究所的所长，你就不要再推辞了，你担起来吧，正好你的正教授已经解决了。"我还是如以往那样推辞说："先生您必须得继续领着大家做研究。"秦先生有些着急，说："我这边也要退休了，需要新人上来啊。"那种为学科发展焦虑的神情，言之谆谆，意之殷殷，情之切切，恍如昨日。

2021年，先生一手创办的建筑与技术研究所，有两件事情可以告慰先生：一件事情是学校投巨资改善建筑声学实验室，以此为抓手，可以极大改善包括建筑声学在内的建筑学的科研条件；另一件事情则是在学院的支持下，建筑与技术研究所荣膺"2020年清华大学先进集体"称号。我将这两件事情都归功于冥冥中先生的庇佑：一个是先生学术的主战场之一；一个是在先生领导下，明确了大家努力的方向后，各位同事们持续奋斗的结果。衷心期望与各位同仁，能继续沿着先生指明的方向努力奋进，不辜负先生的教诲！

2022年1月16日

得遇良师　春风化雨

刘念雄[1]

谨以此文纪念秦佑国先生，感谢秦先生在职业道路上的指引。

我与秦先生的初次面对面交流始于1997年我博士毕业前夕，承蒙季元振教授热心引荐，我进入北京市建筑设计研究院实习，准备走向建筑师的职业道路。彼时，刚刚上任清华大学建筑学院院长的秦先生正踌躇满志，为建筑学院未来发展谋篇布局，积极酝酿建筑学教育改革。秦先生从学院党委左川书记那里了解到我的情况并征求我的导师李道增院士的意见之后，与左书记一起找我谈话数次，讨论让我留校工作，在承担建筑设计课程教学的同时，推进"建筑技术课程人文讲授"的教学改革。几次谈话中，秦先生对教学改革的热情、对学科前沿的展望和高屋建瓴的分析，让我深受激励，也因此指引我走上了建筑学教学、学术研究和设计实践的职业道路。

教学改革——建筑技术课程人文讲授

秦先生一直致力于推动建筑技术教学改革，将建筑视为"艺术"与"技术"的统一，通常建筑技术课程教学容易重"技术"轻"人文"，重"数理"轻"设计"，不利于技术为建筑创作提供支持，也不符合建筑学专业学生特点。面向21世纪高水平人才培养目标，秦先生提出了"建筑技术课程人文讲授"的改革思路，自2000年以来，学院推动具有国际视野和时代特征的建筑化、人文化和特色化教学方式，从教师配置、教学内容和方式上对建筑技术类课程教学进行了整体性改革，引入新思路，推出新教材，安排建筑学专业背景的年轻教师尹思谨和我

---

1. 刘念雄，清华大学建筑学院长聘教授、博士生导师，中国建筑学会理事、建筑师分会副理事长、中国建筑学会注册建筑师分会副理事长。

分别承担"建筑光环境"和"建筑热环境"两门专业基础课程的教学工作,促进建筑光环境与室内设计、建筑热环境与可持续性设计的融合。针对建筑学专业学生长于形象思维的特点,以建筑学为脉络重构知识体系,注重案例化、图解化教学,以原理知识在设计实践中的应用作为教学目标,激发学生"兴趣点",让学生了解建筑技术可以是建筑创作的元素和内容,创作灵感的来源和启迪,建筑艺术的体现和表达;通过建筑热环境教学建立可持续发展建筑观的这些前瞻性的考虑,在气候变化和环境问题严峻的今天显得至关重要。"人文讲授"是"建筑热环境"课程一以贯之的努力方向,秦先生在教学改革中率先垂范,亲自组织新教材编写(图1),特别强调"以建筑学为中心线索"组织和拓展知识体系和内容。秦先生一次次的讨论叮嘱和对新教材的期待,我至今记忆犹新。除了为教材内容和框架把控方向之外,秦先生还仔细审阅初稿,精心批注(图2),并且为书作序,阐述教学改革的意义,对教材编写给予最坚定的支持,帮助教材编写人员克服了重重困难。2005年《建筑热环境》(第1版)出版之后,秦先生带着新教材在全国高等学校建筑学学科专业

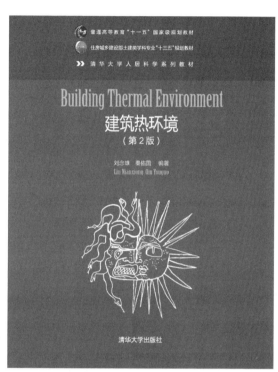

图1 《建筑热环境(第2版)》教材封面

图2 秦先生对《建筑热环境(第2版)》初稿的批注(2004年)

第二篇 君子风范 家国情怀

指导委员会会议上，向与会专家积极介绍教学改革理念，推荐教材并听取同行的建议。为了这个改革目标坚持不懈，经历近二十年的努力和打磨，《建筑热环境》成为国家级规划教材并获2021年首届全国优秀教材奖，这一切得益于秦先生的前瞻性指引、敏锐的观察和远见，以及对教育的热爱和奉献精神。

精致建筑——现代技术工艺的建筑表现

秦先生呼唤现代技术下的中国精致建筑。留校工作伊始，承蒙秦先生信任，初出茅庐的我有机会参与扬州中学图书馆等项目的设计工作，有机会接触大型公共建筑设计，从实践中学习。他经常鼓励我运用跨学科的思维方式，保持对最新技术的关注和其对设计带来的革新，致力于建设高品质和高完成度的精致建筑，我记得当时秦先生有一个心愿是建立一个"建筑设计与现代技术"的研究机构。

秦先生毕业于扬州中学，他回馈母校，热心母校的校园建设。2000年，在秦先生带领下，王丽方教授和我及白静等研究生一起，完成了扬州中学校园规划和新校门、新图书馆的设计建设工作。扬州中学是百年老校，朱自清先生曾经在此担任教务长和国文教员，先后为国家培养了四十多位院士。受扬州中学深厚文化积淀的感染，我在图书馆设计中提出了"光锥指地"的构思（图3），取自《庄子·秋水》"是直用管窥天，用锥指地也，不亦小乎！"和《韩诗外传》"以锥刺地，所刺者巨，所中者少"，激励中学生学海无涯，发奋求学。新图书馆尊重历史文脉与场所精神，充分考虑历史与现状建筑群的关系，将传统意蕴与现代精神相结合，让校园轴线关系和院落关系更加完整。方案受到秦先生的大力支持，并最终在清华建筑设计院和晶艺玻璃的支持下付诸实施，成为将"理性"与"人文"、"艺术"与"技术"结合的一次积极探索，在建筑形式和细部设计上体现了气候敏感性设计理念，通过组织自然通风和自然采光，运用庭院、架空等手法，提供安全、舒适、开敞、通透、遮阳、导风、避雨的积极的公共空间，满足青少年丰富多彩的室外活动需求，建成之后受到师生好评，与百年"树人堂"一起，成为扬州中学新百年的形象代表（图4），项目获2002年教育部优秀勘察设计奖。

秦先生是著名的建筑声学专家，也是机场设计专家，曾经完成西安咸阳国际机场可行性研究报告。1999年6月，我有幸参与西安咸阳国际机场T2航站楼方案设计

图3 扬州中学图书馆"以锥刺地"的构思(2002年)

图4 扬州中学百年校庆纪念币(2002年)

图5 西安咸阳国际机场T2航站楼竞标方案鸟瞰图(1999年)

第二篇 君子风范 家国情怀

竞标工作（图5）。记得在西安汇报现场，我们与刚刚完成浦东国际机场设计、同时也是清华在国家大剧院设计竞赛的对手和合作伙伴——法国巴黎机场公司——不期而遇，当时关于方案的争论与交锋，今天依然历历在目。大型工程项目的设计经历让我受益良多，让我认识到城市综合体、购物中心、会展中心和航空港等大型公共建筑中，在复杂的功能布局、交通组织和结构体系的设计中所蕴含的性能效率的理性主义思维，也让我意识到，在越来越多、越来越大、越来越复杂、越来越高效、越来越舒适的大型工程项目中，技术进步的决定性支持和给建筑设计带来的新的机会和可能性，促使我形成了在"诗意浪漫"与"机器美学"思想之间维持平衡的想法，影响了我此后的工程设计实践。

博览群书——拓展维度，开阔视野

秦先生喜爱读书，涉猎广泛，家里设有小书架，书不离手，也形成和发表了自己独特的"读书观"。他希望建筑师具有广博的知识，也曾经将注册建筑师考试中的很多内容列入"应知应会"。

在工作之余，秦先生经常与我分享他近期的读书体会，我感觉每一次和他谈话，都有"胜读十年书"的收获。秦先生的文章读来平实，却蕴含哲理，给人启迪。他经常把未完成的文稿给我看，听取我的看法，他敏锐的洞察力和视角，总能切中要害，并总是保持对热点和前沿问题的关注。

秦先生少年贫寒，求学之路充满坎坷，对母校扬州中学心存感激，热心回馈，也深知教育的意义。他每每讲起童年的经历，让人感动。当时周末从学校回家，他是光脚板走半天的路程，这对于今天年轻学生来说，可能难以想象。

秦先生治学严谨，关心师生，又严格要求。记得在1998年我博士学位论文送审之际，他专门把我叫到家里，对论文提出了详细的意见和建议，连电子文件在不同版本软件中打印导致的插图植字错位，也都一一列出。

秦先生倡导建筑教育应与国际接轨，积极推动国内注册建筑师制度的建立。此外，秦先生还积极邀请国际著名建筑师到学院进行讲座和交流（图6）。同时，他在学院积极推动并有计划地选派青年教师到国外学习交流，获得多元的学习经历。2005年，我获国家留学基金委资助赴英国谢菲尔德大学访学一年，不仅经历

图 6　美国建筑师 F·盖里到访建筑学院交流（2004 年）

英国的大学建筑教育，而且参与英国物理科学研究委员会（EPSRC）研究项目，从事低碳城市与建筑研究工作，开阔了眼界，见证了不同观点的碰撞，学会了从更多维的角度思考问题，为回国后的研究工作积累了方法学基础。

秦先生始终心系教育，对教学和育人充满热情，多次获评"良师益友"，担任院长期间积极进行前瞻性布局，确立了清华大学建筑学院"专业帅才"的培养目标，他多次说过："教育是大学的根本，只要是跟教学有关的事情，你们随时找我，我一定安排时间。"秦先生对教育的敬业精神让人感动，他的讲课朴实无华，充满了深邃思考，给人以启迪，体现了老一代清华人"行胜于言"的品质和"厚德载物"的为学为人风范。

于我而言，秦先生是一位严谨的长者，言传身教，激励我前进，见证了我在清华大学的成长，永远是我学习、教书、从事工程设计和科研工作的榜样。

谨此纪念。

与秦先生往事点滴

张昕[1]

从2001年进入建筑与技术研究所读博至今，秦先生在我们这批年轻人的成长过程中，起到了至关重要的作用。他是学术偶像，他所强调的各领域、各类型知识技能的融会贯通，是我们这批博士生最信奉的建筑哲学。他是人生灯塔，指引我们如何做人、做学问、做教育，如何成为有担当的知识分子。他展现给年轻人一个巨大的提升空间，是我们成长的动力源泉。

打开我的每个曾经使用过的电脑，如果在文件栏搜索"秦佑国"三个字，都会检索到至少几百个文件。二十年来，他以各种方式影响着我们。

一、研究生最"怕"的人

从直博三年级起，我开始做博士毕业论文答辩会的答辩秘书，直到不再担任讲师，其间亲历了各种秦先生在场的论文答辩会。他在发表学术意见的时候，通常没有铺垫和学术客套，总是直接谈问题，而这些问题又总是围绕创新性、研究意义、实践价值、研究方法正确与否等关键点。以他的学术洞察力、逻辑性和数学修养，问题一旦出口，答辩者就很难圆满回答了，他也成了研究生们"最怕"的人。旁观有秦先生在场的答辩，也成了做答辩秘书这件事儿于我而言最大的乐趣，也是"青椒"时代最有意思的经历之一。

秦先生将这种发言风格也带到了各种社会上的评审会，有一些走过场的评审会后来就不请他了，他自己也对参加这类评审会失去了兴趣。他更愿意奔波于各大高校，为兄弟院校的学科发展出谋划策。当然，他的学术批评永远只发生在学

---

1. 张昕，清华大学建筑学院学士（1996—2001年）、工学博士（2001—2005年），现任清华大学建筑学院党委副书记、副教授。

术场合，从来都是对事不对人，那些"天资不够"的研究生也会得到他足够多的关怀和鼓励。至于那些被提问的论文是否能通过，他的表态往往是温和的，充满了对学生的理解和包容，只是这温暖的场面发生在闭门会议上，答辩人是看不见的。秦先生也是我的答辩委员之一，旁观了多次闭门会议之后，我也就不怕了。

二十年来，秦先生大概问过我几十个问题，最犀利的一个是在我的留校面试会上，他问："你是否会一个人守着建筑光学这个方向直到退休？"这个问题包含着相互嵌套的几个问题，其背后是清华建筑物理各位先生过往五十年的人生轨迹，对于时年27岁的我来说，实在太难了。特别感谢这个灵魂之问，人生每过一个阶段，我对这个问题都会有新思考。回头看来，秦先生要的显然不是一个脱口而出的答案，而是发出一个预设了定时提醒的思考指令。

二、建筑物理如何教与研

刚留校的年轻教师没有专业课可上，秦先生就把建筑物理环境这门研究生课逐步分给我们几个年轻人。建筑物理在建筑学课程体系里是一门专业性很强、很难啃的课。秦先生建议我们以实际的科研或工程案例为依托，向纵深科研探索和横向学术交叉两个方向展开，并将这门课的指导思想概括为：①"建筑"地思考建筑物理环境；②"人文"地思考建筑物理环境；③"艺术"地思考建筑物理环境。他参加了我的试讲，与其他老先生更关注授课技法不同，秦先生更关注我能否从博士学位论文的工科思维框架中跳脱出来，能否从建筑、人文、艺术的视角说明白建筑物理知识，能否让建筑学的学生认同建筑物理对于建筑学的意义，能否激发学生的学习兴趣。

秦先生将建筑技术与建筑创作的关系总结为：①建筑技术也是建筑创作的元素和内容；②建筑技术也是建筑创作灵感的启迪和来源；③建筑技术也是建筑艺术和建筑美的体现和表达。这个思考方法和评价判定，对于我个人的研究型设计实践，起到了关键性的作用。秦先生对于建筑技术这个特别容易陷入"五唯"[1]的领域，也提前二十年指明了破"五唯"方向。

---

1. "五唯"指唯论文、唯帽子、唯职称、唯学历、唯奖项。

三、四川之行

2008年汶川地震后,学院各相关学科的老师纷纷奔赴灾后重建前线。秦先生也多次请战,但他年纪大了,当地又余震不断,学院担心他的安全,迟迟没让他去,直到6月才得以成行。学院安排我以"保镖"身份随行,这也是我教书生涯里最光荣的一次出差。到达成都后,秦先生在民政部的安排下调研了都江堰、什邡等第一现场,慰问了尹稚等学院师生。

秦先生在很多会议、灾后现场的发言和辩论,给我留下了极深的印象。这些发言,完全不受单位/社团/部门利益左右,无所顾忌,均直接落到如何解决问题这个点上,完全是论文答辩会上的风格。在当时那种复杂情境下,何其之难。每当人们回忆秦先生的"君子论",我的思绪就回到了四川之行。

2008年6月14日夜里,在关于民政部的贫困支持补贴怎么发放的专家论证会上,秦先生发表意见如下:"钱要给到低收入、无财力自建的人,包括无家可归者和从事农业生产的农户;关于危房改造,应将硬山隔檩改为横墙承重,穿斗式加斜撑和连接。"6月15日上午,在民政部组织的重建建设专家论证会上,各方专家提出要大力推广抗震户型,考虑建材费、施工费等修建成本提高问题,应提高经费投入。秦先生发表意见如下:"更需要推广的是抗震技术措施,而不是户型;应该在盖房过程中对农民进行指导,而不是都交给施工队,这样能节约大量资金;房子盖好以后就看不到施工细节了,可以采取到灾区挂节点大图的方式进行推广。"

秦先生代表学院认领了什邡市洛水镇的洛城村,选取以农业为主的损毁农村住房进行重建示范,适用对象是从事农业生产或在镇上打工的农户,强调就地取材,充分利用损毁房屋的旧有材料,要求建造简单,可由当地瓦木工人和住户建造。我找到一条当时记录的秦先生短信:"在现场丈量一下农民现有房屋尺寸,原设计堂屋4.5米开间可能偏大,使得檩条跨度太大,木料难找,改为3.9米,可能合适。"

手机里来自秦先生的最后一条信息是这样的:"我最近每天去北医三院做放疗,让我想一想再回复你们。"今天看来,这很像是另一条预设了定时提醒的思考指令,秦先生没有想完的事儿,我们继续。

至真、至性、至情的良师

—— 纪念秦佑国先生

王南 [1]

敬爱的清华大学建筑学院老院长秦佑国先生于2021年2月24日永远离开了我们。记得惊闻噩耗之际，我简直不敢相信——在我心中，秦先生一直是那么健康、开朗、充满激情，他离去得实在太突然了！一年多过去了，藉此纪念文集编纂之际，特别记下与秦先生在教学和学术探讨中的几桩往事，以寄托对先生深切的怀念。

第一次见秦先生是1997年或1998年，那时我正值大二。我们的美术老师程远先生喜欢在课余张罗艺术沙龙，邀请各学科老师，甚至校外学者、艺术家等，齐聚美术教室中，谈论艺术、哲学、人生等话题，不一而足。有时参与者还展开激烈辩论——我对秦先生的第一印象便是他和某位美术家因对数学在建筑艺术中作用之不同看法而争得面红耳赤。当时秦先生已是副院长，我心中暗想："这位院领导实在与众不同，心直口快，绝不打官腔，坚决捍卫自己的学术观点，真是位性情中人！"其实所有人只要和先生接触多了，都会马上了解先生之真性情。

秦先生对我的学术人生产生重大影响的第一件事，是对我和同窗结成的"新营造学社"的大力扶持。自1999年4月起，我与同班好友袁牧、田欣、李路珂一道组成"新营造学社"，重走昔日梁思成、林徽因等先贤考察中国古建筑之路，对中国建筑史产生浓厚兴趣。实地考察之余，我们用当时新兴的3D Max建模技术，将五台山佛光寺东大殿、蓟县独乐寺观音阁、登封少林寺初祖庵大殿等唐辽宋经典古建筑建成三维模型并制作成动画。1999年10月，我们在建筑学院多功能厅举办学术讲座，展示自己虽然稚嫩但充满热情的学习成果，四个人在讲演中追忆先

---

1. 王南，清华大学建筑学院建筑历史与理论研究所教师，中国营造学社纪念馆常务副馆长，《建筑史学刊》副主编。

辈,竟然声泪俱下。那次讲座,学院的关肇邺、楼庆西、郭黛姮等老先生,以及秦先生(当时是院长)、左川书记、朱文一副院长等院领导竟然都欣然接受我们的邀请,全程听完了讲座。我们讲完之后,秦先生立刻以院长的身份,当场宣布对我们这个自发的小团体予以全力支持。

秦先生所说的"支持"是实实在在的。很快,他就给我们创造了一个无比珍贵的学习和研究的机会:他专门在学院资料室辟出一个角落,作为我们的工作空间;交给我们的具体任务是协助资料室林洙老师,全面整理和数字化中国营造学社的重要学术资料(当时存于资料室的史料包括老照片、底片、图纸、测稿、书籍等,数以万计,现在绝大部分转入中国营造学社纪念馆珍藏)。他还专门指派博士生罗德胤作为我们这个研究课题的负责人,我们都亲切地称他"老罗",从此和老罗结下深厚友谊。秦先生的这一安排,使得我们几个大三学生得以近距离接触、学习和研究中国营造学社先辈无比珍贵的文献史料,实在是奢侈之极——这对于我的学术生涯产生了无可估量的深远影响。当然反过来,我们几个年轻人凭着一腔热忱,也为学院资料室的史料整理做出了小小的贡献。

由于那时候奠定了对营造学社这批浩瀚文献史料的初步了解,加上之后二十余年来不间断的中国建筑史研习,我有幸作为策展人之一,策划了2021年在清华大学艺术博物馆举办的"栋梁——梁思成诞辰一百二十周年文献展"。令人万分遗憾和惋惜的是,展览于8月开幕,然而彼时敬爱的秦先生已经驾鹤西去,无法亲临现场感受其盛况,甚至也未能在策展过程中再次对我们进行指导!

这巨大的遗憾,让我不禁回想起2001年在秦先生主持下,参与"梁思成诞辰一百周年纪念展"的情景。梁先生诞辰一百周年纪念活动是学院的大事,作为院长的秦先生事必躬亲,忙得不亦乐乎。秦先生是当时纪念展的总策划,老罗和我们学社有幸被委以重任,参与纪念展的展板制作。当时学校还没有建博物馆,展览在建筑学院门厅举行,一共包括50块大展板,每块展板从内容到形式,皆由楼庆西先生、秦先生、左川老师、周榕老师等人逐一仔细敲定,字斟句酌,以确保其学术性。有一个细节我还记忆犹新:秦先生特别强调梁思成先生1945年3月写给梅贻琦校长的信之重要性,不仅因为梁先生在信中建议创办清华建筑系,此乃学院创立之缘起;更重要的是梁先生在信中明确提出教学方法要参照格罗皮乌斯所创的包豪斯教学法——这一点是秦先生格外重视的。我记得他用铿锵有力的声音逐字逐句念那一段文字,并向我们指出梁先生教育思想的现代性、国际性。而当时对此有清晰认识者寥寥无几,许多人甚至误以为梁先生对清华的建筑教育是沿袭宾大的"布扎"体系,至今学界亦不乏此类观点(后来秦先生曾专门撰文深入探讨梁先生的建筑教育思想,并在自己对学院的教育方针中加以传承和发展)。秦先生那时的教诲令我至今难忘。令我尤为感激的是,秦先生竟然还安排我们学社(由我代表)在清华大礼堂举行的梁先生诞辰一百周年纪念大会上发言,汇报我们的学习成果,那真是令人终生难忘的经历!

可以说,秦先生对我们这个自发的学术小团体的支持,是引导我最终走上建筑史研究之路的重要动因。

在治学方面,尤其是博士生学术研究方面,秦先生对我同样有着重大影响,具体地说是源自他为学院研究生开设的那门著名的"科学、艺术与建筑"课。那是一门综合性极强的课程,单从题目便可知晓。秦先生除了自己讲授之外,还会邀请上述领域的多位杰出学者来做讲座,广泛开拓大家的学术视野。可我想追忆的不是精彩的课程本身,而是秦先生为这门课开列的参考书——实际上他是直接把自己的藏书放到资料室,供上该门课的学生借阅。我们由于在资料室学习工作,于是近水楼台先得月,得以饱览这些经典。我印象很深,那些书中有许多是商务印书馆的"汉译世界学术名著丛书"系列,朱红色的书脊——而对我影响最深的书是黑格尔的《美学》和罗素的《西方哲学史》,当然还有丹皮尔的《科学史》、怀特海的《科学与近代世界》等。正是秦先生提供的参考书(其中不乏艰深的学术著作),真正为我打开了学术研究的大门!这些参考书的影响之大,以至于我的硕士、博士学位论文都和美学密切相关,分别探讨建筑与城市的美学。从那以后,我深深地迷上了美学、哲学,甚至对商务印书馆的"汉译世界学术名著丛书"始终怀有刻骨铭心的感情。记得我的老友袁牧也一样如饥似渴地狂啃这些名著,有一天一边读罗素的《西方哲学史》,一边狠狠拍着大腿说:"原来世界上有这么多有趣的思想,从小到大从来不知道啊!"秦先生为我和袁牧这样的博士生们真正打开了学术眼界,实在不亚于半个导师。

秦先生十分乐于和博士生交流学术思想,有时还会向人推荐研究题目。我曾不止一次听他谈起对《营造法式》研究的新视角——尽管他的专业是建筑物理——他说如果有人研究北宋前后森林的数量，把它和《营造法式》记载的木结构用材数据结合起来研究，一定会有新的发现。在讲这些的时候，秦先生一如往常那样声音洪亮，眼光中充满激情。

2017年，我刚刚完成自己研究中国建筑史以来最重要的学术专著《规矩方圆 天地之和》的初稿。由于该书涉及大量中国古建筑的构图比例，与数学、几何密切相关，初稿打印出来后，秦先生是我首先想要讨教的前辈之一——我觉得以他对数学的痴迷，一定会为我的研究感到高兴。电话沟通之后，秦先生约我在六教门口见面并把书稿给他——原来此时秦先生虽已退休，却依旧在六教给清华学生开设通识课。我那天把书稿交给先生时，隐约觉得他有些疲劳，精神不及往昔健朗，但未多留意。

2019年10月，清华大学艺术博物馆举办了"归成——毕业于美国宾夕法尼亚大学的第一代中国建筑师"展览的学术研讨会，我在会上发言，介绍了我的最新研究成果。茶歇时，秦先生专门找到我，对我的研究深表赞同，并且回忆起他自己在建筑数学课上对同学反复强调比例研究的重要性。是啊，我还清楚地记得，先生每次谈到柯布西耶《模度》一书，以及著名的"模度人"插图，都会用他那明朗的声音激情洋溢地说道："这是斐波那契数列！后一项等于前两项之和！"

真没想到，2019年10月那次研讨会茶歇时的短暂交谈，竟然是我和秦先生最后一次见面！直到我们最后一次碰面，先生依然在对我的学术研究进行支持和鼓励——就如同他在二十年前的1999年10月，在我们"初生牛犊不怕虎"的那次讲座上所做的一样——二十年来从未改变！

秦先生对清华大学建筑教育的功绩，自有此方面的专家学者会予以充分评说。而我作为秦先生的一名普通学生，仅以个人的亲身经历说明，秦先生绝对是一位至真、至性、至情的良师益友。而他将科学、艺术与建筑相融汇的博大教育思想，更是我们作为学生一生取之不尽、用之不竭的宝藏。

2022年5月5日

秦佑国先生谈"声景"

——记述我与秦先生接触的二三事

孟琪[1]

秦先生是我国建筑学领域的著名学者。他在我学习建筑声学和从事研究工作的道路上,给予了几次提点,让我深受启发,获益良多。谨以此文介绍我们之间两次交流,以反映秦先生对学术的深刻思考和大智慧。

秦先生是一位具有战略高度的学者,这体现在他对声景学发展的研判。秦先生是在国内较早提出声景研究的学者之一,声景正巧也是我博士学位论文的研究方向。与秦先生初次相识是在2009年清华大学建筑学院承办的全国建筑学博士生学生论坛上。我的一篇关于声景的论文有幸被大会选中,并在会议上做大会报告(图1)。在报告之后,秦先生对我的研究工作给予了肯定。他认为在当时,建筑学的博士学位论文做定性研究的比较多,而我采用的定量研究是很有必要的。他正是看到了这一点,才将我的论文遴选出来,作为大会报告,希望启发更多的博士生转变思维方式。当时,声景的相关研究在国内还处于起步阶段,和传统声学研究之间的关系还不明确。因此,在谈及声景学的发展时,他认为不应将声景学的范畴扩展到环境噪声的研究,包括环境噪声的社会评价,而是应该从审美的角度和人文的角度研究环境中的声音;声景可以研究人在对环境景观观看时,在场声音及其听觉感知的作用;研究人在倾听声音时,在场环境及其视觉感知的作用;研究伴随自然环境和人文环境存在的声景遗产的保护、留存和记录。他将声景学描绘成是一个由声学、音响学、景观学、美学和社会学等学科融合的交叉学科。他还认为从事声景学的研究,既要有声学的知识和技术,更需要美学和人文的修养,需要敏锐的听觉和视觉审美能力,需要社会调查和历史研究的能力。他

---

1. 孟琪,哈尔滨工业大学建筑学院教授、博士生导师,主要从事建筑与环境声学研究。

把这些思考撰写成文章《声景学的范畴》[1]。从这些描述中，可以看出秦先生深刻地把握了声景学的研究范畴、研究范式和研究规律，并且认识到学科交叉的必要性。国内声景学在接下来十几年的发展中，确如秦先生所判断，已经展示出多学科融合的魅力，在人居环境改善和健康城市发展中起到了重要的作用。

秦先生是一位具有大智慧的学者，他能很敏锐地发现声景研究的特质。在我留校之后，经常将一些声景方向的不成熟想法与秦先生交流，让我感触最深的是，秦先生每次都能抓住问题的本质，并将其拓展到一个更高的研究深度。2016年，我拟申请题为《基于人群声学特征的城市开放空间声景观研究》的国家自然科学基金。我最初的想法很简单，仅是希望通过人的吸声和发声来营造和改变城市声环境，使城市更有特色。我将这些想法通过邮件发给秦先生。他很快就给出了高屋建瓴的回复，并且指出我思考的"对于人群的声学特征而言，可以分为集聚方式、吸声作用、发声方式等"依然是传统声学的理解。比如，不同的人群集聚方式，会有什么"吸声"作用，发声方式（声源特性）如何，而对"人群"本身缺少分析。他列举了上海外滩新年期间参加跨年活动的人群，参加室外摇滚乐派对的人群，步行街上逛大街的人群，参加集会游行的人群，跳"广场舞"的人群，

图1　2009年参加全国建筑学博士生学术论坛时笔者与秦先生的合影

---

1. 秦佑国：《声景学的范畴》，《建筑学报》2005年第1期，第45—46页。

台北西门町的青少年人群等，这些活动不是仅用"吸声""发声"就可以表示和表达的。他认为应该用社会学的观察视角和理论观点来分析"人群"，这样才能把研究拉回"声景学"的范畴。正是受到了秦先生的启发，我将研究内容的重点放到了城市空间人群的特质上，陆续开展了人群声学特征、人群声学行为等方面的研究，发表了近30篇相关的学术论文，这些都离不开当时秦先生的指点。时至今日，我在开展一些研究之前，还经常翻阅我与秦先生的往来邮件，并总能从中受到新的启发。

我只是众多认识秦先生的人中最为普通的一员，但是秦先生的那种善于思考、有大局观的人格魅力深深地影响了我。在此，谨以此文表达我对秦先生深深的敬意与缅怀。

2022年1月29日

第三篇

良师益友　春风化雨

先生之风　山高水长
——纪念我的恩师秦佑国先生

高冬梅[1]

2021年2月24日惊闻先生去世的噩耗，我不敢相信这是真的，脑海中一遍遍回忆起二十多年来和秦先生交往的点点滴滴，回忆起我们师兄弟们和先生一起讨论问题、一起聆听先生讲授时的画面。那些热烈的场面还有余温，那些思维的火花还在闪烁，先生的音容笑貌还在眼前，但斯人已去，令人不胜唏嘘！

回想求学生涯，我十分庆幸在1997年能进入师门成为秦先生的学生，在这里获得的不仅仅是学术知识，更有机会近距离地见识了一位治学严谨、勤于思考、为人正直、有责任担当的学者是怎样的风范，秦先生在我的心中树立起了为学、做人的榜样。

这二十多年，我有近一半时间是在清华园，后来虽然离开学校，但每年仍有几次师门小聚，或借回校办事的机会去拜访先生。我感触最深的是，看似不苟言笑的秦先生讨论起问题却十分健谈，而且他涉猎广泛，对各种问题都有自己深入的思考，是一位不折不扣的思想家。在先生这里，我领略了进行"思维体操"（师弟罗德胤语）的乐趣，始于西北小区先生家餐桌旁的"研究生沙龙"，真正启迪了我的思维，拓宽了我的眼界，甚至影响了我的爱好。

那时，每个周末都有一个晚上，所有的研究生、博士生都会去先生家搞"沙龙活动"。我们围坐在餐桌旁，一边聊天讨论，一边吃喝着师母准备的小吃饮料，常常会聊到很晚。屋子很小，更显得气氛特别热烈。讨论内容有时有主题，有时没主题；大家分享对学术热点问题的看法，各自论文的进展，自己的思考，

---

1. 高冬梅，秦佑国先生指导的1997级硕士、2002级博士，现任中京同合国际工程咨询（北京）有限公司图审专家，高级工程师，国家一级注册建筑师。

遇到的问题，等等。在这种时候，先生每每都有很多独到的见解。他广博的知识面，多维度、多层次的思维体系，打通各种学问、融会贯通的能力，令我常常感觉茅塞顿开，佩服之至。我们沙龙小聚中讨论过师兄弟们的论文选题有：建筑设计的渊源和设计媒介对建筑的影响，计算机辅助建造系统的构想，加工工艺与建造的关系，等等，这些都大大扩展了我对建筑的理解。我的硕士选题、博士选题也都在沙龙讨论过；我后来读的许多书都是因为在沙龙里受到的启发；我对历史的兴趣，甚至对摄影的兴趣都是受先生的影响。记得后来先生的研究生、博士生多了起来，沙龙地点改到了院长办公室，在这里先生经常给我们放幻灯片，有些是他在外面讲学的资料，有些是讲学或旅行时拍的照片。有一次，他兴致勃勃地给我们放映他在英国拍的一些照片，包括城市风貌的、建筑细节的、还有纯风景的；他讲到拍到一张好照片时的开心很感染我，我记得那些照片拍得特别好，缘此也种下了我对摄影感兴趣的种子。

无论在课堂上还是沙龙或私下的交谈，我都能感受到先生热爱教学，他把教书育人看得很重很重，我听到他说最开心的事是多次获得清华大学本科学生评选的"良师益友"的荣誉。他一直倡导"知名教授应该给本科生上课"，他自己以身作则，坚持在教学第一线，除了建筑学院，他还给清华其他院系、其他院校本科生上通识课，真是不辞劳苦。他把自己花费多年心血积累的授课讲义都分享给了我们，讲义内容极其丰富而且每年都有更新，即便是退休后他仍然孜孜不倦地补充这些讲义，增加新鲜内容。那些文字、那些插图，都凝结了他对建筑所涉及的各种学问的融会贯通，凝结了他严谨认真、不断思考的治学态度。他视力不好，经常看到他摘掉眼镜极力凑到屏幕前的样子，这些工作耗费他多大的精力可想而知。先生在教学这件事上极其认真，真的是鞠躬尽瘁，是一位"纯粹的先生"。现在，我的师兄弟们继承了他的这些学术成果，用他的讲义继续给学生讲授建筑学，也算是他的治学精神得到延续（图1、图2）。

先生从院长岗位退下来后，我们的沙龙地址换到了他位于蓝旗营的家里。近几年，我们在清华南门的"道口咖啡"一年两聚或一年一聚，只要不是确实有事走不开，我都会参加聚会，一是想念先生和同学们，二是想重温那些美好的时刻。去年聚会，我带闺女来参加，即将进入大学的她想听听学长们对专业

图1 2004年，秦先生指导学生开展美国拉斯维加斯地段城市设计（张弘摄）

图2 2004年，秦先生带领师生在内华达大学参加研学活动，摄于金门大桥

的见解，秦老师单独和她聊了好一会儿，她后来说那次聊天后她对建筑学还是不甚了了，但先生脚踏实地、实实在在做事的经历对她很有启发，她很受感动，先生热忱的态度、朴素的言辞让她觉得十分亲切。

还有一件小事让我记忆尤深，2000年我考取博士后先生找我谈话，建议我保留资格晚两年再入学。我当时正在为是继续上学还是先考虑孩子问题而苦恼，这个苦恼我从未向先生表露过，但他想到的正是我的难处。后来我陆续知道，先生为我的师兄弟妹们升学、就业等实际困难都给予了无私的指导和帮助。他从不家长里短，却像一位真正的长辈一样关心爱护着学生。我们都很爱戴他，但他不吸烟不喝酒，连茶都不喝，拒绝我们送他任何东西，教师节的一束鲜花就是我们全体学生对他的心意，他有时连鲜花都让我们带走。这种师生情纯粹至极，令人难忘。

这二十多年，我感觉一直未离开先生左右。去年冬天某一天，先生还和我电话聊起当年梁先生曾给应县的一位高姓的钟表匠寄信，拜托他拍一张木塔的照片，他问我那位姓高的师傅和我有没有关系，我们聊了好一会关于木塔的前世今生，没想到那竟是我最后一次听到先生的声音。

如今，先生离开了我们，我会永远怀念先生那些充满思辨的教诲，怀念先生做人做事的君子之风，并以此激励鞭策自己。

谨以此文缅怀我的恩师秦佑国先生。

2021年2月26日

怀念导师秦佑国先生

罗德胤 [1]

中国的长辈常说，人生最大的幸运莫过于在关键时刻得到"贵人"帮扶和指引。这么说来，秦先生既是我的学术导师，更是我人生中最重要的"贵人"。

我于1997年本科毕业后，进入秦先生门下读研究生。其实，我在报名读研究生时，并没有见到秦先生本人，因为他当时正在哈佛大学做高级访问学者。那时候也没有视频会议之类的工具，只能打越洋电话（电子邮件刚出现，还不如打电话方便）。不过，我对秦先生倒也不是完全没印象。就在我当1995级本科生班主任期间，秦先生曾经作为副院长到操场对正在军训的同学们做过一次"训话"。照此推算，我第一次见秦先生应该是在1996年的暑假期间。我还笼统地记得秦先生那次"训话"的内容，大致是结合自己求学和工作的历程，说明养成自律习惯的重要性。秦先生这次的讲话时间不长，却给我留下了深刻的印象。他在谈话里表达了"只要想办法，总能在建筑学的领域里做出一番成绩"的思想，这让我看到了人生道路的丰富性。

军训之后的秋季学期，我进入乡土组做毕业设计。之所以选择乡土组，首先是因为我在大学期间养成了读文史的业余爱好，建筑历史也属于历史，所以应该也属于我感兴趣的领域。更重要的，还是我受了楼庆西老先生的"忽悠"。楼老先生每年都会亲自到毕业设计动员会上做宣传，告诉同学们在乡土组可以一边下乡调研测绘，一边体验祖国大好河山。下乡调研这种学习方式，在毕业设计中显得相当特殊，而且在旅游还属于奢侈品的年代，这么一个机会还是挺能吸引人的，所以乡土组在整个20世纪90年代都属于毕业设计的热门选项，历年都有很多

---

1. 罗德胤，秦佑国先生指导的1997级硕士、2000级博士，现任清华大学建筑学院教授，中国建筑学会民居建筑学术委员会副主任委员。

同学报名。我们这一届的乡土组，一共有五名同学，其中三名是广东人，包括我在内。广东人占了六成，原因也很简单，就是乡土组这一年的研究选点是广东梅县的侨乡村，指导老师们希望听得懂客家话的广东同学能帮着做口述史调研。

在乡土组待了一段时间之后，我彻底爱上了乡土建筑这个学科领域，所以在读研的选择上，也很自然地希望被分到建筑历史专业。然而，读研是根据同学们的成绩和各专业的名额进行分配的，没想到这一年的建筑历史专业会成为大热门，原本不多的名额早早就被报满了。管教学的老师问："建筑技术专业还有名额，你愿不愿意？"建筑技术主要就是包括声、光、热的建筑物理了，外加刚刚兴起的绿色建筑。能读研，尤其是清华的研究生，当然是好事，但是声、光、热之类的，我好像又兴趣不是很大。见我有点犹豫，管教学的老师又说了，如果读建筑技术的研究生，导师将会是副院长秦佑国教授，他人很好很宽容，论文没准可以结合你的兴趣。说老实话，管教学的老师后面这几句是不是这么说的，我已经记不清了，但是在听到秦先生名字的那一刹那，我就已经决定"放弃抵抗"了。我当时就有那么一种感觉：这位"凡事都懂得讲究方法"的秦先生，一定能为我的求学之路指明方向。

在主管老师的安排下，秦先生还从美国打了一通电话，算是对我本人进行了"面试"。通话内容我已记不清了，印象比较深刻的是秦先生对我担任本科生辅导员这件事，似乎还比较认可，可能是觉得既然能当辅导员，在为人和办事上都应该比较可靠，"不可教"的概率不会太高。

1997年秋季，研究生正式入学，秦先生这时已经从哈佛大学回国。这一年，建筑技术专业的研究生一共三人，两人在秦先生名下，就是我和高冬梅。我属于应届，高冬梅是清华86级本科，比我高六届（我因此一直尊称她为师姐）。秦先生也有比我们俩入学还早的研究生，但是数量少，也早在他访问哈佛大学之前就已经毕业离校了，所以后来随着秦先生的研究生多起来，我们俩就有一种"仿佛是大师兄大师姐"的感觉。

研一的课程比较多，我还担任着本科生一年级的辅导员，可以说学习和工作上都相当的紧张。而秦先生从1997年11月开始担任建筑学院院长之后，生活节奏就更是以分钟来计算。入学不久，秦先生了解到我对建筑历史尤其是乡土建筑感兴趣，同时他作为一个有眼界的学者，对于乡土组坚持做田野调查的价值和意义也有深刻认识，所以就鼓励我找一个能结合建筑技术和建筑历史的题目来写硕士论文，以便我在不脱离建筑技术这个专业范畴的同时，可以继续保持跟乡土组的老师们下乡调研的学术历练。

几经商量，秦先生把我的论文研究目标确定为"古戏台"。戏台是中国古代的一种建筑类型，而且常见于乡土聚落，所以与我在乡土组的学习工作有较好的重合度。戏台又属于中国古代剧场的组成部分，剧场在现代建筑的学科体系中则属于建筑技术色彩浓厚的部分，所以研究古戏台也大致上能纳入建筑技术的专业范畴。这么一个自选题目，自然就没有项目经费做支撑了，秦先生就动用自己的研究经费，来支持我的调研工作（其中最主要的一次，是去晋中地区调研一批建造年代比较早的戏台建筑）。

秦先生还特别建议，应该去测一测颐和园德和园大戏楼的混响特性，用科学实证的方法分析中国皇家剧场的声学效果，同时也检验一下流行说法是否正确（比如戏台藻井的"拢音"、木质地板的"加强回声"，等等），这有利于增加论文的技术含量。秦先生亲自联系了颐和园管理处，又安排了学院声学实验室的全体师生一起出动。1998年11月下旬的一天上午，我们把装满了实验设备的一辆车开进了颐和园，直抵德和园大戏楼的院门前。我们在皇家大戏楼的舞台上架起设备忙活了大半天，到下午颐和园竟然下起了大雪，把大伙儿冻得够呛。测试结束，秦先生领着我们去听鹂馆打了一顿牙祭，算是对这趟艰苦劳动的奖励。

德和园大戏楼是开放式的古代剧场。秦先生又建议，还需要测试一个封闭式的古代剧场，这样才显得工作完整，同时也有对比性。我们选择了位于北京南城虎坊桥附近的湖广会馆。湖光会馆的测试，是我自己去联系的，拿着学院办公室开的介绍信。有了测试德和园大戏楼的经验，秦先生这回就没有亲自出马，而是请声学实验室的主任燕翔老师带了一个小分队。

分析德和园大戏楼混响特性的论文，于2000年发表在《建筑史论文集》（第13辑）上。分析湖广会馆并与德和园大戏楼做对比的论文，于2001年发表在《华中建筑》上。这两篇论文都经过秦先生的反复修改和打磨，尽管直到最后仍算不上理想，但毕竟是正式发表的学术论文，也带有一些探索性（国内同时期做过类似工作的，还有同济大学王季卿教授及其研究生薛林平）。有它们打底，我算是在学术界有了最初的立脚点。在我的硕士学位论文和后来的博士学位论文里，这项工作也属于有特色而且比较"实"的部分，对答辩通过起到了重要作用。

戏台是一种古代建筑类型。为了搞清楚其中的结构和构造，就不得不学习和掌握那些"生僻艰涩"的古建筑专用名词。这个过程挺乏味的，但是秦先生用他在自家餐厅里组织的师门聚会，让我体会到了通过学习和思考将知识打通的"思维体操"乐趣。相比之下，花时间熟记一些古建筑名词，只不过是得到这些乐趣的一点小代价而已。

秦先生在自家餐厅组织师门聚会，大概是从1998年的秋天开始的。这时候秦先生名下的研究生已经增加到五六人，每周或隔周一次的聚会，就成为秦先生指导学生们的一种主要方式。另一种主要方式是修改论文，不管是硕士学位论文还是博士学位论文，秦先生都会亲自修改多轮；我的论文是关于古戏台的，里面有好些是秦先生本人并不熟悉的古建筑专业知识，但是他也认真消化和仔细修改。

我读硕士研究生的那几年，秦门聚会主要是在清华西北小区内秦先生的家里。这是个小三居，有一个面积不大的餐厅。我们的师生聚会就在这个小餐厅里进行。每次聚会，只要几个研究生围着餐桌一落座，立刻就把它给"塞"满了。虽然很拥挤，但是很有亲密感。秦先生名下凡是参加过这里的聚会的研究生，现在回忆起来都一致认为那段时间的记忆是最美好的。这种美好，在某种程度上就是来自于空间的狭小。

相比于空间，秦先生对于聚会内容的安排和聚会氛围的设定才是更有实质意义而且更重要的因素。秦门聚会，最大的特点就是两个字：轻松。大多数情况下，是秦先生先跟同学们分享他最近一段时间的见闻和思考。秦先生的记忆力是真的好，对经历过的很多事情不但过程记得清楚，连细节都不落下。比如，他回忆自己在湖北大山里亲手把一个三线工厂从地质勘探做到建筑施工的全过程，我至今印象深刻。秦先生思维敏捷与直达本质的特点，也经常让学生们大为叹服。比如，在讨论建筑和气候的关系时，他曾经把建筑比喻成"第二层衣服"，这一下就让我们理解了气候在塑造建筑中的地位和作用——它很重要，但是又没有重要到跟衣服一样，因为毕竟是"第二层"。秦先生当了院长之后，主动或被动而经历的各种新鲜事就更多了，这就使得聚会不断有新内容，每次都让学生们感觉意犹未尽，总是期待下一次。

这么一种非正式的学术交流活动，用现在的眼光看似乎是效率不高的，因为它不够聚焦，从而不利于师生们围绕一个专门领域做持续性的挖掘和攻关。我自己在当了一名大学教师之后，也曾一度设想过，假如秦先生能把学生们都聚焦到一个领域，或许能取得更高的学术成就。现在二十多年过去了，随着人生阅历的增加，再回顾那几年的师门聚会，我又有了一些新的理解。

首先，在家里做师生交流，是来自老一辈清华学者的传统。梁、林二位先生，当年就经常在家里给学生上课（林先生因为身体原因，有时候更是直接把课开到床边）。1950年前后入学的老一辈清华人，不少都有过此等待遇，他们也经常在自己的回忆录里记下这事。同样的教学内容，在教室里讲、在饭馆里讲和在家里讲，氛围是完全不同的，所产生的效果也可能大不一样。老师的言传身教加上空间的氛围营造，带来的不仅是一次知识传递，更可能是对人生道路具有深远影响的心灵激荡。秦先生把师门聚会办到家里，是自觉或不自觉地在延续这个老传统。

其次，秦先生是以建筑技术领域，尤其是建筑声学专家的身份而就任建筑学院院长，这在客观上也要求他在接收和指导研究生时，要超越专业局限。优秀的老师看见优秀的学生，不喜爱是不可能的。建筑设计和理论，是包括建筑、城市规划和景观及建筑技术在内的大建筑学领域的"最主流"学科。来自这个学科，并且将来继续在这个学科范围内择业的学生，也是占比最大的。唯有放宽口径，才能广纳英才。

最后，秦先生在师门聚会里刻意营造的轻松感，有效地消除了学生们领域不同、题目各异所带来的疏离，同时也保护了刚刚在学生心中生根发芽的学术之苗。不管是讲哪个领域的话题，秦先生都能让大伙儿跟上他的思路并且参与其中。这种参与感，让学生们在对学术事业继续保持神圣殿堂之感的同时，也得到了及时的、具体而微的正向反馈。这种通过学习和思考而产生的实实在在的获得感，是比完成一篇硕士或博士学位论文更为重要的人生体验。

1999年年底，乡土组的三位老师把我拉到楠溪江转了一圈，让我的心中燃起了今后继续从事乡土建筑研究的火苗。清华的乡土建筑研究法，讲究人文、历史和建筑的结合，这实在是太符合秦先生"思维体操"的工作模式了。"一辈子干这一件事，应该挺幸福的。"当时二十啷当岁的我，觉得人生似乎就此展开了一条康庄大道。

秦先生再一次支持了我，同时也支持了乡土组。为了给我铺平未来的学术道路，他安排我继续深化古戏台的研究，以此为题目完成我的硕士学位论文和博士学位论文。在写博士学位论义期间，我还承担了一个乡土建筑的研究课题——《蔚县古堡》。2001年，秦先生还专门抽出时间，跟我和乡土组的两位老先生一起去考察了蔚县。现在回想起来，身为院长的秦先生为这件事花费了几天时间在并不是他本人主攻的专业领域上，真是相当不易的。尽管这其中不乏他本人学术兴趣广泛、爱思考的因素，但更多的还是为了表示对我本人、对乡土组的支持和鼓励（图1）。

转眼间，我已经在乡土建筑领域耕耘了二十年，算是一个"资深"的研究人员了。既然是"资深"，也就意味着不大可能放弃这条路而改换到其他赛道。我相信，很多学者大概都有过类似的经历，就是在年轻刚出道还没有摆脱懵懂状态的时候，被前辈或牵或推地在学术之路上走了那么一小段，之后凭借这股力的惯性又走了一小段，再回头一看时，发现已经走了不短的路，也就没必要再更换了。所谓学术积累，大概就是这样一代人接着一代人地走路吧。

图1　2003年6月笔者博士学位论文答辩结束与秦先生合影

秦先生酷爱旅游，也喜欢摄影。这两个爱好，我也有。自打从事乡土建筑研究之后，我有机会去很多地方考察，其中不少都是相当有特色的"潜在旅游目的地"。在这些旅途中，我的头脑里经常冒出"要是秦先生一起来看看就好了"的想法，但是都没真正付诸实施。反而是秦先生有一次和张海亮老师约着去坝上拍秋色，想起来我也爱摄影，就把我给叫上了。那次坝上之行，是在2008年，也是我最后一次跟随秦先生出行。很多事就是这样，总觉得还有时间，等下次更合适的时机再做也不迟，现在回想起来，真是既惭愧又后悔。

纪念我的导师秦佑国先生！

留心处处皆精彩

——忆我的导师秦佑国先生

白静[1]

记得1996年秋，我在清华大学建筑学院读硕士一年级。秦先生给我们建筑技术的研究生开了一门"建筑声学"课程。当时我想："中学、大学期间我的物理就相当出色，'应付'这门课程应该没有什么问题。"但开课后，讲课内容彻底超越了我对这门课程的预想。先生从声音性质、声音叠加、声音测量、声音信号、声音模拟、几何声学、统计声学、微积分卷积、有限元等理论讲起，再讲到声学仪器操作、声学软件使用、厅堂室内音质设计、隔声降噪问题解决等实践过程，我才知道这门课程涵盖面如此广阔又如此高深莫测，立刻又紧张起来。课间，先生时常面带笑容询问大家有什么问题，并能立刻深入浅出地解答我们的疑惑。当先生知道我本科是太原工业大学建筑学专业毕业后，他马上就说道："我研究生的时候听过你们学校陈绎勤先生的建筑声学课，他是东北大学建筑系毕业的，梁思成先生的弟子……"我倍感亲切，陡然间增加了无尽的动力与向往。

1999年，国际建筑协会（UIA）第20届大会在北京召开，同期主办21世纪城市住区规划设计国际竞赛。建筑学院积极动员并组织同学们参加这个竞赛，当时我们建筑技术方向的研究生一般很少参与各种建筑设计竞赛，但我找到秦先生，说我想参加这个重要的国际设计竞赛，并想让他当我的设计导师。秦先生没有丝毫犹豫、十分爽快地同意了我的请求。大约半个月后，秦先生主动找我说："1998年特大洪水给许多城市和乡村都带来巨大灾害，21世纪的住区和自然灾害之间有什么关联？能不能以灾后重建为设计竞赛主题来进行设计呢？洪水过后，

---

1. 白静，秦佑国先生指导的1999级博士，北京佰联建筑设计有限公司总建筑师，曾任北京大学考古文博学院外聘教员。

灾民如何过冬？如何很快地重建自己的家园？这个重建过程是否能具有一定经济性且满足建筑坚固性要求，同时还要尽量缩短施工周期，装配式建筑可行吗？重建后的建筑空间随着时间的推移能具有一定的可塑性或生长性，以适应日后使用功能可能的变化和提高吗？灾后重建后，在未来还应具有一定抗击洪灾的能力，等等。"经过与先生的反复讨论、资料分析、实地调研，最终我们提交的设计作品获得第20届国际建筑协会（UIA）住宅设计大奖。多年之后同学聚会时，先生也常常谈及这次竞赛。

同年秋天，我读先生的博士研究生。先生给我们开设了"科学、艺术与建筑"课程，并邀请历史地理、人文艺术等方面的著名学者给我们讲各种专题，比如，有李学勤先生的夏商周断代研究、有胡兆量先生的地理与性格杂谈、徐蘋芳先生的颐和园重建历史观等，有意思极了。先生在平日里不定期还给我们组织学术沙龙。这样的沙龙，有时在先生家里，有时在他的办公室，也有时在咖啡馆。一般情况下，先生都有精心选择和准备好的幻灯片或PPT。每次看到这些精美、意趣深远的画面，听到先生精辟而独到的讲述和分析时，我们都赞叹先生涵盖了人文历史、科学进步、技术更迭、社会发展的人文技术观。记得有一次在先生家里书架上看到一个砂岩色的人物小雕像，我们便问先生这雕像的来头。先生便反问我们："你们看看这是什么时候、什么地方的东西？"随后，他便神采奕奕地开始讲中国历史上"五胡入华"那一段，并提示大家要从那个胡人小雕像上看他的身材、看比例、看衣着、看帽子、看长相，看胡子、看配饰、看民族，也要看材质、看工艺、看造像、看创作、看思想……胡人小雕像的衣着厚实，比例敦实浑圆，表情憨厚朴实，能看得出这个小胡人的身体很健康嘛……这一下子，就将我们带回到那段历史场景当中去了。

作为江苏省扬州中学的知名校友，先生被邀请为母校百年校庆做规划、建筑和景观提升设计工作。扬州中学知名校友诸多，有国家领导人江泽民、胡乔木，文学家朱自清，数学家王元，建筑家吴良镛，有院士三十多位。先生十分重视为母校百年校庆做工作的机会，当时邀请了王丽方、刘念雄等学院教授，我也有幸参与其中。先生带队，现场踏勘调研，分析探讨校园建筑空间、景观环境的提升方案，各位教授娓娓道来、合情合理、至善至美、不尽风华。先生说，在校园晨读的时刻仿佛就在昨天,学校旁的老旧书店是他常常光顾的地方。当时,扬州中学教师认为先生的理科最为出色,建议他学理科,而先生说他尤爱人文历史,并感悟人生看似缤纷繁杂,实则朴素简单。与先生相处,简简单单,但处处使我受益。

2000年年底,我的博士学位论文要选题、开题了。我翻阅各种期刊,查阅各种索引文献论文,绞尽脑汁寻找论题,均没有最终确定下来。当时,先生开导我说:"不一定非要局限在现有的论题当中,可以独创一个论题范围嘛。建筑设计媒介就是一个很好的论题,之前罕有人系统地分析和研究过。"先生建议我可以深入思考一下这个论题。当时,我一头雾水,根本不知道其中原委和真正意义。随即我便开始收集整理资料,对大量英文资料的阅读和思考几乎耗尽了我的所有时间。记得有一次我骑自行车去国家图书馆的路上,遇上同样在论文写作状态的刘畅同学,他便带我到国图珍藏室,看"样式雷"珍品图样,给我讲"样式雷""烫样"的分类体例,解读图样中的数字标注说明。之后,在我和先生谈及"样式雷"之于中国古典传统建筑营造过程及作用时,先生马上提醒我:"还有'算房高'!"这些都让我对历史中的建筑和营造有了深入的认识和理解。这段时光现在看来弥足珍贵,而这个过程实则是我个人最重要的一个成长阶段。时至今日,建筑设计媒介与历史传统建筑营造还是我一直思索的一个范畴。

之后很长一段时间,先生时常引导和帮助我明确论文主题的出发点:建筑建造是一件多个人配合才能完成的事情。中西历史上、古往今来,在没有建筑图纸情况下,建筑过程是一种什么情况;有了建筑图纸后,又是一种什么情况;现在计算机辅助建筑设计可以进行虚拟建造,建筑又有什么新变化,如此等等。先生总是思路开阔、思维缜密而又不失生动活泼,具有深刻的历史艺术、人文技术观。惯常被人视而不见的一种信息传递方式,即媒介,实则在人类活动和建筑活动历史中起着隐形的、巨大的和基础性的作用,甚至从根本上决定和影响着人类自身和建筑发展的历史轨迹。论文初稿完成后,先生即使在出差的路上都带着我的论文,帮我亲笔修改、字斟句酌,甚至大幅调整诸多章节结构,梳理论文脉络,突出论文主题。最终,我的论文被评为清华大学优秀博士学位论文(图1)。多年之后,先生还是常常引以为豪,还是常常提及建筑设计媒介与建筑这个话题。

图1　2002年12月2日，论文答辩结束后集体合影（右四为我的导师秦佑国先生）

先生喜欢诗词，也写过很多诗句，每每读到都是一种享受。记得2013年年底为庆祝先生七十岁的生日，我思来想去，决定写一首诗"以投先生所好"，也想祝愿同门能追随先生的人格与思想。诗是这样的："秦门文章铭，师道载物心。癸甲鬓发白，巳年思语静。"先生见后十分开心，那天先生和大家聊得很晚。不幸的是，2021年2月24日，我的导师秦佑国先生在北京与世长辞，但先生给我们留下了极其珍贵的精神财富。先生的音容笑貌、神采奕奕的样子以及其技术理性、人文视野总是浮现在我的脑海之中。处处可留心，处处需辨析，处处善思考，处处皆精彩。

2022年2月于北京

缅怀恩师　传承薪火

韩慧卿[1]

秦先生集教育家与专家于一身，在建筑教育与建筑学等领域有广泛的涉猎和显著的成果。秦先生担任导师指导我做的主要是"建筑工艺"专题的研究，属于"建筑科技与建筑艺术"大领域，是响应20世纪90年代他最早倡议与呼吁的"中国建筑已经到了必须变更基本技术体系的时候了""中国建筑呼唤精致性设计"，以及结合他推荐的肯尼思·弗兰普敦（Kenneth Frampton）先生的 *Studies in Tectonic Culture*（《建构文化研究》）的研究。我是秦先生在这个领域带的第一个研究生，从基础理论研究开头，也一直在坚守与发展这个领域。

秦先生是我的两任导师，第一任是1999—2006年清华大学建筑学院直读博士的导师，我是他的第一位直读博士，博士学位论文是《建筑工艺论》，第二任是2010—2012年北京市建筑设计研究院博士后工作站和清华大学建筑学院博士后流动站联合培养的建筑学博士后的导师，我是北京建院第一位博士后，研究课题是《现代建筑设计控制系统研究》。此外，从博士毕业后，秦先生推荐我到了北京建院，在多项重要工程项目和科研课题中都得到秦先生的大力支持。秦先生二十余年来对我的谆谆教诲、精心指导、言传身教，至今历历在目，让我终身受益，永远感激。

2021年2月9日，我给秦先生打电话拜早年时突闻秦先生正在急救；后来，在秦先生家人、建筑学院的细心照顾之余，秦门几位弟子组成小组，联合其他同门，计划为秦先生康复、文集出版、基金成立尽绵薄之力；不想，25日清晨收到秦先生于24日深夜去世的噩耗，让人出乎意料、震惊、惋惜……尤其是第二天听

---

1. 韩慧卿，秦佑国先生指导的1999级直读博士、2010级博士后，现任北京市建筑设计研究院有限公司副总建筑师、建筑设计基础研究工作室主任。

到应老师说"秦老师和我都是不愿麻烦别人的人",在医疗资源紧张、疫情下特定医疗管理的情况下,秦先生经历了一段全靠自己家人应对的艰辛时间,真是让人痛心。怀着悲痛的心情,秦门弟子配合秦先生家人、建筑学院,为秦先生举办了告别仪式。仪式结束后,到场的弟子们在建筑学院聚集,集体商议了后续工作计划,大家既决定要把秦先生生前未完成的文集进行出版,也逐渐清晰地认识到要通过文集、基金等形式来实现对他精神的持续传承与发扬光大。

一年来,在和大家一起梳理、筹备出版《秦佑国建筑文集》《秦佑国纪念文集》的过程中,我大量地阅读了秦先生相关的资料,结合秦先生的言传身教和这些年的工作体会,在以前记忆中的秦先生之外,了解到秦先生更多的经历,更加清晰地看到了秦先生对清华大学建筑学院、中国建筑学科、中国建筑创作与城市建设的深入思考、扎实建设、重大贡献,甚至扩大到清华大学学科与院系建设、中国社会发展等多方面议题,体现了他的思想和工作科学、整体、系统、前瞻、创新、有效、影响深远的特点,也让我更深刻地理解了秦先生指导我做的"建筑工艺"专项研究与他整体工作的关系。

除了秦先生在建筑教育、建筑学、立德树人、为人处事等很多领域显著的让人敬佩的理念、创新、成就、故事之外,让我感触很深的是他的"结合[1]、交叉、融会贯通"的能力。这种能力是秦先生极为显著和可贵有益的特点,来自于和体现了秦先生温润的人文情怀、深厚的科学功底、强烈的社会责任感、执着的职业追求、赤诚的求真激情、严谨的治学态度、广博的知识视野、敏锐的学术感知、独到的视角观点、创新的勇气担当、丰富的人生阅历。

秦先生把建筑教育与对建筑学的思考结合起来,将建筑科学、技术、艺术整合起来。这既传承与发扬了梁思成先生的创系理念、对建筑学的阐释,又来源于秦先生特有的科学底蕴和开阔视野,同时对推动世纪之交及后续的清华和中国建筑教育与建筑学的发展起到重大作用。秦先生于1997—2004年担任两届建筑学院院长,对清华大学建筑教育、全国建筑教育、建筑学,进行了更深入、系统、长远的思考和建设,一方面,这是职责所在,1990—1997年担任两届建筑学院副院

---

1. 结合,即秦先生2004年2月24日在《离任述职报告》中提到的"清华建筑教育思想"的八个"结合"。

长、1996—1997年哈佛大学高级访问学者的经历也奠定了一些基础；另一方面，他以科学与综合的思维、高远与开阔的视野的特长，深入理解梁思成先生建立清华大学建筑系的历史，并在理念、院系、学制、课程等很多方面，进行了拓展，强调了"建筑学是科学与艺术的结合"[1]"建筑教育是理工和人文的结合"；他具有人文精神，将专业与社会结合，以专业工作造福使用者、百姓、社会，在教育中将知识传授与职业教育、育人结合，关注学生全面健康成长；多年来，秦先生提倡建筑技术与建筑设计和建筑创作结合，提出"建筑技术是建筑设计的元素和内容，建筑技术是建筑创作灵感的启迪和来源，建筑技术是建筑艺术和建筑美的体现和表达"；成立景观学系，将原热能系暖通空调专业纳入建筑学院，与原建筑技术教研室合并组建建筑技术科学系，努力实现梁思成先生创办建筑系时院系构成的设想；强调通识教育，强调从建筑和人文的角度讲解理工课程，开设"科学、艺术与建筑""建筑数学""建筑技术概论"等创新课程，提升新生与研究生的建筑科学与技术素养；而且，在科研、设计实践和培养研究生方面，他也开创和引领了很多具有科技内涵的重大的建筑专项研究领域和实践工作，例如建筑声学、绿色建筑、建筑工艺、建筑媒介与建筑设计、计算机集成建筑系统、医疗建筑、航空港、建筑文化、建筑安全等。创新是艰难的，在当时难以得到共识，工作艰苦地推进。但是，二十余年后，随着中国社会和建筑行业发展的一些主题和成果逐渐显现的时候，才越发验证了秦先生当时先见的洞察、前瞻的理念、深入的思考、扎实的基础建设的正确和宝贵，这些更加让众人佩服、感慨。

秦先生"建筑工艺"课题的提出也是建筑、科学、技术、艺术融合方面的典型代表之一。20世纪90年代，秦先生就最先提出"中国建筑已经到了必须变更基本技术体系的时候了"，呼吁中国建筑要提高工艺技术水准，中国建筑要"呼唤

---

1. 秦先生常常引用的几句话：①奈尔维的"无论何时何地，一个建筑物的普遍规律，它所必须满足的功能要求、建筑技术、建筑结构和艺术处理，所有这一切，都构成一个统一的整体。只有对复杂的建筑问题持肤浅的观点，才会把这个整体分划为相互分离的技术方面和艺术方面。建筑是，而且必须是技术与艺术的综合体，而并非是技术加艺术"。②《走向新建筑》的译者吴景祥先生在译序中写道："勒·柯布西埃建筑思想的形成和发展与近代科学技术的进步有密切的关系。"这句话道出了整个现代建筑运动的时代和社会背景。③吴良镛先生在《广义建筑学》一书中，曾引用法国作家福楼拜尔的预言："越往前进，艺术越要科学化，同时科学也要艺术化，两者从基底分手，回头又在塔尖结合。"

精致性设计",并提出了建筑工艺的问题、目标、解析、改进方向,引起建筑界较大反响。2001年,秦先生应邀在中国建筑学会学术年会上做主题报告《从Hi-Skill到Hi-Tech》,后续在不同杂志、学术会议等进行了相关发表,这二十多年来中国建筑设计和工程的发展很好地印证了秦先生的看法。

我非常有幸,也非常感恩,直博研读、专业成长关键的时期恰好与秦先生院长任期高度重合,在专业研究、教学议题、社会问题、为人处事等各方面,深受秦先生当时一系列创新的建筑教育理念、建筑学理念的直接的言传身教、精心指导,确定了专业方向,取得一定进展,为后续发展打下一个很好的基础,开启一个充满魅力的事业领域。秦先生的深厚学养、创新精神、率直性格、真诚热情,也成为当时支持我度过要"耐得住'寂寞'、独立进行学术性研究、基本理论创新"的艰难而又有收获的博士阶段的精神支柱之一。

1998年我大四时,获得免试直接攻读博士机会,在导师学生双向选择自主约谈环节,与秦先生的谈话是在院长办公室,这是我和秦先生第一次直接接触。开始时,我很紧张,后来,秦先生谈到很多他关于建筑学、建筑教育及若干创新课题构想,他提及的课题感觉敏锐,视角独特,逻辑很强,见解深刻,不仅让我耳目一新,而且很受教育和启发。尤其是关于建筑工艺的话题,与我一直特别关注和感兴趣的理性建筑、高技派、数字技术特别契合,引起了我的共鸣,让我对未来的学习研究生活充满希望。但同时,相对于秦先生广博的知识、这个课题的综合性和博士研究生要进行理论创新的较高要求,我又隐隐感觉到一个具有分量的课题将会面临的艰难;关于研究工作,秦先生又给了我足够的鼓励"做学问,不要怕难""我不需要你们帮我做工程,你们想做,我也可以给你们介绍机会,如果你们不想做,可以在研究生期间多读些书,深入做些研究"……两个多小时的谈话后,走出系馆,我心里的感受就像那天上午的天空一样明亮。

因为我是秦先生这个领域第一个研究生,秦先生就建议我从基础理论做起,为后续研究和实践工作打下一个基础。论文试图将建筑美学、科学、技术统一起来,建立一个相对完整的"建筑工艺"理论体系,阐释"精致建筑"认知和生成的原理和方法:建筑工艺的原理,建筑工艺的系统构成,建筑工艺的范式,从工艺发生、手工技艺、机械工艺到数字技术下集成生成工艺的演进,以及中国现代建筑精致性问题及其改善策略。

除了对博士研究的深入指导，我非常感恩秦先生给我丰富多样的交流、学习、实践的机会，尤其结合毕业后十六年来的工作经历，我后知后觉地感到当时机会的宝贵和对我成长的支持。最有特色的就是秦先生的沙龙，最早从20世纪90年代的西北小区家里、到院长办公室，再到蓝旗营家里、到道口咖啡馆，包括秦先生自己思考的、旅途所见的、参会得到的、同学们讲述的、以建筑为主线的各种信息，可以说是头脑风暴，充分交流，师门共聚，其乐融融。沙龙非常有助于我们学生拓展视野、启发思路、提升能力、全面成长（图1）。在设计实践方面，秦先生让我作为主力之一，从踏勘现场到方案设计、交标等，全面参加了几个国内知名大型医院的投标设计，做过人民大会堂小礼堂现场音质检测和分析报告等声学领域专业工作，还因此有机会到了人民大会堂屋顶俯瞰广场。在城市领域，秦先生让我参加了新南威尔士大学Nigel Dickson教授与清华大学联合城市设计studio（图2），让我参加了郑光中教授带队的《长安街：过去·现在·未来》的城市设计专题研究与出版；在数字技术领域，秦先生让我参加了他作为负责人的国家自然科学基金项目"计算机集成建筑系统（CIBS）的构想"的研究与论文发表，论文发表后，秦先生还把稿费分给我和另一位博士后一部分，虽然数目不多，但是秦先生这种认真和关怀真的是让我非常感动。从二十年后的现在看，我参加的这些议题、项目、研究在那时是非常先进的。

我临近毕业时，去征求秦先生关于工作的意见，又是一场印象极其深刻的谈话，是在秦先生南111的办公室（图3）。秦先生非常真诚坦率地以他丰富的社会经历帮我分析了几种典型情况和可能性，非常热心地给我建议，结合我还是想做设计的倾向，综合多种因素，帮我基本确定了到"工程技术实力最强"的北京建院的想法。

适逢2008年北京夏季奥运会前后，中国正逐渐走上国际舞台，建筑领域多样的国际合作给了中国同行很多启发，北京建院有了更强烈的开展系统梳理、基础研究的意识，我就从这里起步，带着从秦先生那里学习来的尤其是"建筑、技术与艺术融合"的知识、理念、方法，开始了在北京建院的设计性研究、研究性设计工作。2009年计划做博士后的时候，因为我是北京建院第一个博士后，由于缺

图1 2002年12月29日,秦先生59岁生日在蓝旗营家中

图2 2002年11月28日,秦先生在新南威尔士大学Nigel Dickson教授与清华大学联合城市设计studio中交流

图3 2006年7月10日,作者博士毕业与秦先生在建筑学院合影

少经验,我又找到秦先生取经,结合我之前的建筑工艺的研究,结合当时看未来的发展趋势,初步选取了BIM(Building Information Modeling,即建筑信息模型)主题,从创新性、科技艺术结合性、延续性等多方面来看,也确认了请秦先生做我在清华大学博士后流动站的导师,后来风云际会,换成了更为基础的"建筑设计控制系统"主题,秦先生依然给予了我大量很专业的指导,这也是对北京建院工作的一个支持。2011年,北京建院支持我成立了独特的以建筑设计与城市建设基础研究为主的直属工作室,成为建筑设计机构的创新之举,持续地在专业基础理论、建筑科技体系、行业政策咨询、重大项目设计等领域,做了大量基础科研课题、著作出版、标准编制、设计实践等工作,以微薄的力量参与中国现代建筑发展。我常常跟人讲起,这些年的工作很多起源于、来自于秦先生的理念、观点、方法、启发、培养、帮助……

时代在发展,我想起来秦先生说过,2000年曾提议在建筑设计中关注细部设计和工艺技术而不太被广泛认可;看近些年,建筑设计行业逐渐大力倡导高完成度设计、建筑科技引领、数字科技赋能,非常强调以建筑科技创新促进建筑创意创作、企业升级、产业升级,建筑行业、社会其他很多领域也逐渐发展到相当的阶段或朝向这个方向发展,这可能会给秦先生一个安慰吧(图4)。

图4 2019年12月29日,秦先生76岁生日在蓝旗营道口咖啡馆沙龙(最后一次生日沙龙)

2020年10月29日下午4点，我按约定时间准时到达秦先生家里，给秦先生送一本9月刚出版的、我参与编著的《中国传统建筑解析与传承·北京卷》，以表示对秦先生为本书编写提出的宝贵意见和建议的感谢。借着书的主题，秦先生又跟我讲起他关注的"中国现代建筑的中国表达"主题的一些观点，还是那么敏锐、睿智。不同以往的是，这次他概要讲了近年来他的病情。我当时的感受就是多么希望他能尽早查清病因、早日康复。这是我最后一次当面与秦先生交流。

2021年2月19日（秦先生转入条件稍好的病房的那天）清晨，我梦到秦先生好转，交代我要把建筑工艺领域的研究与实践工作持续做下去。我会的，这已经是我这么多年来不断坚持确定下来的工作焦点，本想等秦先生康复后见面跟他说起的……

学生韩慧卿

2022年2月9日于北京

怀念恩师秦佑国先生

李保峰 [1]

我硕士毕业后留在华中理工大学教书。20世纪90年代初，我不甘心窝在学校，于是离开学校做独立设计师。1998年在老校长邀请下重新回到学校时，发现学校已发生了重要变化：学校的新目标是办研究型大学，而我做了多年实践，对研究却全然不知。懵懂中参加了几次全国建筑教育大会，知道秦佑国先生是清华大学建筑学院的新任院长，听了几次秦先生关于清华建筑教学改革的报告，与会代表一致公认秦先生阅读广泛，具有强烈的批判精神，践行独立思考，善于跨界思维，熟悉国内外建筑教育大势，尤其是其"建筑技术与建筑学其他二级学科整合"的观点给我们留下深刻印象。当时我想，这或许就是我未来的研究方向。1999年，在云南召开的全国建筑系主任大会上，我大胆向秦先生提出了去清华跟其读博士的请求，感谢先生给了我学习的机会。去清华读博是我学术生涯的重要节点，我确立了研究方向，学会了研究方法，结交了学术朋友，拓展了学术视野。跟随秦先生读博的几年时光，令我终身受益！（图1、图2）

作为建筑学者，秦先生具有宽阔的学术视野和极强的方向判断力，他一直反对纯技术的线性思维，他提倡整合技术与规划设计，从更宏观的视角看待人居环境。我通过清华大学的博士考试后，因指标问题，秦先生建议我申请国家留学基金，先去德国Thomas Herzog工作室学习，这也是基于对建筑学前沿问题及技术与设计之整合的思考。我自己的博士学位论文虽然研究的是适应气候变化的建筑表皮，使用定量研究的方法，但最终结论是站在建筑师的视角整合技术与设计，我的论文被评为了校优秀博士学位论文，得益于秦先生的悉心指导。秦先生在20

---

1. 李保峰，秦佑国先生指导的2001级博士，现任中国建筑学会绿色建筑学术委员会副主任，《新建筑》杂志社社长，华中科技大学建筑与城市规划学院教授、博士生导师，曾任华中科技大学建筑与城市规划学院院长。

图1 2004年7月14日，作者博士毕业时与秦先生合影

图2 2001年2月6日，秦先生带领弟子们参观国家大剧院工地，与设计师保罗·安德鲁（Paul Andreu）等人合影

世纪90年代就预见到，在数字化时代计算机一定会拓展传统建筑学的知识体系，我做博士研究的时候经常听秦先生讲计算机辅助设计（computer aided design，CAD）—计算机辅助制造（computer aided manufacturing，CAM）—计算机辅助建造（computer aided construction，CAC），这个概念在我心中驻留了十多年。2021年，我主持的中国土家泛博物馆项目用数字设计和机器人施工打通了设计、制造及施工的隔阂，真正做到了CAD—CAM—CAC相结合，节省了资源，提高了效率，降低了碳排放。在项目第一期竣工的学术研讨会上，我还向来宾介绍了秦先生当年的预见。

秦先生做人纯粹，眼里揉不得沙子。为戳穿某些人以空口无凭的假"记忆"试图歪曲国徽设计的谎言，他花费大量的时间寻找证据，书写文章、发表谈话，用铁一般的证据将梁先生、林先生带领清华大学营建学系设计国徽的事实昭示学界，为两位先生正名。一次，某领导在开会时说他们最早进行中国的绿色建筑研究，秦先生当即打断他，说清华在几年前就结合北京奥运会提出了中国建筑的绿色设计导则，那位领导非常尴尬，连声说："对不起，刚刚说得不准确。"进入21世纪，中国社会上出现一些假绿色、伪生态状况，针对这些状况，秦先生建议写文章予以批评，我当时作为博士生参与了这篇文章的写作，《"生态"不是漂亮话》一文发表于《建筑》2003年第1期。秦先生的学者风骨值得晚辈学习。

秦先生面相严肃，内心热情。我2004年开始担任华中科技大学建筑与城市规划学院院长，管理由两个单位合并而成的新学院，面对学术水平参差不齐且学术观点不尽一致的团队，我有些力不从心。秦先生多次与我长谈，传授在大学做院长的经验与体会，做出学科未来发展的判断，提倡"不计个人得失"的境界，告知促进学科发展的策略……

秦先生不仅对我，而且对我女儿的帮助也很大。当年，我女儿被保送北大希伯来语专业，她有些不情愿，我也无从判断。我征求先生的意见，秦先生非常肯定地说："保送北大是一个学阶证明，保送外语系，说明你英语好。希伯来语是小语种，学的人少，'物以稀为贵'。以色列国土虽小，但在国际事务中地位极为重要。"后来女儿去了北大。第二年春天，我女儿给秦先生写信，说又想出国读建筑，请先生帮她推荐大学。秦先生说哈佛、MIT、宾大都是研究生院，他推荐弗吉尼亚大学，该校是美国第三任总统、《独立宣言》起草人杰斐逊创办的。我女儿去了弗吉尼亚大学。毕业后她申请了哈佛、MIT、哥伦比亚大学和耶鲁大学的硕士资格，四所大学都给了她offer（录取通知），但给的奖学金不同，哈佛大学给的最低。我请教秦先生，秦先生说："当然去哈佛大学。你就这一个女儿，还在乎这些钱？"于是她去了哈佛大学，目前她在谷歌有着满意的工作。我们一家都很感激秦先生！

秦先生是一位有思想的行动者。

先生大学毕业后被分配到湖北阳新五三六工厂，作为全能型技术人才，从厂区规划到建筑设计，从给排水到市政建设，全部工作独自一人完成。这本身即构成了中国那段特殊时期建筑行业的缩影。

我多次亲眼见秦先生编写PPT讲义，文件中的每段文字、每幅插图、每个页面他都亲自编辑，每次讲座之前他都要针对听课对象而做相应调整。每当秦先生准备了一个新的PPT，在他给我介绍之后都会毫无保留地发给我，我的电脑中至今保留着秦先生极富思想性的PPT，我将其视为宝贵的学术财富。

21世纪前十年，我在中国一级注册建筑师考试题编写组工作，作为学校代表，我与秦先生同在理论课题小组，工作中我看到了先生认真的态度。考试题目既要实现对考生知识量的检查，又不能太偏太怪，对每个题目秦先生都要求我们认真讨论，拿捏分寸。想到高明的题目，秦先生会大声叫绝；遇到认为不妥的题目，先生绝不放过，反复斟酌，我们常常讨论到深夜。

作为全国高等学校建筑学专业教育评估委员会主任，秦先生提出"与时俱进"原则，针对中国建筑教育的变化和建筑学专业面临的新问题，先生亲自动手重新修改了评估标准，重新设计了取证及评价表，我作为评估委员，见证了秦先生为此付出的巨大努力。有一年进行东南大学建筑教育评估，秦先生是组长，我是组员，作为组长的秦先生亲自起草评审意见，组织我们逐条讨论，当发现取证点不足时，马上安排我们去复核，绝不马虎。秦先生非常关心办学晚、发展相对缓慢的建筑院系，几次评估秦先生都是主动要求去视察初次申请的院系，在评估期间秦先生与校领导谈话，宣传建筑学专业的特殊性，为这些年轻的建筑院系争取符合建筑学专业特点的政策。

2020年，为总结最近二十年的建筑设计，我准备出一本设计作品集。我想请秦先生作序，但又担心先生身体欠安（当时先生已经做了手术，正在恢复中），难以顾及拙作，没想到秦先生很快就写好了序言，一字一句均为先生亲自书写，文中对很多事情记忆之清晰实在令人钦佩！按照出版社的计划，该书可以在2021年5月正式出版，但在2月25日我们却接到了先生离世的噩耗，未能将此书当面献给先生，是为终生遗憾。

秦先生钟情教学，他在自己的众多获奖中最看重的是"良师益友"奖。秦先生多次到我院（华中科技大学）讲学，每次讲座的报告厅都爆满。秦先生观点犀利，爱恨分明，口若悬河，旁征博引，来听课的学生沉浸在思辨的享受中，不知不觉两个多小时过去。讲座后，许多学生久久不愿散去，还追着先生提问，秦先生看同学意犹未尽，便将其讲义直接留给了我们学院。

　　秦先生与我们谈论最多的是教学，他一直坚持给本科低年级学生上课，这也影响了我。多年来，我学习秦先生，无论工作多忙，一直坚持给本科一、二年级同学讲课。出于老建筑师的社会责任感，多年来秦先生一直给清华一年级非建筑学专业学生开设以建筑学为核心内容的人文素质课，秦先生多次建议我也在华中科技大学开设此类课程，并且毫无保留地将其全部PPT讲稿发给我参考。我现在可以很自豪地告慰恩师，我们建筑学院也在华中科技大学为全校开出了以"人居环境"为主题的人文素质系列课程。

　　从1998年初识秦先生至先生去世，历时二十三年，其间我受益良多，我永远感谢我的恩师！

　　在2022年虎年将至时，我坐在电脑前，逐个给微信好友发送新年祝福。当秦先生的名字在屏幕上出现时，我没犹豫，直接将祝福贺卡发了出去，真希望能跨越时空的网络、穿越阴阳两界将我的祝福送达！

2022年2月11日

缅怀恩师忆情缘

——记于2022年秦先生逝世一周年时

雷祖康[1]

2021年是不平凡的一年,这一年我们敬仰的恩师秦老师离开了我们,步入了新的旅程、开启新天地,持续以他始终秉持的热情、坚持态度,实践他的理想!如今,时光飞逝已近一年,这一年来我的内心十分地难过,始终无法面对恩师离我们远去的事实!常于夜魅之时、梦萦环绕之间,回想起过去在母校与恩师共处时的点滴时光,那种温暖、快乐的甜美滋味时时浮上心头,如此也逐渐弥补了我内心的伤痛。在此,也将所忆之事,以陈述方式书写描述,以飨读者,共同缅怀秦老师。

回忆一:巧缘机遇识恩师

本人自幼好古,喜欢关注古代历史、文字与古物。1994年在台湾建筑学硕士毕业步入教职后,有鉴于过去所学皆为现代建筑工程专业知识,在进行知识传授与科研过程中不时地关注思考如何才能将兴趣与工作相互结合的方法。1996年,我在英国纽卡斯尔大学(University of Newcastle upon Tyne)访学及多次欧陆考察后,深感文化遗产与建成环境结合的保护性工程技术科研在海峡两岸均是迫切需要。当时,我在台湾曾寻求能够开启此项科研的进修环境,由于海峡两岸皆处于经济飞速发展背景下,对于遗产保护技术研发重视度不足,因此在台湾难觅合适的进修环境。那时,由于两岸信息十分地封闭,在台湾对于大陆的众多信息难以获得,多数只能依靠传统邮件往来,以及在市面上可以见到罕见的大陆书籍知悉,我对于大陆深感神秘!

---

1. 雷祖康,秦佑国先生指导的2001级博士,现任华中科技大学建筑与城市规划学院副教授,博士生导师、硕士生导师。

直到2000年上半年,我萌生了到大陆寻求进修可能的幻想,以为到大陆进修入学方式如同欧美国家一样,需要准备好作品集、学习计划书、个人简历等材料。材料准备好后到了暑假时,我就给自己安排了一趟北京进修求学考察之旅,原本计划考察清华与北大两校,第一站自己按照地图指引好不容易摸索到了清华大学建筑学院,记得那天上午10点到了学院后,我运气很好,经学院研究生办公室接待,将我已经准备好的材料呈交给秦院长。秦老师看了材料后很感兴趣,直接请我到院长办公室面谈,我抱着兴奋、紧张、惶恐的心情步入办公室,在踏入办公室门时,房间内的简洁陈设、宁静的祥和氛围让我的心情平和甚多。此时看到温文儒雅、气宇非凡的秦老师正在忙碌地处理院务文件,他以非常客气、温润的语调请我等待些许,那时我的内心感到十分温暖,紧张感也就立刻消除了!老师忙完公务后,详细看了材料,很兴奋地与我交流,他提到了他过去也一直很关注考古,从安阳殷墟、北域长城谈到巴比伦、美索不达米亚,年轻时也曾经有过想当考古学家的梦想,我们俩的梦想与观念一拍即合!当时我也深刻感受到老师的逻辑思路清晰、语言表达明确,内心热情,对专业执着。那次交流了两个小时,老师建议我选择参加国家正式举办的港澳台考试,争取入学与申请国家教委奖学金等,不要选择境外申请入学的方式,我也允诺一定会全力以赴,不会让老师失望!因为我们相谈甚欢,那次旅程就没有再去第二站北大,而是将旅程计划临时变更为增访老师极力推荐考察的晋中北地区。返回台湾后,我白天仍在台北的大学教书,晚上照顾孩子,等到孩子晚上9点上床安睡后,苦读到半夜三更准备未来的考试。几个月后,我终于顺利地通过了入学的初试、复试,成为台湾地区首位通过大陆国家考试在清华大学建筑学院进修的全日制公费博士生,时间是2001年。

回忆二:丰富多彩宝岛行

2001年下半年与老师的一次谈话,让我获知老师有想去台湾深入参访的想法。有鉴于我在当时台湾北、中、南部建筑学界尚有熟悉的资源,因此就义不容辞地允诺全力安排。历经数月的联系,与寒假时的现场踏访交流联系,同时克服了两岸通行证件不容易办理的困难后,我终于安排妥老师在2002年3月踏上了心念已久的宝岛台湾,顺利开展为期12天的学术交流参访之行。

时间是在2002年3月12—23日。首先到访台北,参加了辅仁大学的艺术节开幕式,并在辅仁大学景观系进行"两岸城市景观交流"演讲。之后,参访了台北科技大学建筑系、淡江大学建筑系、新竹的台湾清华大学工学院、台南的成功大学建筑系与都市计划系、台中的东海大学建筑系、朝阳科技大学建筑工程系及逢甲大学建设学院建筑系等台湾地区的著名高校。秦老师在成功大学进行了"中国大陆建筑教育及建筑科技"、在东海大学进行了"科技建筑与建筑科技"的专题演讲报告。报告内容信息量大、材料多样且丰富精彩,报告过程中秦老师与在场的师生进行了非常热烈活跃的讨论交流,每回演讲结束时老师也如同明星般被在场的师生相拥拍照、签名,盛况空前!此次访问除了安排学界活动外,在建筑业界也与台湾地区的建筑学会、建筑师和建筑技师公会以及汉声杂志社进行了餐

图1　参访交流台北《汉声》杂志出版社,与杂志社黄社长(右)与吴女士(左)合影

图2　台南成功大学餐叙合影,右为台湾地区前"教育部部长"吴京先生

叙交流(图1),其间建筑界著名学者李乾朗、陆金雄、闫亚宁、林宪德、江哲民、赖荣平、傅朝卿、关华山、戚雅各、林聪德等教授皆热烈交流并热情接待老师各处参访;台湾地区前"教育部部长"吴京先生特地专程从台北南下到成功大学会见恩师(图2),由此可以得知恩师在台湾建筑界声名显赫!

在忙碌、紧凑的参访活动中,老师也到了指定造访的台北故宫博物院欣赏国宝精粹(图3),还去了阳明山公园近距离接触了尚在休眠状态的活火山地貌,参访了中山堂(图4)、鹿港老街、台南府城、日月潭、中台禅寺、东海大学教堂(图5)及

图3 参观台北故宫博物院

图4 参观台北中山堂,右为台湾科技大学郑政利教授

图5 参观台中东海大学鲁斯教堂,由贝聿铭与陈其宽建筑师合作设计

"9·21"地震纪念馆等著名建筑、名胜景点。沿途,老师不断地拍照捕捉美景,可以感受到老师对于摄影的喜爱。路途中,老师见到了不同的环境场景,总会触景生情向我描述很多往事,从小时候的艰苦生活环境到扬州中学求学的丰富经历;再到在清华读书时生活简朴,同学合资购买《英华大辞典》赠予他的趣事;以及作为知青下乡到湖北阳新邮电部五三六厂工作时如何利用假期到枣阳会见应老师的浪漫爱情故事等。由此可以感受到老师在过去面对艰难生活的过程中,具有坚韧不拔的意志、高尚情怀的追求,以及重情感、讲义气的人格特质!后来老师在回京后,也将这些回忆写成了一篇文章《我与共和国一同成长》。

回忆三:良师益友拓视野

记得在2001年建筑学院的新生开学典礼上,老师以学院院长身份向刚入学院的新人进行了内容非常丰富、视野开阔的演讲,记得演讲的内容围绕在建筑学未来发展的前沿视角论题上,内容包括:①全球化变迁对于建筑学科发展的影响;②当时国内快速城市化过程中产生的人居环境问题——因贫富差异导致的居住环境质量差异；③全球与国内的生态环保与能源短缺问题；④建筑技术产业的信息技术、工业工艺发展与新型材料技术的发展动态等论题。这些论题在当时均为非常前沿的新颖话题。然而到了二十年后的今天，仍为目前产业环境最为关注，也影响全国产业发展的重要指导方针。由此可知，恩师对于全球产业环境脉动以及国内未来发展路经的观察，具有高度敏感的辨析思考，能够脉诊当前、洞见未来！

学术沙龙，是秦门学术乐园，是每周六举行、持续不间断的学术交流活动。回忆起刚入师门的头几天，我以为这是个很严肃的聚会活动。到了周六晚，我怀着紧张的心情到了秦老师办公室，全师门伙伴聚在一起，老师以自己的见解分享生活、旅游考察、学术成果论题，气氛轻松愉快、幽默，这时候我才理解了这是个分享快乐的天地，在此乐园，可以畅所欲言、思维碰撞、相互争鸣；不分彼此、没有阶级、一律平等。每周聚会2~3小时，有时在建筑学院秦老师办公室，有时在恩师府上客餐厅举行，这一过程使得我们获得了无数新知信息，师门间的交流讨论也收到了资源结合、兴趣激发与情感交流的成效；由此，我们能深入地认识到"建筑、艺术与科学"等学科跨界知识内涵结合的广博！与"东西文化、荟萃一堂"学理融贯的精深！从老师的分享材料中，我们可以感受到老师对于艺术学、美感的深层次认识，从摄影作品中画面的构图、色彩的饱和、光线的掌握等要项，可以理解老师对于任何一张作品的严格要求。通过老师的清晰解说，也让我们快速地身临其境、陶醉其中！然而，每回聚会我们总是感觉到时光的短暂，当结束时刻到来之时，我们总是不忍结束、流连忘返！

"读万卷书，不如行万里路！"这是我在进行博士课题研究时，恩师不时提醒我的金玉良言。每当我有计划开展的科研设想时，恩师总是说道："'田野'才是真正可以挖掘新知、发掘亮点、学到无法从书本上所获知识的真实性课堂。与其坐而言，不如起而行！"博士课题科研期间，为了认识当时国内外的文化遗产保存环境的物理环境特点，我毅然背起背包以穷游方式，进行博物馆、遗址环境的现场田野测量和学术考察，共考察了海峡两岸24个省区及日本等地的150多处案例，由于后来全球环境遭受到SARS（非典型肺炎）的危害，调研计划只好中断而未能走遍全国。在进行调研过程中，可以见到文物保存环境的真实现况，也激发了再发掘可以深化探讨的新论题，开拓了书本外的新视野。返回学校后，我与恩师深入地探讨了调研过程中发现的物理环境特殊特征，恩师直接建议这论题需要进行实验，利用实验设计、控制变量方式以测量数据、探索特征差异。但是学校没有合适的实验环境，校外又有SARS威胁，这实验要如何设计与实施呢？经过恩师不断的鼓励与建议，我就干脆把宿舍房间改造成为我能操控物理环境变量的实验环境。"天无绝人之路、山不转就路转！"恩师之言，常铭于心。博士科研过程是一段漫长与艰辛之路，当发现观点突破、新获源泉时，我心中的喜悦无与伦比！但是在面对瓶颈、失败和挫折时，内心情绪又降到谷底！恩师总是在此刻及时地勉励："只要思路逻辑关系正确，'坚持'就会获得最后的胜利！"最终，我于2005年顺利完成学业、修成正果，非常感谢恩师的教导（图6）。

图6 寒窗数载、终获佳果，感念恩师栽培

后记

"刚毅坚卓""坚持不懈"是恩师言传身教的重要精神！

"海纳百川""视野拓展"是恩师时刻叮嘱的重要内涵！

从学校毕业后，我一直秉持恩师当年的教诲，将恩师的勉励精神带入了当今的教研工作环境。除了自身笃行外，我也在课堂上不断地将先生精神传授于后辈。先生之言永铭于心，成为我永恒的座右铭！虽然在清华的进修学习仅有短暂四年，但是先生的力量改变我的一生，非常感谢恩师的栽培、教诲！如今，先生已经踏上了新的旅程，可以在不同的天地秉持并传播教育理念、弘扬"爱的教育"的伟大情怀！我们也一定会坚强、坚定地秉持"自强不息、厚德载物"的清华精神，勇敢地面对未来的冲击与挑战，以宽慰先生常年挂念之心！

记于壬寅年立春　喻家山麓松茗斋

2022年1月22日

"大先生"和"真君子"

——缅怀恩师秦佑国先生

张弘[1]

转眼间恩师离开我们已经一整年，迟迟未敢动笔写些纪念文字。从1997年初识，到2001年拜入师门，二十多年来有幸能常伴先生左右，交流频繁、密切，可追忆的事情太多，竟一时不知从何说起。

毫无疑问，秦先生对我本人的影响是彻底的，说深入骨髓也不为过。在先生离开的这一年中，我的体会越发深刻，无论是授课讲学、学术辅导，还是科研实践、公共服务，处处都遗留着先生影响的痕迹和思想的光辉。

毋庸置疑，秦先生于学院、学科而言，无愧为建筑教育家、建筑学家——他既是事必躬亲、勇于担当的改革先锋，其远见卓识创造性地推动了学科的建设、发展和完善，也是渊博睿智、严谨求实的学术大师，高屋建瓴、开拓性地引领了绿色建筑、建筑信息中介系统、建筑工艺等研究方向。先生的这些成就自有学界、业界评述，我更想说的是，于学生而言，秦先生无愧为"大先生"——是传道、授业、解惑的良师益友，鞠躬尽瘁倾囊传授学生知识、思想和真理；他也无愧为"真君子"——是淡泊名利、秉持风骨的谦谦学者，言传身教倾心塑造学生品格、品行和品味。在此仅追忆对我影响极深的几件小事，作为纪念和缅怀。

因"建筑""数学"而结缘

我与先生的相识就缘于建筑数学。1997年年初，当时还在念大一的我，蹭听了一场针对研究生的学术讲座，主讲的正是刚刚从美国哈佛大学访学归来的秦先生，其名为《建筑与数学》的主题演讲给我留下了深刻印象。作为理工背景的建

---

1. 张弘，秦佑国先生指导的2001级直读博士，现任清华大学建筑学院党委副书记、副教授。

筑学新生，正处于专业迷茫期，苦于寻找建筑艺术与设计的入门之道。秦先生的讲座为我打开了另一扇窗，让我体会到基于理性研究的建筑设计与科学的魅力。先生广博的学识、睿智的洞察，以及极富激情和感染力的讲演，在我心中扎下了根。在2000年推研时，我毫不犹豫地联系了秦先生，希望能攻读博士学位。我说起四年前那场讲座对我的影响，秦先生很开心，欣然应允，就这样我顺利地成为了一名"秦门弟子"。

2010年，中央美院因为没有开设高数课，无法满足建筑学科评估的人才培养要求。时任评估委员会主任的秦先生自告奋勇，为中央美院学生开设了"讲座课"，反响强烈。联想到清华建筑学院学生对高数的轻视，他经常痛心地说："考进清华的学生数理基础都很好，丢掉了很可惜！"为此，已经退休的秦先生积极推动在清华建筑学院也开设"建筑数学"课程，替代"线性代数"作为必修课。他认为"数学是受过高等教育者的一种文化修养，是人类文明和知识体系最伟大、最重要的组成部分之一"，强调"理工类课程，要人文化讲授"，希望通过这门课"能为同学们点亮一盏灯，引导学生去寻找开启建筑与数学探索大门的钥匙"，"让我们讨论数学吧"成为该课程开设的初心。

不同于讲座课，"建筑数学"定位为16周的基础理论课，所有的课程体系与内容需要重新建设。为此，秦先生找了燕翔和我共同来组织课程，并安排我来负责"建筑与几何"部分的6讲。我作为留校不久的年轻教师第一次主讲大课，又是一门"无中生有"的新课，其压力可想而知。在长达一年时间的备课过程中，秦先生时常指导我并提供参考资料，对阶段性成果高度评价，也悉心提出针对性的修改建议，不断增强我的信心。

至今，我仍记得2012年年初第一次给200人上课的场景，秦先生在开场环节专门介绍了我的情况，并全程聆听了讲课。课后，秦先生比我还激动，兴奋地说："讲得很好，这个课找你就对了！"他还绘声绘色地示范、传授把握课堂节奏及突出重点的讲课技巧，乐在其中，完全不顾身边还有不少学生，围观着我们师徒两人的复盘、演练。那个学期我讲的每堂课，秦先生都全程听讲，还不时地做笔记，课后与我讨论，让我获益匪浅。至今上课时，我仍能清晰回忆起先生指导的点点滴滴（图1）。在秦先生的鼓励下，从2017年春开始，我作为课程

图1 2015年，秦先生在"建筑数学"课间答疑

负责人独立承担起该课程的教学工作，并着手教材编写。先生时常挂心，病重期间仍悉心指导，还为书稿作了序。遗憾的是，教材内容几易其稿，至今仍未能付印，无以告慰秦先生。

除了"建筑数学"，秦先生还先后创设了学院第一门博士理论课"科学、艺术与建筑"、第一门文化素质核心课"建筑与技术"、第一门新生导引课"建筑的文化理解"，以及"建筑细部""建筑技术概论"等一系列全新课程，直到病重入院前，仍坚持讲课，影响了一代又一代清华学子，无愧为"良师益友"！自入职以来，我从秦先生手里还接手过"房屋建筑学""建筑概论""建筑实习"等多门课程。随着教学改革和工作量调整，如今这些课已陆续交付他人讲授，唯独保留了"建筑数学"课，因为它承载了太多先生的心血和期盼，每页PPT都凝结了我与先生交流的点滴印迹，真心舍不得！

因"完人""匠人"而授业

与大多数同门按兴趣自主选择研究方向和论文选题不同，在整个博士培养过程中，我很幸运地跟随秦先生参与了一系列具有开创性意义的课题研究。例如，绿色住宅评价及绿色奥运等评价标准研究，以建筑信息系统为核心的建筑范式研究等，先生高屋建瓴的学术思想、观点和框架传承至今，成为了我的主要研究方向和领域。回顾先生对我学术发展的影响，个人认为最为深刻的却是他在五三六厂参加三线建设的实践经历及之后的系统性思考。

每次聊到那段经历，秦先生总是谈兴很浓，滔滔不绝地讲述他当年的书生意气，在战天斗地氛围中大展拳脚的畅快淋漓。很难想象，作为一名刚刚毕业的大学生，先生负责完成整个厂区的选址和规划、单体方案、建筑、结构、给排水、暖通、电气全专业施工图设计及施工管理和施工配合，所面临的压力和挑战，以及所需要付出的心血和努力。在秦先生的描述中，像绘制变截面风管展开加工图、放样试制预制构件、手工完成复杂结构计算等难题，都成为了专业学习和建筑实践的乐趣。先生的这段经历，让我心生羡慕，做"真正意义上的建筑大匠，掌握建设全专业和全过程，兼具完人特性和匠人特性"的实践初心即源于此。可以说二十多年来，我参与的实践和设计、教学都在试图传承和复刻这一模式。

最早的实践机会是2011年启动的第一届中国国际太阳能十项全能竞赛——一个融合了绿色、BIM及装配式等建筑技术，涵盖市场、策划、设计、建造及运维全过程的实践类竞赛。在这个项目里，作为执行负责人的我和学生团队真正体验到了像秦先生在五三六厂时那样的畅快淋漓。两年时间，我们每天除了上课、会议，其余工作时间都扎在建造工地，与工人一起探讨技术细节，研发装配式快速拆装节点、智能控制系统，创新试制可变太阳能支架、光伏百叶等技术和产品，忙得不亦乐乎。其间数次邀请秦先生现场指导，他总会说起"完人"和"匠人"的观点。用先生的话来说："能有这样的实践机会很难得！"

对于这样的机会，我很珍惜，在之后也做了不少类似的实践，尤其是在乡村建设中，我越来越意识到建筑师回归"建筑大匠"的必要性和重要意义。如今，依托乡村振兴工作站平台，越来越多的博士生、硕士生和本科生参与其中，也拥有了这样"难得"的实践机会，能够从全专业、全过程的视角，完整学习、参与甚至"主导"实践项目。看着一个个学生方案从设计概念到真正落地建成，看到一个个懵懂的学生体验到作为一名"建筑大匠"的乐趣，认识到建筑师的职业内涵，我想这就是对先生建筑实践思想和育人理念最好的传承。

因"君子"而立德

很长一段时间，学院大一新生的第一堂专业课是秦先生给讲的。我因为主管学生工作的原因，每次都会接送先生，也陪着一届又一届学生听了那么多年课。

相信这堂专业引导课对学生影响最大的是结尾部分，秦先生用陈寅恪先生在王国维墓上的"独立之精神，自由之思想"题字勉励大家，要注重品格、品行和品位的养成，"即使一事无成，也要做一名落魄的君子"。先

图2　2019年，秦先生参加清华大学建筑学院毕业典礼

生是这样说的，也是这样做的，二十多年中耳濡目染，其"真君子"的风骨和品行令我深受感动（图2）。

秦先生从不讳言出生于贫寒家境，自幼颠沛流离，小学就转学五次，其中最后一次，在10岁出头的年纪，孤身一人从上海步行回到扬州老家小学继续念书，其意志可见一斑。每次提到考入清华后，受到同学们的资助和鼓励，秦先生都心怀感激，尤其对赵大壮先生赠送英文字典的事念念不忘，其扉页的题字"穷且益坚，不坠青云之志"可以说是秦先生君子风骨的最好写照。

先生一生淡泊名利，从不追求财富和物质享受。记得我博士刚入学第一次跟秦先生面谈，他就提到行政工作繁忙，所以不做项目，在经济上没法给予学生支持，开玩笑说"希望你能自谋生路"。之后的情况也确实如此，秦先生更多地把慕名委托来的项目推荐给了合适的团队和老师。因为选题关系，我幸运地参与了秦先生主持的国家自然科学基金项目。在基金研究结题时，总计12万元的课题经费剩余了2万多元，先生专门交代我去财务办理退款手续。我清晰地记得当时财务老师惊讶的表情，反复念叨从来没有遇到过类似情况，好心提醒可以将该笔结余经费转为科研发展金，用于后续研究工作。但秦先生坚持认为课题已经结题，不该继续占用公共资源，退回国家，用于其他研究项目能更好地发挥作用。就这样，钱被退了回去。

秦先生平时除了买书，基本没有什么花销，至今办公室的电脑还是2000年时我帮着配置的。每次打开电脑翻查先生资料，看到老旧的显示器、键盘、鼠标，尤其是看到迟滞的Windows XP开机画面，我都会莫名心酸。先生离世前最后一张

照片是在病房吃饭时，我请护工帮忙拍的。先生身上依然穿着那件熟悉的、陪伴了自己多年的灰色羽绒服（图3）。先生不在自己身上花钱，但得知学生遇到困难时，却会用积攒的工资倾囊相助。有一次，一位同门亲人患了重病，我看到了发起的点滴筹就转到了师门群里。秦先生看到了当即给我打电话，说不会在网上操作捐款，打算用银行转账的方式给学生直接打过去，还特意嘱咐我不要声张。

秦先生去世后，应老师及家人提出先生在学校账户中还留有一些经费，希望能遵照先生遗愿，资助困难学生完成学业。如今，留存的两笔经费已转到了我的名下代为管理，分别是研究生经费69 238.95元和科研发展金579 556.19元。由于学校财务制度限制，无法将该部分经费直接转为

图3　秦先生生前的最后一张照片（护工文李平摄于清华长庚医院）

捐赠款设立奖学金，经师门协商，这些钱就作为出版和会议基金，支持文集出版及追思、研讨等活动。同时，在师门内部发起募捐，筹集了108.1万元资金，在清华教育基金会创立了"秦佑国建筑教育奖励金"的留本基金项目，设立"清华校友——秦佑国奖学金"，用于支持像先生那样"穷且益坚"的莘莘学子，传承先生的君子风骨和青云之志。

因"使命""担当"而树人

说秦先生是"大先生"和"真君子"，还在于其用自身务实求真的正气，以及主动担当作为的精神，树立了师者和学者的言行榜样。先生的责任感和公心有目共睹，在强烈的使命感驱使下，他事必躬亲，认真做好每一件他认为该做的事、正确的事，从不计较个人得失。

秦先生看问题尖锐而深刻，语言犀利而精准。一方面，对于学术探讨，先生始终秉持知无不言、言无不尽的态度，不遗余力替人出谋划策，个人创见也从不吝惜予人，让人时有醍醐灌顶之感，展现出他胸襟宽阔的学者风度。另一方面，先生率真的风格有时也会让人下不来台，即使对方是"大人物"也无例外，展现出他刚正不阿的学者风骨。记得有一次我陪先生参加一个绿色建筑高端论坛，住建部副部长刚刚讲完，轮到秦先生发言时，他开篇就说："刚才部长的观点我不赞同！"先生直抒己见的个性表露无遗。于先生而言，这些都是他作为师者和学者的"使命"和"责任"，是他立德立言、无问西东的行事原则。

作为院长，秦先生同样践行着他的使命和责任。他推动建筑技术科学系和景观学系的成立，实现了梁思成先生创系时的学科架构夙愿——每每回忆到这一点，秦先生都会动容哽咽；他推动"4+2"学制改革，打通本研培养体系，培养了大批高素质专业人才；他推动赴哈佛大学、麻省理工学院高级访问学者支持计划，让包括我本人在内的几十位年轻教师终生获益。凡此种种，都是先生为学院和学科发展做出的不可磨灭的功绩，令人钦佩。但最令我难以忘怀的却是先生偶然提及的一件"小事"。

留校手续办完当天，我第一时间就约了秦先生讨教。在诸多教诲中，除了教学、科研及设计实践，先生专门提到要积极参与学院公共服务。他知道我之前一直在做学生工作，因此鼓励我继续做下去，他说："一定要敢于做正确的事，不要计较一时的得失，很多时候'吃亏是福'。做事不能太瞻前顾后，不可能让所有人满意，用心去做就好。"说到这里，先生提起一件他认为可能是做得最艰难、但又最正确的事。20世纪90年代中期任分管人事副院长时，考虑到未来人才梯队建设，秦先生坚持力推年轻教师破格晋升教授职称，不少曾经是先生的先生们只能遗憾地以副教授的身份退休。可以说秦先生的远见卓识，以及那一代老先生所做出的牺牲和贡献意义非凡，学院能有今天齐整坚实的师资结构，在很大程度上得益于此，也在一定程度上弥补了1977年恢复高考未招生的重大缺憾。

先生不经意的讲述让我心生敬畏，虽然之后再未听他提及，但至今依然记忆犹新，因为它是先生"担当""作为"品格和品行的最好注解。之后，无论是为还原国徽设计的史实过程据理力争，还是给校长写信建议创立地学系，甚至是为景观学专业合适名称的"锱铢必较",都是如此。最后一次与秦先生通话时,说到林徽因先生在人民英雄纪念碑设计中的作用被低估,他专门叮嘱说:"你们这代人要有人站出来了,要为林先生正名,要让更多的人认识到梁先生、林先生的历史功绩。"这是秦先生最后的嘱托,也是对传承的期盼,希望我们能接好先生卸下的重担——出于使命感和责任心扛了几十年的重担。

从不知从何说起,到一发不可收拾,记忆中秦先生的点滴又重新汇聚,变得无比清晰。还有太多的故事和遗憾,可惜此次不能一一述及,只能留待日后再纪念。

深切缅怀授业恩师秦佑国先生——一位名副其实的"大先生"和"真君子"!

学生张弘
2022年2月20日于清华园

我的老师秦佑国

赵敏[1]

我的老师秦佑国，是一位中国知名的教育家。在他的门下，有很多建筑业界的学术顶流，其中不乏海内外院士、院长、学科带头人，等等。我是他教过的最平凡的一个学生，可是让他费的心力却一点儿也不少。

2002年我到清华读在职研究生时，秦老师时任清华大学建筑学院院长。有幸师从秦门，受到他的感染而投身中国生态建筑领域，为我此后的工作找到了新的发力点。这是我人生的幸运。

记得在研究生论文开题后不久，我便怀上了孩子。之后的两年多，因为孩子体弱，加之工作生活应接不暇，我曾一度有放弃攻读硕士学位的想法。是秦老师鼓励我，并帮我推荐相关资料和工程实践项目，才让我在deadline之前终于赶上了毕业期的末班车。2010年，以毕业论文为蓝本，在出版《办公建筑生态技术策略》一书时，秦老师还为我的书写了序言（图1）。

几年后，我又"接受挑战"做了《中国建筑设计年度报告》的执行主编，工作内容要转向建筑评论。秦老师再次选择成全我，他是我"转向"最早的支持者之一。他拿出自己平日里积累的几个建筑方向的研究资料和自己写的

图1　秦老师为《办公建筑生态技术策略》作序

---

1. 赵敏，秦佑国先生指导的2002级工程硕士，现任北京中联环工程股份有限公司总建筑师。

文稿和我一起探讨，并花时间讲述自己对于"中国现代建筑的发展""乡村建筑振兴""中国呼唤精致建筑"，以及"适合中国当代可持续发展的生态技术"等多个方面的看法。这些宝贵的知识，让我大开眼界——原来建筑设计的研究可以涉猎那么广大的领域和空间！要知道，那时可是在十几年前，秦老师给出的话题可能到今天（21世纪20年代），还是显得很值得一聊，无不适应了"引领科技潮流""跨界""出圈儿"的当下热点话题。他告诉我，应着力写一些经过深度思考后的建筑评论，但不能满篇是"学术专有名词"，文字要通俗易懂，走建筑科普的路。

对于每个秦先生的学生来说，在清华学习到的不仅仅是学术知识，更近距离地见识到导师治学严谨、勤于思考、为人正直、有责任担当的学者风范。这种风范体现在一件件的生活琐事中，时时刻刻地教育着我们。他对每个学生的事情都会努力帮助去办，要是帮不了也会直言不讳地拒绝。还有一件事，就是我们"秦门弟子"特有的"研究生沙龙"集会，是秦先生利用休息时间为大家开的小灶，虽然因为工作原因没赶上几次，但我还是在这个"周末沙龙"里似乎看到了"孔子向其弟子们讲学"的场景（偷笑）。

高冬梅师姐回忆说："始于西北小区先生家餐桌旁的'研究生沙龙'，真正启迪了我的思维，拓宽了我的眼界。那时每周末都有一个晚上，所有的硕士研究生、博士研究生都会去先生家参加'沙龙活动'。我们围坐在餐桌旁，一边聊天讨论，一边吃喝着师母准备的小吃饮料，常常会聊到很晚。大家分享对学术热点问题的看法、论文的进展、自己的思考、遇到的问题，等等。这种时候，先生每每都有很多独到的见解，他广博的知识面、多维度多层次的思维体系，常常令我感觉茅塞顿开，佩服之至。后来沙龙人数多了，地点改到院长办公室，在这里先生经常给我们放幻灯片，有些是他在外面讲学的资料，有些是讲学或旅行时拍的照片。有一次，他兴致勃勃地给我们放他在英国拍的一些照片，建筑的、城市的，还有纯风景的，他讲到拍到一张好片子时的开心很感染我，那些照片我记得拍得特别好，缘此也种下了我对摄影的兴趣。"

"师弟"罗德胤如今已是国内乡土建筑领域比较知名的学者，秦先生是他人生中最重要的"贵人"。1997年，罗德胤本科毕业，进入秦先生门下读硕士。当时，秦先生主攻的专业是建筑声学，属于国内该领域的权威学者之一。但是他在了解到"师弟"对建筑历史尤其是乡土建筑有浓厚的兴趣之后，便鼓励罗德胤选择一个可以将建筑技术和建筑历史结合的方向来写论文，于是就有了古戏台这个研究题目。"戏台是一种古建筑类型。为了搞清楚其中的结构和构造，就不得不学习和掌握那些'生僻艰涩'的古建筑专用名词。这个过程挺乏味的。"[1]但是秦先生用他在自家餐厅里每周一次的师门聚会，让罗德胤体会到了"通过学习和思考将知识打通的'思维体操'乐趣。相比之下，花时间熟记一些古建筑名词，只不过是得到这些乐趣的一点小代价而已"[2]。

1999年年底，乡土组的三位老师把罗德胤拉到楠溪江转了一圈，让他燃起了今后继续从事乡土建筑研究的冲动火苗。"清华的乡土建筑研究法，讲究人文、历史和建筑的结合，这实在是太符合秦先生'思维体操'的工作模式了。"[3] "一辈子干这一件事，应该挺幸福的。"当时二十啷当岁的罗德胤，觉得人生似乎就此展开了一条康庄大道。在秦老师的支持下，罗德胤以古戏台为对象完成了硕士学位论文和博士学位论文，走上了兴趣与志向完美合一的精彩人生道路。

在清华大学"秦门"培养出来的人，很多人都被老师渊博的才识感染着，养成了读书的习惯。当我们遇到先生时，他已经是一位翩翩学者了，可是当年，秦老师也是一位少年！对秦老师而言，他的命运因"读书"而改变！

童年的他曾是苏北农村的一名留守儿童，小学毕业前就辗转了五个学校。初三时，个头最小的他获得唯一保送名额进入大名鼎鼎的"扬州中学"，这个经历被秦老师认为是人生重要的转折点。

扬州中学有一个很好的图书馆，青年秦佑国开始在那里阅读科普的、地理历史的、现代文学的、外国（苏联）文学的书。当时，他最喜欢看的杂志是《知识就是力量》。高二时，有一周的劳动，秦佑国被分到图书馆，有机会进到两层楼的书库里，看到了图书馆的藏书，印象深的是中华人民共和国成立前扬州中学自己的出版物。因为在图书馆劳动，和管理图书的老师熟悉了，后来，他一张借书

---

1. 罗德胤：《怀念导师秦佑国先生》，详见本书第202页。
2. 同上。
3. 罗德胤：《怀念导师秦佑国先生》，详见本书第204页。

证可以借好多本书，晚自习时就看。一次，教三角的王树槐老师晚自习时巡视，看见了，敲敲秦老师的课桌，说："晚自习，不要看闲书！"在王老师心中，学生晚自习看的书应该是为生存（考大学）的，而老师看的"闲书"只是兴趣。

高中住校，由于星期天不回家，秦老师常到街上的书店去看书，站在那里看一上午，回去吃午饭，下午再去。但由于家境贫寒，他从来没有买过书。2002年扬州中学百年校庆，秦老师回到扬州，甘泉路上的旧书店、国庆路上的新华书店和一家二层的旧书店，居然还在。

高中毕业，秦老师在班主任的指导下选择报考清华大学土建系，走上了"建筑∈（科学∪技术∪艺术）"的探索之路。大学时期的他全部靠助学金生活。大三时为了买一本心心念念的《英华大辞典》，就啃窝头晚饭不吃菜，每天省下1毛钱。同班赵大壮发现了，和其他同学一起凑钱买了本《英华大辞典》（5.20元）赠给秦老师。他在扉页上写下："秦佑国同学：穷且益坚，不坠青云之志。建七一全体同学 64.春节"。秦老师一直珍藏着这本字典。我想，多年后他做了老师，对我们这些困难的学生都乐于帮助（常常帮大家找工作，联系实习等），可能也是受益于当年的经历，想要回报社会吧。

尽管秦老师在国内外建筑声学和生态建筑领域属于最知名的专家，主持科研项目、拿奖不计其数，但他最看重的却是在外界不那么关注的清华大学"教书育人"奖。作为建筑学院的老院长，秦老师在教书育人方面有自己独到的见解（图2）。

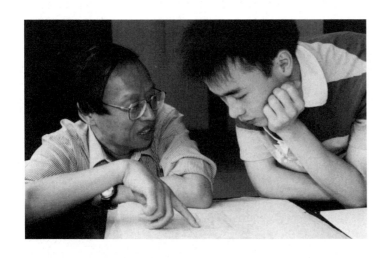

图2 秦老师指导学生

他说，大学教育不仅要讲"素质"，还要讲"气质"；不仅要讲"能力"，还要讲"修养"。讲"素质"和"能力"教育，还是有功利目的的成分，是为了培养的学生将来能做"大事"。而讲"气质"和"修养"教育，是培养学生的"为人"。学生将来能否做"大事"，不仅与大学教育有关，还和他未来的经历和机遇有关。但是，如果做不成"大事"，他还是不是一个落魄的君子呢？

1997年，秦老师开了一门课，叫"科学、艺术与建筑"，除了自己教授，还请来许多国内外知名学者为学生普及建筑及周边知识。课程内容广泛，除了建筑的理工内容，还涉及了社会学、历史学、考古学、人文地理、西方文学、现代艺术、文化遗产、美学、宗教、哲学等。其实，这些正是他自己感兴趣的读书范围。秦老师的在清华大学的教学课程中强调："理工类课程要人文性讲授。当你向学生讲一门课时，你要告诉学生，这门课在人类文明中、人类知识中的位置和作用，它是怎么发展的，是什么推动它发展，哪些人推动它发展，以及学习这门课的方法论等，而不仅仅是定理、公式、推导和现在的知识。"在清华学习时，我曾选修他的声学课，听起来一点不乏味，真是一种享受！

2021年元宵节前的一晚，秦老师突然走了。2020年年底前他最后一次过生日时，提到身体有恙住过一段时间院。春节时还在秦门同学群里给大家发资料、发摄影照片的他，就这样猝不及防地离开……我在快速脑补记忆中的他，风趣善意的恩师笑脸，坚持原则的学者气质，高屋建瓴的学术思路……越来越远。我们这些学生们怎么能接受这么残酷的现实？

师门的师兄师姐、师弟师妹们自发建立了一个云纪念馆，上传的照片、文章等资料都是秦老师和我们在一起生活工作的点点滴滴。一个好人，一个好老师，值得被记忆！张弘说："在告别时，看到秦老师静静地躺着，他走得很安详，似乎他一直都在。"这是对大家心里的抚慰。作为20世纪60年代的清华学生，秦老师起到了承上启下的作用。他组织和参加的研究生学术沙龙、新生讨论课等，都受到学生们的欢迎；他喜读书、知识渊博，还有他的朴素作风等，都使他成为学生们的榜样。也教书育人、为人师表，"捧起一颗心来，不带半根草去"，正是这样的敬业精神，让他在建筑教育领域成为一位敏锐的思想者和教育家（图3）。

图3　2018年，作者陪秦老师在清华园探望老教师

"死亡不是真正的逝去，遗忘才是永恒的消亡。"如今，我和大学同班的同学们在北京建筑大学捐赠了"90奖学金"，并走上了建筑设计课的讲台。秦老师传承给我们的爱和正直严谨的风范要继续传递下去，纪念老师最好的方式就是做一个像他那样的人，善待自己的学生，诚实地做学问，做一个堂堂正正的君子。

2022年1月29日

又深刻又朴素，又睿智又率直
——深切缅怀恩师秦佑国先生

林波荣[1]

我是秦先生的第二位博士后。记得是2003年9月，时任学院党委书记左川老师让我去她办公室，告诉我经过学院党政班子商量，决定让我交叉来秦先生这里做博士后，任务是加强建筑设计、建筑技术和建环专业的交叉融合，让我来多做一些桥梁、沟通和学科交叉探索工作，同时也担当秦老师的科研助手。左老师的通知非常突然，因为事先没有一位老师和我说过此事，也与自己认为的博士毕业之后理所当然地留在建筑环境与设备研究所当老师的想法大相径庭。然而，我当时没有犹豫就立刻答应下来了。其中的重要原因是，研究生期间种种机缘巧合，我得以全方面认识了秦先生，耳濡目染了先生的博学之才、建筑教育思想、君子之论、率真之性情，甚为折服。有机会进入秦先生门下学习，乃是幸事，很是欢欣鼓舞。

秦先生之博学，不仅体现在宽阔的大建筑学科视野，全专业全过程的丰富工程实践能力，还有锐利的工科洞察力和超前的学术方向判断力。研究生期间（2000—2004年），我与秦先生一起参与了清华和MIT、剑桥大学、东京大学等高校联合的全球可持续建筑项目（AGS），协助朱颖心老师、配合袁镔老师设计济南交通学院生态图书馆（秦先生曾给其中的声学设计做了咨询），与秦先生、袁老师、朱老师等一起在《中国房地产报》上写了一篇代表清华绿色建筑思想的文章，还协助秦先生参与聂梅生主任的《中国生态住宅技术评估手册》、后续的《绿色奥运建筑评估体系》项目……博士后期间，我协助秦先生完成的科技

---

[1]. 林波荣，秦佑国先生指导的2004级博士后，现任清华大学建筑学院副院长、教授，中国建筑学会建筑物理分会副理事长。

部"十五"国家科技攻关课题、"十一五"国家科技攻关课题，协助秦先生完成北京市科技一等奖答辩、北京新机场选址研究、中国工程院院士候选人的材料准备，以及博士后出站后留在技术所当老师，成为秦先生绿色建筑方向的学术助手，我受益良多，感激不已。无论是在领导完成多专业专家共同完成的绿色建筑评估体系的研究过程中，还是在具体项目的技术策略、构造细节、具体论文、具体工程的设计中，秦先生都体现了其知识渊博、全专业全过程工程经验丰富和善于统筹协调的能力，真诚务实，举重若轻，让各方折服。

秦先生本身博学多才，我初到门下时，秦先生还对我提出来要加强建筑设计及理论、建筑历史方面知识的要求，意思是这样子我就更全面了。因此在我博士后的第一学年，秦先生安排我去跟着大一的建筑学本科生一起上课，学习建筑设计和中西方建筑史，还有他的大一新生课；他还建议我旁听研究生期间漏掉的"科学、艺术与建筑"等建筑学课程。此外，他还让我学习吴良镛先生的《人居环境科学导论》、李道增先生的《环境行为学概论》，以及建筑技术领域的诸多著作、教材。他还勉励我不要惧怕学习新知识，要走出原来的舒适圈，善于学习、总结、触类旁通，形成自己独特的知识体系和风格。为此举例，他是1994年（51岁）才第一次涉及机场规划研究，但从第一次投标西安咸阳国际机场选址研究中标后开始，便成为了民航局的机场和航站楼设计委员会专家。同样的情况，还包括参加了一项综合医院设计后，成为了卫生部的医院专家委员会的大专家；以及20世纪90年代末期接触绿色建筑之后，成为绿色建筑领域的引路人。特别地，秦先生还把他的各种文章，包括《清华建筑教育六十年》《从宾大到清华梁思成建筑教育思想（1928—1949）》《堪培拉协议会议报告》《建筑艺术与技术》《"千城一面"与城市特色》，以及他各地讲课、讲学的课件等，都无私地拷贝给我，让我反复学习，让我从一个建筑门外汉，快速地跨入了建筑学科之门，受益良多。我至今尤其记得，中午或晚上在秦先生建筑馆南116的办公室里，我趁着秦先生不在，闲坐在其办公座椅上翻阅秦先生藏书的情形，那是多么快乐的事情。"法国作家福楼拜曾说：科学和艺术，两者在山麓分手，回头又在顶峰汇聚。"这是我博士后出站答辩PPT上向答辩专家费麟先生和栗德祥老师汇报的一个总结，也是对秦先生为我打开的一扇学科新领域之门的个人思考。

秦先生的学术严谨，是我的学习榜样。《中国生态住宅技术评估手册》和《绿色奥运建筑实施指南》、北京市《绿色建筑评价标准》的定稿，都是秦先生用红笔诠注，十几稿之后，他修订过的过程稿已在他办公室和家里书桌堆得高过了电脑显示器。有一次，秦先生突然给我打电话，原因是他希望我帮他查一下，江南养蚕业为什么在20世纪初能突破传统、实现大规模发展，其中的原因是什么？之后的1~2周，秦先生都和我一起查阅互联网和图书室的各种中外历史资料和文献，反复讨论，最终明确了是因为引入华氏温度进行蚕种场的控制，实现了控制精度提升这一原因，更有利于提高产量。类似的考证还有"谁是中国第一位女建筑师"，秦先生都是如此严谨和亲力亲为，令人钦佩。

秦先生的君子之论，率真性情，是让我极为钦佩的。我记得在2005年春节收到拜年短信的时候，就收到"祝您像秦佑国老师一样有君子之风和科学求真精神"之类的新年寄语。博士后期间，我多次陪同秦先生参与各种学术活动和研讨会，无论是绿色建筑，还是精致建造，或者是具体工程项目中探讨如何科学地实现建筑设计与技术的融合，记忆中秦先生总是直言不讳，从理论中找依据，用数据作证据，基于国情诚恳提务实建议，为行业发展谋求可持续和正确的方向。我记得在2005年，当时一个领导提到其他单位率先开展绿色建筑研究，秦先生当时就打断了他的话，说清华大学是最早开始的，主持了包括"中国生态住宅技术评估体系研究"和"绿色奥运建筑评估体系研究"，以及北京市《绿色建筑评价标准》研究等，然后哈哈一笑，说有事先离开了，如果大家有意见，让我带回去告诉他。现场虽然一时颇为尴尬，但会后各位专家表示很认可秦先生的风格。在新机场的选址专家讨论过程中，以及大兴航站楼设计方案研讨中，秦老师也是从国家高度出发，思考最好的解决方案，完全不考虑单位和个人的利益，得到民航局副局长、新机场指挥部领导和设计单位各方的高度赞誉。

而在秦老师的眼里，学生和教学是他最为看重的。多少次碰到外面的行业活动或学术交流，秦先生第一个想到的是不能耽误正常讲课。在我的印象里，他有过无数次推掉外面的活动，或者是"打飞的"提前回来备课教学的情况。我多次耳濡目染秦先生给本科生、研究生讲的各种课，可谓是"青丝白发忘年交，课时专注课间聊。探索真理常辩论，声高面赤耳发烧"，体现了秦先生的科学求真精神和"最爱教学"。此外，秦先生还特别重视学生教育中的"气质教育"和"修养"。秦先生经常说，希望教育出来的清华学生，成功时是国之栋梁，时运不济时也是谦谦君子——即"君子论"。我常常想，其实秦先生就是希望培养的学生，就像他自己吧。

  我重新打开电脑，看到里面秦先生的目录，重新翻阅了一下自2002年以来十几年间我有机会帮秦先生整理的文稿，看着秦先生文稿里的一幅幅插图、一段段义字，不禁眼角湿润——秦先生略作思考、立即微笑而爽朗地发言的画面又浮现在眼前。

  "又深刻又朴素，又睿智又率直"，正是秦先生。

  深切缅怀恩师秦佑国先生！

林波荣

2022年2月14日

纪念秦先生

覃琳[1]

> 春寒不泯林蹼踵,
> 旭阳未待三月风。
> 百尺讲坛恩容在,
> 享花犹摄清园中。
> 人文技艺多宏达,
> 事工不曲行宽容。
> 河汉有意星云亘,
> 从此先生致远游。
>
> ——悼念于2021年2月25日

一年的时间似长也短。追思,其实是对生者的安慰。

2004年,我有幸到清华大学建筑学院访学,导师是秦佑国先生。那一年距离我本科毕业就登上讲台已八年多了,但看到秦先生还总是有点紧张。那时他是院长,工作必定是繁忙的,但每半个月都会召集学生们开会,了解学生情况,并把他在外开会、讲学的内容跟大家分享。参加这个会的除了硕士、博士研究生,还有他作为本科生学业导师每年指导的两名本科生。当时,我心里把这个会称为"半月谈",基本是在晚上,小小的办公室里很多人。秦先生安排我旁听他主持的"建筑技术概论"课程,参与建筑构造课程教学改革,以及本科三年级下半期的设计课教学。设计课是与构造工艺相结合的设计教学改革实验,由姜涌老师牵头,选题标记是"结合构造工艺"。那时姜老师刚从日本回来,严谨细致地拉着

---

1. 覃琳,2004年清华大学访问学者,导师秦佑国先生。现任重庆大学建筑城规学院教授、建筑技术科学系主任。

我讨论任务书和各种细节，他执行教学任务的节奏和强度令我深深敬佩。那一年，徐卫国老师的"希望书屋"其实也属于建造（后面有很多年的拓展），还有一个古典园林、一个旧城区城市设计的选题。我一方面完成秦先生布置的明确清晰的访学"任务"，另一方面也得到了技术团队老师们的热情关照。记得当时宋晔皓老师也刚回国，带我"技术参观"了清华校园的建筑，探讨建筑的真假"双层皮"，即技术性或装饰性；我和姜涌、王丽娜两位老师一起带学生进行构造参观实习，去的是正在施工的国家大剧院工地，听施工方讲解幕墙技术、参观舞台乐池施工现场；等等。那段时光匆忙而充实，时间极有规律，有时间泡图书馆，还有幸聆听学习了栗德祥老师主持的跨年级教学的热烈研讨。那时，我查阅了国内外建筑学的教学相关文献，尝试从全局、客观地理解课程设置。最后交给秦先生的总结报告里，特别列出了对当前国内建筑教育里几个问题的探讨。恰好回去后，我在2007年开始分管建筑系的教学并参与培养计划的制订，可以参与到本科教学的建设中去。在清华园的时光，是一段难得和珍贵的光阴。

秦先生受重庆大学（以下简称"重大"）建筑城规学院邀请，于2011年、2014年两次到重大授课，讲授的仍然是"建筑技术概论"。当时，我刚开始承担研究生"工程技术理论与应用"课程，他每次来就直接"征用"了这门课，我给他当助教。几个专题中，他选了两讲放在杨宇振老师主持的《歌乐山下·嘉陵江畔》双周学术论坛开放授课。两个漫长的晚上，中间仅一次短短的休息。至今我还记得当时学院二楼多功能厅内座无虚席也无人离席的盛况，以及教室里来旁听的博士生悄悄录音的热情。这门课程在清华我是听先生讲给本科生的。他告诉我这门课从大一到博士都可听，不同学段的人有不同的收获。我理解他的意思，这正如同一本严肃的理论专著或是一本轻松的小说，也是从来不选择读者的。我眼里秦先生的教学，有两个非常明确的主旨，在多次的受教中形成了清晰的印象：一是建筑学科全局观中的技术观，二是技术与人文的合一。后面这一点是先生自己反复谈及的"技术的人文化"。孤立的技术研究或者方法手段、没有大局观的个别研究，就如同图钉只有那根针，必定无从发力。

先生受邀来重大授课的两个时段，于我而言是非常的幸运。也许因为工作经历更多后不再是当年的怯怯，能从容一点地和老师交流。课程空闲时陪老师在附近走一走，然后不经意就能在课堂上听他点评在重庆看到的建筑的建造与逻辑思辨，以及对各种细节的观点或吐槽（图1）。这期间和之后，先生也给了我一些课件，除了这门课的，还有其他的，如"建筑数学"三讲。有一天在课程间隙里，先生说，这些我给你讲一下吧。然后，他用了一个晚上的时间，给我串讲了这三讲数学。那段时间我曾陪他去探访磁器口的宝轮寺，高耸陡峭的台阶他是走"之"字形慢慢上去的，体力并不太好。但是一整晚上的课，不管是对两三百人，还是对我这一个学生，先生都精神十足（图2）。每次回想，唯怀深深的感念。

图1 行走在重庆

图2 秦先生在重庆大学授课

先生来重大讲学后，说这门课可以交给我了，其实我是接不住的——我没有办法做到他的博大与宏伟，也没有办法拷贝他的思想。相信他也不希望我简单复制他的话语。所以我是消化了他的知识框架，结合自己的实践经验，在工程技术方面尝试给学生一个全局，一个开放的"书架"，把他的专题变成了给学生的指定参考资料。先生给学生们的分享，是不是也意味着他所希望的开放性呢？他讲到的很多思辨的角度，如欧洲建筑史的两条发展脉络，源自古希腊数理哲学比例基础的"形式"与源自古罗马、并在中世纪哥特建筑中达到辉煌的围绕着工艺技术发展的"技术"脉络；以及从"Hi-Skill"到"Hi-Tech"的辩证思考，理解和讨论architecture、art 和 technology 三个词的古典含义及其相互关系。这些使得漫长的建筑发展历程绵亘至当下，呈现了一个"可持续"的连贯历史观。先生在技术教学体系中对建筑与多个方面的关联：艺术与技术、材料、光影与声音、设计媒介技术、气候与绿色等方面，都体现了历史的"纵向"与学科的"横向"，这是学养的终生积累和教育上实实在在的"纵横开阖"。

我以"建筑师的技术策略"作为研讨，把技术的全局观和思辨放进去。课程汇总链接发给秦先生，历年的课程他可以随时看到，教学探索和思路得到了先生的肯定。在重大的课程期间，更是有很多当面请教的机会，向先生汇报我的工作，聊教学的体系，聊怎么在不同课程中设定设计与技术的结合。有一天，先生说："如果你算是我的学生，在我的学生里，做教学的，你是一个。"老师的肯定是最好的鼓舞。后面有一年，先生打电话来，说："我要给中央美院讲数学，这次以后就交给其他老师了，所以是我最后一次讲了。你要是有时间，或者你们有其他年轻老师有时间，可以来听。"可惜那次未能有人成行，终是遗憾。除了教学资料的分享，先生也会分享他的一些写作，包括针砭业内时弊的文章或诗作，此外，先生还会分享他的摄影作品，特别是分享一些他汇集的宝贵的历史人物或者建筑的研究资料。先生对后辈的关心和对教学的执着令人铭记感怀。

而这样通达开放的心境，也与先生工作观念中的自主自信一致。记得那个时候，研究生论文的盲评全国尚未大规模作要求，一些学校的研究生论文送外审已经是盲送盲评了，评审专家也盲抽，我也耳闻学院曾有优秀学生被"误伤"的事情，并且学生答辩时一般来说导师要回避的。但那一年旁听秦先生和吕舟老师几个学生的毕业答辩，两位老师都全程参与，互为答辩主持人，并且秦先生说邀请的答辩专家就是之前专程拜托给学生论文指点过的。他说请答辩专家就是要请"真正能答辩学生的"业内专家，肯定具备专业选题导向的导师才应该清楚行业发展中哪些人是真正在做相关方向研究的。针对我的感慨，他还和我提到自己一位很优秀的博士，对其论文在盲评中的被"误伤"深表不理解，以及对学生成果水平的信任。这也是负责任的老师的自知与自信。同样,他还曾讲过他在建筑学专指委为建筑学专业教师评职称在论文发表认定上的努力,先生说学科差异是明显的,他肯定要努力去呼吁这个问题。而且清华大学当时就是建筑学院有单独可以认定的期刊,记得种类还不少。我想,这也是他在建筑学专指委及在学院的工作担当。敢问如果这种学术自信放在当下,有多少人或者多少应该有的担当,会"难以望其项背"?虽然大家也都开始在说"破五唯"。

2020年,杨宇振老师受《新建筑》杂志所托做"中国城市与建筑四十年"大家谈的组稿,请我问问秦先生有没有时间和精力来谈谈,因为在这个方面,他的经历就是一座宝藏。先生欣然允诺,一篇《相遇相随曲折路,初心不忘志不移》是他的回忆,是时代的刻印,也是中国建筑学教育发展的见证。他在文中提到建筑教育思想可归纳为九个"结合",核心始终是基于未来发展目标的融贯;谈到当年在引进人才受到"三无"困扰时转变对策,对年轻老师提出"博士学位清华拿,送你们到世界名校当访问学者",恰是适时、积极的学缘结构提升的变通。文末,他说:"我是一个教师。我一直钟情教学……甚感欣慰的是得到学生的认可。"他最看重的荣誉是得到"感动清华"的奖牌。他感动的不仅仅是清华,还有我们大家。

先生留下了背影,他一直都在前行。

覃琳

2022年2月缅怀于重庆

秦佑国先生周年忌辰悼祭

燕翔[1]

先师佑国先生离去一年矣,泪日阴阳两隔,追思音容犹在。

每念先生言传身教之时,渔鱼双授之景,不禁怅然惋惘,悲切哀啜。

先生智才洁雅,睿慧勤廉;为人,体薄而意坚,言无威而理就;秉政,外法而内儒,行不争之成功;治学,博广而深谨,格天地之大真。先生素朴,虚怀若谷,无意居高以叱咤;先生图治,实如其名,乃佑国兴邦之重丞。

先生所倡,正如其所践行,不仅应学富五车,德信忠义,且当气宇姿仪,修涵养量。君子乎!博闻强识,鞠躬尽瘁;君子矣!淡泊明志,宁静致远;君子也!律己宽人,甘为人梯。

筚路蓝缕,曾执一院之长,辛劳无辞;菩萨心肠,多少助他人功成富贵,慨叹茹苦!然则,不失专艺,潜心研学,得著作等身,布桃李天下,可堪陆海潘江、鸿儒硕学之大师也。

呜呼,英才竟逝!

天地苍宏,长史澜壮,人实如浩海之一粟,一生不过几朝暮尔。天下熙熙,来来往往,终浪沙淘尽。然,青史铭谁?佑国之志,丹青不渝。

吾师秦佑国先生永垂不朽!

2022年2月24日

---

1. 燕翔,秦佑国先生指导的2005级博士,现任清华大学建筑学院副教授、建筑物理实验室主任,清华大学建筑环境检测中心副主任、声学实验室主任。

秦佑国先生与医疗建筑

郝晓赛[1]

  秦先生除了是广为人知的建筑教育家和卓越建筑物理学家,在医疗建筑设计研究方面,也做出过杰出贡献。在设计院[2]从事医疗建筑设计多年后,我慕名而来拜秦先生为师攻读博士学位,成为秦先生在医疗建筑领域工作的三位弟子之一。下文记录与秦先生接触的二三事,从一名医疗建筑师与医疗建筑研究者视角谈谈先生与医疗建筑。

  二十年前在设计院工作时,我就听闻秦先生参与过医疗建筑项目设计、担任了很多重大医院项目评审专家。秦先生参加了昆明医学院第一附属医院改扩建工程可行性研究、总平面规划和病房楼方案设计后,作为专家被卫生部邀请参加了北京医院、协和医院、同仁医院、301医院、湘雅医学院附属医院、上海华山医院、武汉协和医院等二十多个医院的规划和设计方案评审。其中北京医院和协和医院是我工作的设计院承接的项目,这两个项目我都参与了,也常听同事说起秦先生。

  当工作六年后决定辞职去清华大学攻读博士学位时,我首先想的就是请秦先生担任导师;读了先生见解独到、行文风趣的文章后,更坚定了这一想法——跟秦先生做学问,该是多么令人享受!于是,2006年秋,经师兄引荐,我去清华大学建筑系馆拜见秦先生。时值全国某建筑教育类会议结束,我看到秦先生步出"王泽生厅"会场,这是我第一次见到他,他比想象中更高、更清瘦,先生神情冷峻,一头略长的银发,在一众黑衣人中,格外醒目。

---

1. 郝晓赛,秦佑国先生指导的2007级博士,医疗建筑师与医疗建筑研究者;现任北京建筑大学北建大设计中心执行副主任,建筑学院教授,建筑系主任。
2. 笔者2000年8月—2009年6月供职于中国中元国际工程有限公司医疗建筑设计研究院。

到办公室落座后,秦老师"变"成了亲切长者,他翻着我的医院建筑作品集,听我谈读博理想,问的却是现实问题:"你年龄不小了,有了自己的家庭,要想清楚,辞去工作读博,会有经济问题吗?另外,读博带给人的,从来都不是直接的钱和权,主要是素养的提升,你接受吗?"没有问题,接受。——后来我才明白,这些问答,对我这类读博人有多重要。

来年春天,确定已被清华大学录取后,我们约在万圣书园醒客咖啡见面。秦先生坐在窗帘暗影里,阳光洒在窗边的圆咖啡桌上,照亮了一本灰色封皮的书,是威廉·科克汉姆的《医学社会学》。先生说:"你买这本好好读读。可以从这个角度做你的医院建筑研究。"书我认真读了,但以当时的学养,还不足以解其中深意,所以,博士学位论文开题讨论时,我提交给先生的仍是局限于建筑学领域的医院建筑设计研究题目和提纲。秦老师略略翻了下,缓缓说道:"以你的工作经历,用这个题目完成一篇博士学位论文很容易,只是意义不大。你既然辞去工作读博,那就用这段时间做最有意义的事——那么,选题标准就不是完成它的难易程度,而是做这个研究是否有意义,如果有意义,难也要做。"

先生建议我以《医学社会学视野下的中国医院建筑研究》为题开展博士学位论文研究。由此,在先生指导下,我对医院建筑的理解与关注,从原来专业而深入的器物层面开始了迈向了人文广阔领域的第一步。毕竟,所有建筑都为人所用,医院建筑事关所有人。秦先生请来的博士学位论文评阅人、清华大学社会学系景军教授指出:"建筑设计一定会注入大量人文思考,同时体现着人们的价值观、嗜好、品味、期待,甚至欲望。"

对建筑设计开展社会文化思考需要两个学科的互动,但遗憾的是,"这两个学科的学者常常不了解对方学科的历史、理论、方法或终极关怀,而不能对话"(景军语)。由此,他认为,《医学社会学视野下的中国医院建筑研究》试图在中国语境中展开如此对话之开端,实属勇敢之举,甚至可以说是冒险。但新路毕竟需要人开辟,即便冒险也值得。否则日日行故道,年年祭荒台,学术毫无进展。

开辟新路,意味着几乎一切从零开始,四野茫茫,难觅方向。不过,除了为自己读书少而感到惭愧,在这条新路前行时我从未犹疑过。先生的胸怀与境界、高屋建瓴的言传身教、学者思辨的灵敏睿智、性情的豁达、视野的广阔和风趣准确又直率的表达，引领我在博士学位论文框架搭建、资料的收集与系统梳理、总结分析直至最后写作完成整个过程中前进，我在体会做"学问"的凝重与艰辛之外，领略了"学问"的魅力并为之所深深吸引。

建议我从医学社会学角度开展研究，也是因为秦先生忧国忧民，一直对社会问题保持敏锐的洞察与深刻的思考。在秦先生为我们博士研究生开设的"科学、艺术与建筑"这门课里，他专门请社会学系的李强教授来讲了一次课，这堂课极大地开阔了我们的学术视野。李强教授展示的"'丁字型'社会结构"研究成果，启迪了我研究医疗建筑的思路，那张"倒丁字型"社会结构图，也多次被我引用在博士学位论文、医疗建筑科普文章和"一席"演讲里。

除了学术收获，在日常接触中感受到的秦先生对学生的尊重与爱护，让人不禁直呼先生真乃"良师益友"，我辈楷模。在清华"良师益友"评选活动中，秦先生是全校获评次数最多的三个人之一，这也是他最看重的荣誉。论文写作的最后一年，我几乎每周都约秦先生指导。先生总是先安静听我讲完，再和蔼地反馈意见。多年后，当我作为老师指导学生论文时，才发现如果学生的论文汇报毫无逻辑与重点，用心听完需要极大克制，回想自己当年论文工作毫无头绪时就匆匆找秦先生汇报论文，以先生的学问、思维的深刻与犀利，怎么能让他忍受这些汇报？我由此更深深敬佩先生的耐心与礼貌。攻读博士第二年，我女儿出生，第三年我去英国伦敦访问学习，回国后闭关写论文一年，匆忙毕业，在学期间没能帮先生做些什么，他倒一直为我的个人发展提供无私帮助。比如，带我结识医院建筑领域各方人士，带我参编《绿色医院建筑评价标准》，把在全国性论坛演讲的机会让给我，还教我针对不同时长和演讲场合选取合适话题。

秦先生非常擅长演讲。任何题材，甚至像绿色建筑技术这类稍显枯燥的，他都能讲得有声有色、引人入胜，听他演讲不亚于观赏一部精彩电影。有一次雪夜，我去秦先生上课的地方找他签字，正值他为清华全校非建筑学专业本科生开设的"文化素养教育核心课——建筑的文化理解"最后一讲"中国第一位女建筑学家林徽因"，偶然见识了秦先生极受学生欢迎的一幕。

300座的大教室座无虚席，秦先生语调时而平静，时而激昂。同学们聚精会神盯着黑暗中大屏幕上的老照片，沉浸在前辈令人心胸激荡的学术往事之中，感动于秦先生在国徽设计者认定上为梁思成先生和林徽因先生正名的坚持与付出。最后,秦先生用"谨以此讲座缅怀林徽因先生"结束了整堂课,向学生道别。感人的一幕出现了,在没有任何统一号令下,全体学生齐齐起立,瞬时爆发出雷鸣般的掌声;先生颔首致谢,然而学生仍不散去,仍站立鼓掌,就这样,先生接连致谢三次,掌声才渐渐平息。

除了擅长表达,秦先生极为犀利、极具洞察力也是公认的。他总能用简洁的三言两语直指要害,顺着他给的方向,很快能"挖"到宝藏。记得我从英国伦敦访学回来找先生汇报工作,谈到自己在写一篇荷兰医疗建筑的考察见闻,他叮嘱我别写成考察记录,要尝试用博士论文的研究视角分析素材、形成观点,令人茅塞顿开。这是我首次写文投稿《建筑学报》,居然很快被录用,10月份投稿、次年2月份刊出,且全稿只改动一处——补充解释了一个医院建筑领域常用词。这篇文章后来也成了我博士学位论文的组成部分。

毕业后,我仍常去请教先生,小到期刊论文写作,大到国家自然科学基金项目申请。受先生《中国现代建筑的中国表达》启发,我写了一篇《中国早期医院的建筑风格形式:1835—1928》,其间找先生指导多次。先生对文章贡献良多:文章研究时间止于1928年,是秦先生的观点;为了阐释当时西方人建造中式医院"不地道"的原因,他指导我研读营造学社相关文献;结语部分第2～3段,几乎是先生原话。然而当我把秦先生署为第一作者时,他执意把我改为第一作者。他说:"你在高校工作,需要这篇文章,我不需要了。"

后来工作逐渐繁重,但至少每年年末师门聚会我都会去看望秦先生。最近一次见面,秦先生很郑重地对我说:"郝晓赛,你要多读书。"已年过不惑的我,不由心生惭愧。那次人多,秦老师没来得及细说。我想起《孙权劝学》所言:"孤岂欲卿治经为博士邪!但当涉猎,见往事耳。卿言多务,孰若孤?孤常读书,自以为大有所益。"秦老师想必也是这个意思。

先生是极爱读书且会读书的,他的读书观与方法令人获益良多。在《我的读书观》里,他洋洋洒洒写了从生存出发读书的苦与从兴趣出发读书的乐,他还说:"什么(领域的)书都可以读,什么知识对建筑学都有用,什么特长都可以得到发挥。"有师妹曾请他开书单,先生说书单可以不必有,想读书,就拿起任何一本书，感兴趣、读得下去就读，否则就放下不读；读书多了，眼界自然扩大，深度自然提升。何谓读书多？先生举例，若能在校图书馆随手拿起一本书（特别专业的、特别实用的书不算，如《机电系统原理及应用》类），一看，嗯，读过，这就算读书多。

无论是教师节还是年末秦先生生日聚会，秦先生都不许我们带礼物，但我们出版的书除外。多数弟子零零星星地出书，送秦老师并赠同门，有位师兄几乎年年都拎着若干本装帧精美的著作送给秦老师，我羡慕极了。终于，毕业六年后，我也有书可以送给先生了，先是译著《建筑养成记》，再是将博士学位论文改写成的《再造医院：医学社会影响下的中国医院建筑》，以及《设计之外：从社会角度考量医疗建筑》。

除了著作，围绕社会热议的医疗建筑话题，我也应邀写了些科普文章，引起了社会多方人士共鸣后，受邀到"一席"、TEDx等平台演讲。2020年春，同门把我的"一席"演讲《什么是好的医疗建筑》转发到秦先生弟子微信群，先生回复道："郝晓赛：你的讲座很好！当年你博士学位论文选题《医学社会学视野下的中国医院建筑研究》和到英国伦敦South Bank大学[1]访学研究为此垫了底。那本《医学社会学》还在我书架上。"

至此，我内心隐约的不安终于放下了——做博士学位论文研究以来，我曾无数次想，若换个比我基础好的研究生做这个题目，他（或她）做出的成果一定比我的优秀很多。我回复秦先生："2007年到现在，我一直沿着您指引的方向思考，总担心自己搞砸了《医学社会学视野下的中国医院建筑研究》这个好题目。从迷茫到逐渐清晰，越来越理解您的远见！"

从医疗建筑师到医疗建筑研究者、高校教师，在人生岔路口觅得良师指引，此生何其有幸。跟秦先生读博，收获的远不止一段美好的求学时光，秦先生为我打开了通向广阔天地的一扇门，这段经历也激励我不畏险阻、勇敢去做最有价值的事情。如果说我能在医疗建筑领域取得一点点成绩，一定要感谢秦先生的培养。秦先生在医疗建筑领域的贡献，不仅在于他完成了多少项医院建筑设计、服务

---

1. 即伦敦南岸大学（London South Bank University）。

图1 2020年1月，秦先生在"清华生医药学院校友跨界论坛：健康管理与医疗建设专场"发言

图2 2020年1月，秦先生与我、梁建岚共同出席"清华生医药学院校友跨界论坛：健康管理与医疗建设专场"

了一方民众，还在于他指引着弟子从更深的认知层面、从社会角度思考医院建筑设计的价值，思考的成果也因此能在更广阔的范围、更长的时间维度里更有效地影响更多医院建设，继而推动更多问题的解决，服务更多人的需求（图1、图2）。

认识先生十五载，值得写下的，远不止这么多；从秦先生那里学到的，也远不止在学术领域；人生十五载因有先生而弥足珍贵。为人，为师，为学，秦先生永远是我辈楷模。我永远记得先生，永远缅怀秦先生。

2022年2月3日

忆秦佑国先生二三事

朱宁[1]

我是2009年进入秦先生门下攻读博士的，2014年博士毕业，目前在清华大学建筑学院任教。选择这条人生之路，除了自己的志趣爱好之外，也受秦先生言传身教深深影响。可忆之事甚多，篇幅所限，选印象极为深刻的三次聊天，与读者分享我师的谆谆教诲。

秦先生第一次给我人生以指导，其实是我还未进入师门之前，当时跟随学院宋晔皓老师攻读硕士，对学术研究有很强的渴望，希望继续攻读博士，在高校任教，在专业上发展；同时，因为做过几年思想政治辅导员，还参与过一次研究生暑期挂职锻炼，对于行政管理工作岗位也很有期待。面对人生路径的选择，宋老师建议我去找秦先生问问。其时，我未曾向秦先生单独面对面请教过，约到时间进入办公室，我的心情还是很紧张的。我向秦先生表达了之前的就业发展想法后，秦先生问了问我感兴趣的研究，又问了问参加暑期挂职锻炼的感受。秦先生并没有给出明确的选择结论，而是给了我一个反思的边界条件："无论做哪一行，都是跟人打交道，都是融入环境，你觉得你更愿意融入哪个环境，和哪一群人共事呢？"这个问题问出来，我瞬间觉得醍醐灌顶。做教师这个选择我至今都未曾后悔，尽管大家都会觉得一枚"青椒"很累，但我会一直以秦先生问的这句话激励自己：各行各业都很累，但我在我喜欢的环境里，与一群有共同目标的人共事，这是其他工作都无法替代的。

进入师门后，就会有很多很多次的聊天，尤其是开始写博士学位论文之后，一般我写好一部分就会约秦先生当面请教一次。秦先生因为了解我对建筑技术中的建造方向非常有兴趣，而且很希望将建造融入更广泛的工业体系中，所以非常支持我对制造业相关的技术体系进行探索。我们经过几回讨论，将题目锁定在《"造屋"与"造物"——制造业视野下的建造过程研究》。

---

1. 朱宁，秦佑国先生指导的2009级博士，现任清华大学建筑学院副教授。

在一次讨论中，我们讨论到"竞争"与"兼容"的区别，也就是类似汽车早期追求相对单一的速度目标和建筑追求功能、审美、经济性之间的多目标平衡，二者的区别。秦先生提出我要去论证"建造"和"制造"是否能归纳为同一个框架，使用同类的要素；而形成"建造"和"制造"的区别，只是要素权重不同而已。在接下来的写作过程中，伴随的是一个知识爆炸的过程，同时也是一个哲学思辨的过程，尽管很多现代主义建筑师都提出了"像造汽车一样造房子"，但深挖下去，其实两个体系的本质差别会越辩越清。

秦先生指导博士做研究的基本观点很明确，他坚持认为这并非一个"出题—解题"的简单逻辑，也就是博士学位论文不是小论文的集合（哪怕小论文学术水平再高），而是通过拓展知识体系，建立阐释建筑学基本问题的独特逻辑视角，并且以这个视角清晰地提出重要学科问题，以至于成为任教后可以独立开展的科研领域。

即使毕业后，秦先生也不断关注着我们每个人的发展方向，也会在不多的来办公室的时间，对我们当前的研究方向做一些评论和讨论。做博士后的时候（2015年），我有一次偶然在秦先生办公室等人，他跟我聊起来，说我所研究的老旧小区住宅改造技术方向非常好，是国家和城市未来几年很重要的领域，也特别承接我博士学位论文研究内容的实际应用；我很惊讶，秦先生竟一直关注我在做什么。我更惊讶的是，秦先生提到各种国家政策及各类住宅问题，就如同做过文献综述一样的全面，这应该说明了秦先生也确实长期关注住宅品质和城市更新的领域。而我一开始选择老旧小区住宅改造技术，仅仅是机缘巧合深度参与了校内住宅改造项目，当时仍未坚定把它作为未来具体研究方向；秦先生如此全面的指导，让我坚定了做这个领域研究的方向。我目前在这个领域主持了一些课题，取得了一些成果，离不开这次非常珍贵的"邂逅"。

秦先生给我们这些弟子们留下来的，不仅是一堂堂深入浅出的课程，也不仅是一句句鞭辟入里的论证，还不仅是一篇篇字字珠玑的文章，更多的是每一次面谈时他的思考、他的分析、他的逻辑。我们从他身上领悟的，并不是某个领域、某个方向上的解决具体问题的方法，而是作为对社会有思考、对行业有推动、对教育有贡献的一位君子的为人之道。

2022年2月7日

愿长大后,我能成为您
——写给恩师秦爷爷

潘曦[1]

秦爷爷:

再过七天,我和您就有整整一年没见上面了。一年后,我终于能够平复心情,在您曾经待过的哈佛大学校园里回忆和您相处的一点一滴。请允许我淘气一回,用平时在私下里偷偷使用的"秦爷爷"这个称谓,因为在我心里,您远远不仅是授业恩师,更是我人生中最重要的长辈。

第一次与您相见,是在大一刚入学的时候,您和我们讲要做"君子",即便身处逆境,也要不移此心、甘做一名"落魄君子"。对于17岁的我来说,"君子"还只是一个存在于古诗、课文中的词,感觉离自己很是遥远,心想这还真是老一辈的风格啊。直到真正成为您门下学生,在您的看顾下成长,才一点点明白了您希望我们成为一个什么样的人。当初那个"老一辈"的先生,也成为了心里既崇敬、又亲近的"秦爷爷"。

今夜提笔,我不想说什么漂亮话,只想像一个孙辈那样,跟您说说我对您印象最深的几个平凡场景。您放心,您反复强调的那些大道理,我都已谨记心中,只是这些日常点滴的感受,却一直没能有机会向您诉说。

"你有男朋友了吗?"

您恐怕已经不记得了,您作为导师问我的第一个问题和学业完全无关,而是问我:"你有男朋友了吗?"当时的我脑袋嗡嗡作响,用了好几秒时间才让自己确信这个颇为"八卦"的问题是从眼前这个白发老先生嘴里问出来的。当时,我

---

1. 潘曦,秦佑国先生指导的2009级直博生,现任北京交通大学建筑与艺术学院教授。

是去找您申请保研成为您的学生,虽然事先也做了准备,却万万没想到第一个问题会是这样!

后来,我才明白您问这个问题的用意。您说自己快要退休,已经很少做横向项目了,所以这些年不打算招硕士生,只招博士生。您觉得硕士生培养更重视实践,应该把这些名额让给所里的中青年导师;而自己的情况更适合指导博士生。我申请的直博学制,一念就是五年,而且其间研究的内容非常"专",接触的圈子也会比较窄,对于女孩子来说,就需要做好学业、工作、生活的综合规划。您自豪地提起了大师姐高冬梅,说当年她就是在您的建议下先回家生了孩子,然后再开始攻读博士的。其间,她不仅表现优异,而且一年之内就通过了一级注册建筑师全部的九门考试,被称为"九门提督"。得知我的感情稳定,对学术研究也有足够的兴趣和热情之后,您才答应收我做您的弟子。

如今,我已经有了不少自己的学生,明白了身为人师的感受。您当年的那次提问绝非是"八卦",而是对一个懵懵懂懂不知世事的小丫头无比坦率地告知了她将来可能面对的一切,让她在投入人生中宝贵的五年时光前,先确认自己是否可以承受相应的影响和代价。您看似严肃的表情背后,实则是对于学生的极度负责。现在,遇到来申请咨询的学生,尤其是也想读博的那些学生,我也有样学样,像您那样把"丑话"说在前头,告诉他们,如果不是对未知世界有着求知欲和好奇心,而只是想要一个更耀眼的头衔,学术道路或许并不适合你。

"我的学生,不需要在我的学术框架里面做研究"

正式拜入师门之后,我心里很快就产生了一个疑惑。别人家的导师,师门里的师兄弟姐妹大多都研究同一个领域,大家一起研究、相互交流,其乐融融,为什么我们师门里头的研究却是五花八门?有搞声学的,有搞BIM的,有搞乡土建筑的,有搞建筑工艺的,可以说大家很少向同一本期刊投稿,也很少参加同一场学术会议。作为刚入师门的萌新,我一直没有勇气开口问这个问题,直到在一次会议上听了您的发言,才明白了其中缘由。

当时,一位与会的专家详细地讲了自己对门下弟子的安排,如何让学生们的课题相互支撑,最终积累成代表自己研究方向的重大成果。而您就像往常的无数次发言那样,毫无顾忌地起立发言:"我的观点正好相反,我的学生,不需要在我的学术框架里面做研究。"您说,您晚年的学生都是博士生,要拿的学位是"PhD",您觉得要拿到这样一个学位,要对人类的知识形成理论上的创新性贡献。您希望您的学生带着探索未知的精神,去自己真正感兴趣的领域、对自己真正感兴趣的问题开展研究,而不必拘泥于导师的学术框架。

的确,我们一众弟子就是在这种"自主性"极强的环境中成长起来的。在学生时代,这种"自助式"学习一度让我觉得孤单无助,总是羡慕别人家的学生有导师给安排好一切。而且让我颇为郁闷的一点是,您不仅放任自己的学生去做各种各样的题目,还毫不介意地把自己的思考分享给所有人。有时候我刚从您那里听到了一个精彩的观点,转头它就出现在别人家学生的论文里了。当年的我,对此很是委屈但又不敢声张。在博士选题的时候思来想去,我选了一个觉得自己有能力一个人"搞定",也愿意一个人去"搞定"的题目,一头扎进了云南的少数民族山区里(图1、图2)。

如今,我已经在乡土建筑研究的道路上走了十余年,回过头看,正

图1 博士毕业师生合影1(2014年7月,章亚莲摄)

图2 博士毕业师生合影2(2014年7月,章亚莲摄)

是这段"自助式"学习的经历让我在博士期间就有了独立发现问题、独立开展研究的能力,而这种能力对于一个学者来说,是至关重要的。这种能力,让我很幸运地在毕业执教以后平稳地完成了从学生到学者的过渡,在学术道路上思路清晰、从容不迫地前行;也因在自己喜爱的领域里耕耘而一直保有热情。同时站在一个学者的角度,我也看懂了您对于学科之间、师门内外各种边界的无视:因为您真正想做的并非一门一派之建设,而是希望每一个后辈都能找到自己喜欢并且擅长的领域去探索,让合适的问题匹配上合适的学者,于是问题能够被最好地解答,学者本身也能得到最好的发展。我不知道自己何时才能完全拥有您这般的胸襟和格局,但身为人师的我,也在努力地像您一样,为每个学生创造最好的环境。

"你有一点逃避社会"

您向来以率直闻名,又是重量级的先生,在拜入您门下后的很长一段时间里,我一直自卑地觉得我在您心中大概只是众多需要指导论文的学生中极普通的一个罢了,在您面前也非常拘谨。然而,当年的我完全错了。

有一次在办公室与您交流论文进展,您冷不丁地说了一句:"潘曦啊,我觉得,你有一点逃避社会。"您提到了我读研期间抛下学生工作,跑去做无止桥慈善基金的乡村志愿者;您提到了我在博士学位论文选题时选择了偏远的少数民族地区,常常独自背个包一走就是几星期;您还提到了师门聚会,我总是待在一旁很少说话。那一刻我才知道,您其实一直都在默默地关心我,而且您其实一直都很懂我!那一刻,我忍不住彻底破防,眼泪夺眶而出;也是从那一刻起,我真正在心里拉近了与您的距离。

卸下自己给自己制造的心防,我发现您标准的"理工男"式作风下其实有着您"秦氏风格"的温暖。您曾经一大早给我打电话,只因为看到我在《中国社会科学报》上发表了文章,特地来表扬我能在别的学科阵地输出建筑学人的观点,鼓励我要坚持开展学科交叉领域的工作。您曾经承受着高原反应,经历飞机、火车、盘山土路的长途颠簸,只为了能参加我作为设计主持人的无止桥项目的竣工典礼(图3)。您很少回复我的节日祝福短信,却总是在我需要您的意见和支持的

图3　清华、港大百年校庆无止桥竣工合影（2011年8月，甘果摄）

时候第一时间来电话或者约见面。您担心我毕业后不能很好地适应职场，却并不要求我改变自己的性格，而是告诉我别勉强去参与不想参与的事情，安安静静做学问就好。甚至在我毕业以后，您还是常常关心我的教学和科研工作，无私地跟我分享了很多资料和经验。

如今，我想告诉您，我已经不再像当年那么内向和"社恐"了。而有了您作为榜样，我更加懂得怎样和自己的学生相处。我也学着像您那样去关注同学们学习生活的方方面面，努力地发现每一个学生的特点与适合的发展方向，在担起传道授业解惑之责之外，也做他们成长道路上的陪伴者。

"如果要我浑身插满管子躺在医院里，我宁可不要那么长寿"

2016年博士后出站以后，我受学院推荐担任中国建筑学会"建筑科普"丛书的策划执行人，而您则是学会邀请的第一批作者之一。和您几次商量之后，您决定以在清华开设的课程"建筑的文化理解"的讲义作为所写分册的主要内容。这门课自2009年开始讲授，旨在培育同学们的气质和修养，是历年选课时最热门的课程之一。当时的我并不知道您的身体已经不太好,只是觉得很开心可以在毕业后再与您"合作共事",也很开心这门自己曾经助教过的课程可以成书出版。这门课虽然是面向非建筑学专业学生开设的全校性文化素质核心课,但其中包含了您对于建筑方方面面话题的很多哲思,其中很多晚年的思考并未成文发表。这些思考若能结集出版,实在是一件莫大的好事。但当时的我没有意识到,这三册小书,竟是我和您的最后一次合作。

建筑学会为这套丛书策划了诸多选题,联系邀请了建筑学各领域的多位代表学者,各分册的书稿工作陆陆续续地向前推进。在所有作者中,您是年龄最大的一位,却也是进度最快的一位。每次工作会议定下的进度节点,您总是按时甚至超前完成,作风一如您一贯以来的那样,清晰、直接、靠谱。直到2017年的下半年,我才开始感觉到了一些异样,您每次开会坐进出租车的时候越来越吃力,您时不时地跟我说因为腿疼没法去校园里拍照了,您频繁地跟我沟通书稿的各种细节,好像有些急着把书稿完成。在一次丛书的工作会议上,大家聊起了一些老先生们的身体情况,您忽然说了一句:"如果要我浑身插满管子躺在医院里,我宁可不要那么长寿。"我心里一沉,觉得您怕是有什么事没告诉我。2017年年底,您住进了医院;2018年年初,我终于从师兄那里知道您在2017年确诊了癌症,在冬天完成了一次微创手术。那时候,我一下子明白了您为什么那么急着赶稿!愧疚、自责、痛苦一下子涌上心头,但错过的一切已无法补救,我能做的只有让书稿更快更好地呈现在读者面前。很幸运,您术后恢复得不错,三册图书也在2018年4月顺利付梓,并在5月的北京建造节上举行了首发式(图4、图5)。您在现场发表了讲话,给大家签售,还饶有兴致地参观了建造节的学生作品。我陪在您身边,感到无比幸福。

可是在那之后,这样与您同行的幸福慢慢地越来越少了。2018年10月下旬赴河南城建学院讲座,是我最后一次与您出行;2019年12月29日道口咖啡聚会,是您最后一次和我们一起过生日。与此同时,您在微信上变得非常活跃,总是跟我们分享各种资讯和自己的思考,还时常小窗提问,让师门众人颇为紧张,好像是在课堂上被老师点名一般。我心里知道,您是想念我们,希望我们能更多地陪伴您。2020年冬天,您住进了医院。2021年2月24日深夜,您离开了我们去了另一个世界。

图4 《建筑的文化理解》在第三届北京建造节上举行首发式（潘曦摄）

图5 《建筑的文化理解》书影（潘曦摄）

在很长一段时间里，我对您的离去充满了不甘。我不甘心您在最后的时光里被各种管子束缚，没能如愿把它们拔掉；我不甘心24号那天我用尽了各种办法闯进病房，却没能和您说上最后一句话；我不甘心当您写的丛书被评为全国优秀科普作品的时候，证书却没法交到您的手里……

我有太多太多的不甘心，直到有一次，我习惯性地打开微信，想要向您请教问题。那一刻，在意识到您不会再回答我的同时，我心里头也跳出了一个声音，以您的方式和口吻开始分析和解决问题。那一刻，我终于释然了，我知道，您一直在我心里、在我身边，从来未曾离开，也永远不会离开。

啰嗦了那么多，今天就写到这里吧。最后，请让我学着您的样子，用一首小诗来结束，希望长大后，我能成为另一个您。

刚直笃正为君子，
两袖清风是良师。
愿以平生承汝志，
惟传风骨寄相思。

您的第66个学生：潘曦
2022年2月15日于哈佛园书斋

忆吾师

郝石盟 [1]

2004年我本科入学时，秦老师是我们的院长。在建筑系的新生之中，当然不乏感于建筑事业之浪漫，循着梁、林两位先生的足迹来的；但也有很多像我这样，不知建筑学为何物的人。对于我们这些站在建筑学的大门前，茫然不知所措的学子们，秦先生就是帮我们推开厚重门扇的第一个人。新生第一课上，一位身形清瘦、目光灼灼的教授，生动地讲解着建筑与技术和艺术的关联，就是我们当中很多人关于建筑学的最初记忆。

后来秦老师从院长的职务上退下来，我们在院里公开场合上看到秦老师的机会变少了，但不管是在本科还是研究生阶段，还会在一些专业课程的第一节课上听到他的讲座。现在回想起来，我有很多关于建筑，特别是建筑技术的基本价值观都是从秦老师的这些讲座上得来的。大三的设计课，我选了建筑建构方向的设计选题，秦老师是评图专家。一草汇报时，我们很是自鸣得意提出一些自认为"高技"的设计手段，认为自己提出的方案简直是完美，秦老师严谨且严肃地提出了很多需要再细致思考的问题，一语点醒梦中人。也许是因为这次印象太过深刻，甚至直到刚开始读博的阶段，秦老师在我心里的形象还是一位极为严肃、不苟言笑的学者。

我硕士阶段读的是城乡规划方向，2008年正是新农村规划的热潮，那时候跟着导师张悦老师做乡村地区的研究，汶川地震后又参加什邡的乡村地区的调研和援建，在这个过程中心里愈加笃定想要继续做乡村研究。那时候学院有硕转博的机会，张老师那时候还不能带博士生，就推荐我去秦老师那里继续攻读博士学位。说实话，我那时候对秦老师的严肃还是有点怕的，硬着头皮拿着自己不成熟

---

1. 郝石盟，秦佑国先生指导的2010级博士，现任北京建筑大学建筑与城市规划学院副教授。

的研究想法去找秦老师。秦老师那时候参加一个中、英、美三方联合的低碳研究课题,原本有一个研究方向是乡村低碳研究,我想如果博士能在这个方向上延续就非常理想了。但听秦老师后来转述,英方对乡村地区的选题不感兴趣,因为是三方联合研究,所以就作罢了。在我对博士研究选题陷入迷茫时,秦老师叫我过去讨论,一口气说了三个他觉得很值得研究的方向,这三个方向的具体题目我虽已印象模糊,但确实记得它们分属完全不同的领域,但秦老师对它们的理解和见地却都非常独到和深刻。"但是呢,"讨论完这三个方向之后,秦老师说,"这只是我感兴趣的题目,我尊重你们个人的兴趣和选择。"秦老师的学生们研究方向分布极广,但在这些方向上,他都能给予针对性的指导,不是泛泛的方向上的指引,而是深入的思想上的碰撞与启发。秦老师在跟我们讨论研究时从不吝于时间。在他办公室一墙的书籍之中,他总能精准地找到贴合我们各自研究领域的那些文献;新读到的会对我们有启发的学术文章,他也都会及时分享。到后来微信流行的时代,他还一直都在关注各个领域的进展,把相应的文章推送给我们,在微信群里跟学生们一起讨论对于学术话题和时事的见解。

  我的博士学位论文是关于民居气候适应性研究的,前些天我翻出一段秦老师与我讨论的录音,时长竟有两小时余。我又认真听了一次,发现我论文的逻辑架构和核心观点,正是来源于这样的讨论。在博士研究的前两年,我一直在各地做民居调研和物理环境测试,但一直苦于没能很好地从这些数据中解读出有价值的结论。在跟秦老师讨论时,他结合自己小时候在夏热冬冷地区的生活体验给我讲乡村的生活生产模式、建筑与气候的关联。在讲到热适应行为的时候,他讲到自己童年上学时在苏北农村的生活,冬季很冷,尤其是入睡前,被窝又湿又凉,那时候生活清苦,也没有别的暖和起来的办法,就跟小伙伴头脚颠倒着睡,这样能互相暖一暖。就是这样生动的一个个例子,让我对夏热冬冷地区的气候有了非常感性的认知,也让我意识到所谓气候适应性,是不能用教科书上那个狭窄的热舒适区域来解释的。秦老师还提到,事关生存是必定要做的,而只关系到舒适,人类是可以"将就"的;前者是"底线",后者有很大的"幅度"。这句话对我有着巨大的启发,沿着这条主线,不只是民居适应气候的一面有了依据,那些反气候的做法也有了解释。

我和朱宁、潘曦、董磊是师门里面的老幺们，每年负责张罗师门聚会。我们聚会地点一般就在学校南门附近那家小咖啡店，从我们开始在那儿聚会到现在，那家咖啡店几经易主，名字都改过很多个了。秦老师每年都会叮嘱大家吃完晚饭再来，并且一再地说工作忙的和家里有事的就不要过来了，怕麻烦大家。聚会时，大家一边简单吃些茶点，一边听秦老师分享诗歌和摄影，然后聊聊各自工作和生活的近况。也是在这样的师门聚会上，透过照片和诗，我们认识了一个生活清苦却又对读书极其痴迷的少年，也看到了一个与发妻挽手闲步校园的老者。

参加工作之后，我们也会去秦老师家里聊天，刚步入工作岗位时确有很多迷茫，秦老师会开解、鼓励我们。疫情之后就没能再有师门聚会了，2020年的教师节，我和朱宁带着同门们的挂念去探望秦老师，那时候他的腿脚已经不太方便了，但还是坚持下楼跟我们聊了一会儿，没想到那一面竟成了永别。秦老师入院后曾有一段时间身体状况逐渐稳定，我们还商量怎么每天轮流跟秦老师视频陪他解闷，怎知噩耗突来，痛贯心膂。

追思会上，透过先生的同事、同窗、战友的回忆，先生谦谦君子之品格、对建筑教育和学科的拳拳之忱让人动容。诚然，在我心里他依然是那位面容严肃、治学态度极为严谨的学者，但也是那位一讨论起学术问题来便眼光灵动而雀跃、对知识和真理永远渴求的穷且益坚的少年。

怀念秦老师

董磊[1]

整洁的浅色衬衣、白头发、紫红色嘴唇、坚定而又平和的音调、12英寸ThinkPad电脑、整齐的文件夹、破旧的自行车……这些记忆中的片段时常让我感觉秦老师仍然在我们身边，但在当下的宇宙时空中，他与我们分别一年了。

自我2011年作为关门弟子跟随秦先生读博，到去年的"分别"，整十年时间。其间，秦师看似平淡无奇的教诲，细细琢磨起来，充满了深刻的治学与为人的智慧。在我学术研究的一些关键节点上，更是得到了老师大力帮助，这种帮助甚至从我们未结识前就开始了，让人不得不相信缘分这个东西。

刚入建筑系时，我对设计课非常头疼，完全不得其法，一度还有过转系的想法。后来无意间在系图书馆发现了一套名叫 *El Croquis*（中文名为《建筑素描》）的大开本建筑杂志，每本都有好几斤重。我如获至宝，一边"抄方案"，一边学习如何做设计，特别是OMA（大都会建筑事务所）、MVRDV建筑规划事务所的很多设计让我找到了形态背后的生成逻辑，设计课也渐渐有了起色。另一个让我对设计课有感觉的是建筑模型，因为不擅长画透视图，我开始做大比例模型，大量时间花在了模型室，摆弄各种机器和材料。后来我才知道，系图书馆的外文书籍购置和模型室建设，正是秦老师当院长期间大力推动的。从某种程度上，秦老师无形中帮助我在建筑系顺利完成了本科学业。

刚开始跟随秦老师读博时，我在研究方向的选择上很是困惑，不知道要研究什么。可能大多数博士生都有类似的困惑，希望导师能给一个明确的题目，最好能跟着导师的项目来，或者之前师兄师姐做过类似的方向，这样入手起来要容易许多。但秦老师在第一次见我时就明确告诉我，不需要我做他的项目，建议我结

---

1. 董磊，秦佑国先生指导的2011级直读博士，北京大学研究员。

合自己经济学和物理的相关背景，在这些学科和城市规划的交叉领域找找研究方向。印象特别深刻的是，秦老师给我讲了他指导龙长才师兄研究听神经的故事，包括如何做实验来验证他们的假设，怎么邀请各个学科的老师参加答辩。最后，他还拿龙长才师兄的论文给我看，告诉我这项研究发表在了最好的物理学期刊 *Physcial Review Letters*（《物理评论快报》）上。让我开始意识到，博士学位论文最重要的是在某个点上做出突破，重要的是创新性，而不是论文的厚度（龙师兄的博士学位论文应该只有100页左右）。

后来，我无意中看到圣塔菲研究所杰弗里·维斯特（Geoffrey West）等人关于城市标度律的研究，被漂亮而简洁的结论震撼了，没想到城市中复杂的人口、经济活动、基础设施竟然可以被简单的物理规律刻画。我想基于这个主题利用中国的数据写篇小论文，并看看有无可能进一步发展成为博士学位论文题目。但我内心很犹豫，一方面是类似的研究在国内并没有一个对应的学科，我不知道自己做这个算不算"建筑技术科学方向"的博士应该研究的问题；另一方面，这个问题研究起来比较困难，又有"珠玉在前"，我没有把握做出更进一步的结果。于是，我找秦老师讨论。秦老师对我说："把科研作为一门职业的话，如果要研究的问题特别难、不容易有结果，很多科研工作者不会选择去研究。但你是一个博士生，可以没有这么大的包袱和压力……有时候并不一定能完全解决你发现的问题，提出这个问题，并做些解决上的尝试本身也是一件很有意义与价值的事情。如果能做，我们可以看看能走到哪一步；如果不能，我们也可以朝同一个问题的另一个方面努努力。"关于学科和研究领域，他又进一步补充道："在各自学科领域不主流不代表问题不重要，恰恰是一些交叉领域的研究在各领域看来不主流，但更能接近问题的本质，因为问题是没有严格的专业划分的，不能简单说这个属于经济学问题，那个属于社会学问题。"正是有了这一次对话，我彻底放下了学科和领域对自己的束缚，着眼于兴趣和研究问题本身，完全基于自己的科研兴趣进行了博士期间的学术探索。后来我自己也间接带过一些研究生，才意识到秦老师这种"因材施教"的指导方式是多么难得与可贵。

除了言语上的鼓励，秦老师多次身体力行地直接帮助了我的博士研究，其中有两件事让我至今难忘。第一件事与前面提到的城市标度律研究有关。基于中国的城市数据进行了一些研究之后,我整理了一篇小论文,准备在学院的博士生论坛上汇报一次。考虑到是城市相关的研究,组织者把我放到了城市规划分会场。我还记得那是一个周末,秦老师特意从家骑自行车来到了学院二楼多功能厅,坐在后排听我的报告(他不是这场的评论老师)。可能是怕评审老师不认可我的研究,秦老师在我讲完后第一个举手发言,介绍了一下我的基本情况,还说这个研究属于比较新的领域,值得探索一下。看似几句简单的话,但对于第一次参加学术活动的我,犹如吃了一颗"定心丸",后来我能不断在城市标度律这个领域进行研究,与这次报告及秦老师的鼓励密不可分。

第二件事是出国访学。博士第三年的时候,按惯例可申请留学基金委的项目到海外学校进行访问。我前两年由于一直在参加一个盖房子的比赛,没啥拿得出手的科研成果,也没确定具体的研究方向,不知道去哪个学校合适。于是找到秦老师寻求建议。秦老师听完我的叙述后表示,出国主要是为了让你"开开眼界",具体做什么方向不重要,去个好的学校更重要。他还讲到他当年在哈佛大学做高级访问学者时的经历,包括参加了亨庭顿教授《文明的冲突与世界秩序的重建》一书发布会的故事,让我很是向往波士顿的学术环境。后来,秦老师亲自把我的简历和他的推荐意见发给了彼得·罗(Peter Rowe)教授(前哈佛大学设计学院院长),直接促成了我到哈佛大学访学一事。确如秦老师所言,我在访学期间并没有做特别具体的某项研究,但花了大量时间在图书馆、地理信息系统中心、经济系的课堂和各类学术活动上,极大地提升了自己的科研品味,对什么是好的研究有了切实的感受。

整理这篇文字时,我翻看了与秦老师的邮件及当时讨论的笔记。有一阵子我常和秦老师讨论经济密度问题,记过一段秦老师关于空间尺度和经济密度的评论:"尺度的范围确实是这个研究的难点,但也是需要解决的点。简单说,我们把尺度分为宏观和微观,宏观上最大就是全球,我们也看到了由夜间照明地图显示的区域的经济分布不均衡。这个研究在整个中国这个宏观范围内也相对容易做,因为城市很容易被抽象成一个点。但微观到什么程度呢?像很多城市的厂区,在一定尺度上可以被定义为工业用地,但再细一点就会发现,大厂区里面有自己的住宅区、商业区、学校、医院等一系列其他属性的用地,如何计算?还有就是由于人的流动性，白天上班，晚上回家，这个可能也是经济密度分布需要考虑的一个点，按土地面积算还是按人口规模算，怎么算？都需要去读点相关资料，看看不同领域怎么看这个问题……"

回想起博士期间得到的这种"古典"式的学术训练，我不禁感慨自己是多么幸运。看似是在一片学术孤海中游泳，没有太多的"光亮"，但身边有一直无条件支持和帮助自己的良师，让我挣脱了枷锁，找到了自信和解决困难问题的勇气。

很多事情，我一开始以为是师生"缘分"。比如：秦老师考虑到地学的重要性，给顾秉林校长写信，建议恢复清华地学系，我后来在北大理学部的地学方向做了博士后、申请了基金；秦老师一直特别关注技术对建筑学的影响，我去研究了大数据与模型算法；秦老师用物理学方法研究建筑声学，我用物理学方法研究城市与社会。我曾与同门师兄师姐们坐下来聊天，发现大家竟都有"相似"的感觉。我猛然意识到，秦老师的学术敏锐度与做人的风骨如同一渠源头活水，滋养了几代建筑学子。这不是偶得的缘分，而是某种必然。

每年，我们师门都聚一次，作为"关门"弟子，我经常负责订场地。蓝旗营南门的咖啡馆开了又关，从"红蚂蚁"到"逸空间"，再到"道口咖啡"，每年都留下许多美好的回忆。抬头仰望此刻北京的春夏相交的蓝天，"这些白云聚了又散，散了又聚，人生离合，亦复如斯"。[1]

2022年5月

---

1. 金庸：《神雕侠侣》，广州出版社，2013，第1112页。

追忆恩师秦佑国先生

许光辉[1]

一转眼,秦先生离开我们已经近一年的时间了,可他的音容笑貌依然清晰地印在脑海里,仿佛他不曾离去。

接到秦门同学群里面征集缅怀秦先生文章的通知,我每每内心汹涌澎湃,感慨有很多话要说,但又担心自己的文笔不够好,无法全部呈现先生在思想上、学术上、教育实践中对我的影响,以及给予我的爱,我不愿亵渎了对先生的那份感情。然而,先生曾经对于我学习及生活中点点滴滴的影响,是生命里最为真实的、宝贵的经历,永远流淌在血液里。既然先生的大爱是朴实无华的,如同先生的人格魅力一样,一生淡泊名利,清白做人,勤恳做事,那么我虽然没有优美的文笔,但也必须写出来与大家分享,让更多的人了解先生做人、做事、做学问的大家风范。想到这一点,我不再犹豫,提起笔来。

秦先生不苟言笑,但如同父亲般慈祥,无论在学术中还是在生活中……

我与先生2010年相识于无锡,那时我研究生刚毕业一年,在一家香港公司做设计师助理,当时有一个设计师的培训课程讲座,我跟着别人一起蹭课,当主持老师介绍说今天的授课老师是清华大学建筑学院院长秦佑国先生时,我内心立刻变得十分激动,对于清华,尤其是建筑学院的院长那种肃然起敬的感觉油然而生。先生当时戴着一个圆沿的米色布质小帽,高高瘦瘦的,嘴唇有些发紫,虽然看起来很羸弱,但是讲起话来却掷地有声,尤其是讲到兴奋的地方更是如此。从他的讲话中,我感觉先生确实是一位博闻强识的学者和思想者,既站在一定的理论高度,又对当下的国内建筑设计及施工有很强烈的批判意识,这引起了我强烈

---

1. 许光辉,秦佑国先生2011—2015年在中央美院指导的博士生,现任职于上海师范大学美术学院,金螳螂文化发展有限公司上海三分院院长。

的共鸣。对于很多平时司空见惯或者视而不见的现象，先生都以独特的见解做了犀利的剖析。当时，一个大胆的想法冒了出来——报考先生的博士研究生。于是在课间休息的时候，我悄悄地问先生可不可以报考他的博士，虽然一开始先生不苟言笑的表情使我有些紧张，不确定会得到一个怎样的回答，但没想到先生热情地说："可以啊。"这真的让我激动万分！经过近一年的备战，2011年，我幸运地通过了中央美院的博士考试，成了秦先生在中央美院带的最后一个博士生，从这个角度说也是先生的关门弟子。

在入学的前两年里，作为清华导师门下的博士生，我自己一直感觉很惭愧和自卑，尤其是在每年年底师门的兄弟姐妹们自发给先生过生日的时候，因为除了我和钟予师姐来自中央美院外，其余的都是来自清华，并且大家各个都非常优秀，无论是毕业多年还是刚毕业的，或者是在读的，要么是权威机构的中坚力量，要么是业内的佼佼者，著作等身。比如，先生时常说起这些人是"九门提督"——别人用好几年都不一定能考下来的一级注册建筑师资格考试，这些清华同门好多人都是一年同时通过九门专业课程考试。比起他们那些优秀成绩，我真的是自觉无比惭愧。有一次我和先生聊到自己在师门的兄弟姐妹面前感到很自卑的时候，先生却很肯定地鼓励我说："你没有必要自卑，你和同门的其他同学相比，来自不同的体系。你来自美院，你有你自己的优势，不要拿自己的短处和别人的长处比。"经过先生这么一说，我心里敞亮多了。但我在后面的学习过程中依旧不敢怠慢，时刻以那些同门兄弟姐妹为榜样，时刻记得不要"有辱师门"。

和先生相识的十年里，先生对我产生重要的影响之一就是他曾对我说过"人生在世一回，要充分享受人类的文明"，这是一句很有深意的话，是对"读万卷书、行万里路"的更深层次的诠释，也是一个谦谦君子的洒脱意境。正因为如此，先生从一个贫民子弟，通过自己的努力一步步成为一个学者、教育家和思想者，游弋在人类文明的海洋中，在建筑教育、艺术与技术、设计与人文等领域广泛涉猎，并有自己独到的建树而广受尊重。例如：先生率先在清华开设"科学、艺术与建筑"课程，使建筑在理工类院校教育中做到追本溯源，真正地将建筑与艺术、人文作为一个有机整体开展教育，摒弃以往文理分家的"工民建"和"土木工程"教育思维；支持并主导在中央美院设立建筑学院，并开设和亲自讲解"建筑数学"这门课程；提出"中国特色的中国表达""坚决反对重建圆明园"等重要的观点，对国内建筑领域产生重要的影响。

先生作为著作等身、受人尊敬的学者、教师，为人正直，且时时在传播知识与讨论学问。每到一处，先生几乎不与人寒暄客套，讲得最多的都是和学术相关的话题，与他在一起，每次不管谈什么最后都会以学术话题而结束。从梁思成的建筑教育思想、清华园的建筑历史、师兄学长们的研究领域，到国内的建筑设计、城市规划和建设、国人的审美意识、国内外艺术等各种话题，先生都有自己独到的见解，令人受益匪浅。即使毕业好几年，先生依然经常会在微信里发一些图片和各类话题的文章给我，尤其是和我有关的内容。先生最后一次给我发微信是2020年12月3日一篇关于新疆那拉提摄影的文章，而我都没能有机会好好地和老师一一探讨，这一点成为了永远的遗憾。

先生作为国内知名的学者，虽身兼要职却淡泊名利，相反，他把全部精力都投入到了建筑教育中。先生对学生在学术上严格要求，又十分开明，因材施教，鼓励并尊重学生的研究，因此，师门中博士生的研究都是基于学生自己较为感兴趣的问题展开研究。先生对每一个学生对非常和善，有求必应。记得好几次先生在学校指导我的时候，都会有其他导师的学生过来旁听，然后这些学生再让先生指导他们写论文中遇到的瓶颈，他每一次都会热情地讲很久，有时我都替先生感觉累了，站在旁边既感到很心疼却又不好打断。先生有时甚至被其他导师的学生邀约在周末指导论文，先生不辞辛苦，欣然应允。先生心胸宽广无私，无论在哪里讲课，都会有很多慕名来听讲的学生，每次讲课结束，都会有学生过来向先生讨要PPT课件，而任何一个学生开口，他都会毫不吝啬地把课件拷给学生。先生做的"建筑艺术与技术"的系列课件，每一段文字、每一张图片，都是先生自己多年的研究精髓，花费了大量的心血并不断地更新完善，却从不吝惜给予学生，无论认识与否。

先生慈爱又两袖清风。先生进入清华读书之前生长于上海和扬州，自然对江南有很深的情愫。2012年博一的暑假，我邀请先生和夫人应老师到苏州考察了两天，那时候我自己还没有车，就叫了一辆出租商务车全程载着我们。后来，先生在回北京的火车上打电话给我，说把2500元钱放到我的书包里了，说这两天的吃

图1 2019年11月,秦先生给我录制的新婚祝福视频

住不能让我花钱,我听了感动得快要流下泪来。其实,作为学生没有什么能够报答恩师的,本来想借这个机会回报恩师一次,结果却没能实现。2020年4月,我母亲不幸患了急性白血病,在治疗了几个月花光了所有的钱之后急着用钱的我在网上发起了求助,先生知道后通过张弘师兄给我汇了1万元钱,并在我人生最低谷的时候给予鼓励。其实那时候先生也在生病,这是我后来才知道的,而这种慈父般的大爱,是我和家人终生难以报答和忘怀的。

十年师生缘,永生难忘记。先生给我的点点滴滴,如同春风雨露,早已融入我的血液当中(图1)。这一点相信秦门所有的兄弟姐妹们感同身受,先生十年的爱护和教诲,又岂是这篇短短的文章篇幅所能概括的。屡获清华大学"良师益友"殊荣,以及如今设立的"清华校友——秦佑国奖学金"是对先生一生孜孜不倦、教书育人、专注学术的最好肯定,而先生的精神,继续鼓舞着所有受过先生教育的人们。如今,我也作为一名教育工作者站在讲台上,我经常给学生讲先生的故事和先生的观点,先生身上那种批判精神、对学术孜孜不倦的追求和平易近人的精神、充分享受人类文明的深刻含义都时刻在鼓励着我,让我受益终生。我们也会把先生的衣钵继续传递下去!秦先生永远活在我们心中!

2022年2月16日

忆秦佑国先生的几个难忘瞬间

钱云[1]

我从1998年开始在清华大学建筑学院读本科和硕士,于2005年离开清华(图1~图3)。几乎整个就读期间,都在秦佑国先生担任院长的任期内。毫无疑问,秦先生是我们来到清华最早认识的、也是就读期间对我们影响最为深远的师长之一。因此尽管毕业已经多年,但总是有一些难忘的瞬间时常跃入脑海,犹在眼前。

记得低年级的时候,每个周日的上午,建筑学院学生居住的23号楼前面的小树林都有规模颇大的旧书摊。各种各样的图书全都堆在地上供随意挑选,大部分围着翻阅的都是我这样的低年级学生。那时候我们还不具备像高年级学生那样画图打工挣钱的能力,确实比较"穷",而且也比较迫切需要多搞点书来开阔"视野",特别是"收藏"一些画册,做设计作业的时候模仿起来岂不快哉?然而也有一个"例外"——几乎每次,我都亲眼看到我们的秦佑国院长竟也在那里挑书,旁若无人地一蹲就是个把小时,一次又一次地从那些不起眼、甚至泛黄的书堆里,筛选出各种"宝贝",似乎每一页都要看很久,然后再慢慢地站起来跟摊主砍个价……他跟摊主还很熟,显然是买过很多次了。那种场景,看似风轻云淡,却令我十分震撼,是我有生以来第一次如此近距离真实地感受到一个人身上的精神力量。至今无法忘怀!

到研究生快毕业的时候,我找到一个机会申请去英国读博士。为了争取到重磅的奖学金,我一横心斗胆请秦院长帮忙推荐。虽然他对我们城市规划系的学生并不是很熟悉,但还是以院长的身份给了最大力度的支持、推荐和鼓励。我记

---

1. 钱云,1998—2005年清华大学建筑学院建筑学学士和城市规划与设计硕士,2009年获英国赫瑞-瓦特(Heriot-Watt)大学城市研究(Urban Studies)博士学位,2010年后回国任教于北京林业大学园林学院,现任城乡规划系副教授、城乡规划学和风景园林硕士导师。

图1 秦佑国院长在1998级本科新生入学会上致辞

图2 2003年,本科毕业班冷餐会,右二为时任院长的秦佑国先生,右三为笔者

图3 2003年建八(1998级本科生)毕业照

得我的推荐信发出几天后,他就卸任建筑学院院长一职了,也许我是秦先生院长任期内"推荐"的最后一人吧。我从来没有机会专门致谢!必须感恩!

2009年春,我在英国快读完博士了,当时做了不少关于保障性住房政策的研究探索,就回了趟清华大学建筑学院,协助组织了一次关于住房研究的国际会议。那时候正是我国房价快速上涨,住房保障政策引起社会广泛关注的时代。会上十多位专家介绍了世界各国住房保障领域的大量政策和经验。由于秦先生已不担任院领导,所以这次会议本不想打扰他老人家。然而没想到,会议进行了大半天,秦先生却主动来到会场,要求安排一个临时发言!

在这次临时发言中,秦先生强调了我国城市住宅用地的公益性属性,提出建议国家保障每位符合条件的公民能够获取一定数量平价的城市住宅用地指标,实现"购房刚需"能够不受土地溢价的影响。这样朴素的构想,似乎很快就淹没在市场火热时代各种"激动人心"声音中了,但给我留下了深刻的印象,直至今日仍记忆犹新。在我看来,这次临时发言十分生动地展现了那一批老前辈的为学与为人态度——在面对国计民生的重大问题时发自内心的责任感,在面对现实困境时不回避、不跟风的独立思考、勇敢探索和直言表达!

此外,秦先生当时还提出,应该在清华大学率先设立一个跨院系、多学科的住房问题研究机构。他说,当时清华大学已经尝试设立了几个不依托任何一个学院和学科的跨领域研究中心,但总体都不太成功,主要原因是针对这种"跨领域"的"综合性"研究,很难制定出广为信服的成果评价标准。但他依然认为,在住房这种事关国家发展和普通民众生活的长期重大问题领域,应该抛却各种顾虑和纷争,破除"唯××"的绩效考核原则,着重关注实际问题的解决能力,并借此积极探索科研评价制度的创新。一晃已是十多年过去了,这些发言,犹在耳畔,令人感怀⋯⋯

感谢有这个机会,让我把这些瞬间梳理出来,让我心目中先生的形象更加鲜活,也给予我们自己更多前进的力量。

回忆平易近人的秦佑国教授

郑慧铭[1]

　　秦佑国先生是清华大学建筑学院的教授、博士生导师，知名建筑学家，曾任清华大学建筑学院的院长。2021年2月24日，秦佑国先生在北京因病逝世，享年78岁。

　　秦老师是研究建筑技术科学的，为本科生开设的课程有"建筑技术概论""建筑与技术""建筑实习"等，为研究生开设的课程有"建筑物理环境""建筑物理环境工程设计"。我是研究生就读期间认识秦老师的。当年，秦佑国老师是清华大学建筑学院的老教授，我和同学们慕名旁听秦老师开设的"科学、艺术与建筑"选修课。秦老师讲课非常生动，经常旁征博引，把建筑理论、建筑历史、艺术和技术进行融合，滔滔不绝（图1、图2）。之后，他还会毫无保留地把PPT分享给我们，我们课后还能经常回味起课堂的内容。

　　当年，秦老师已经是六十多岁的退休教师，印象里的他瘦瘦的，戴着眼镜，提着公文包，骑着老式的自行车，在校园里穿行，平时幽默风趣、平易近人。谈及物质生活，他认为有一定的物质基础就行了，不用追求过得奢华。他常年骑着老式自行车，环保出行，很难想象这样简朴的老师是知名教授。

　　在课堂上，他会与学生们分享他对中华人民共和国成立以来的体会和感悟。他说中华人民共和国刚成立时，百废待兴，清华大学建筑学院是重要的学院，为国内的建设发展培养了很多的人才。他和同学们分享了很多故事，有自己的感悟，有与学生的趣事，还包含他担任院长期间为学院做的事情。他不仅是优秀的教授，还是一位优秀的共产党员，他对建筑学科在清华大学整体框架中定

---

1. 郑慧铭，清华大学建筑学院2012届硕士研究生，中央美术学院建筑学院2016届博士研究生，现任北京联合大学副教授。

图 1　秦老师在学生的博士生论坛上讲课　　　　图 2　秦老师上课照片

位的思考，建筑学科在社会发展中所起作用的思考，对教育的一些看法，都具有思想性、深刻性。他参加我们学生党支部的主题活动，将自己一生的教学经验、人生感悟、教育故事、教学思想无私地分享给年轻的学子。他为我们的学习、生活、工作、处事指明了方向，为我们树立了榜样，同时也在我们心中树立了优秀共产党员的光辉形象。

记得有次课后，有同学问"毕业之后该如何发展"，秦老师告诉我们应该"听话，出活……立大志、入主流、守住职业底线"。谈到近年来清华大学游客很多，秦老师作了一首诗，意思是二校门游客如织，却很少人知道王国维的墓碑和清华精神所在。自秦老师指点后，每次有朋友来清华，我除了带着他们去二校门和"荷塘月色"，也一定会带着他们看"海宁王静安先生的纪念碑"。那是王国维自沉两年之后竖立的，在"一教"后的小山坡上，离二校门不远，周边安静，游客很少。石碑由梁思成先生设计，陈寅恪撰写铭文。秦老师认为清华的精神不在于二校门，而是碑文中"独立之精神，自由之思想"。

印象最深的是我担任建研一党支部书记的那一年。有一次，我怯生生地走到秦老师面前，试探性地问他能否参加我们学生党支部的活动，秦老师爽快答应了。之后，我组织了一场名为"向老党员学习"的师生党支部联谊活动。我担心同学来得会晚一些，特意告诉秦老师7点半开始，没想到秦老师提前半个小时就到了，后来同学们陆陆续续地到了。秦老师把教书育人当作职业生涯中最重要的使命，从建筑学院的创立开始讲起，谈起梁思成等老一辈先生的建筑教学思想，融合了吴良镛先生的人居环境科学理论，延伸到几十年来校园规划的变化，近年来教学条件的改善、教育思想的传承等内容。他谈到第一届和第二届的学生，在当时的历史时期，秦老师十分关爱学生，不仅传授专业知识，而且对学生进行及时的政治引导，避免过于激进的思想……这些内容秦老师娓娓道来，用两个多小时浓缩概括了清华大学建筑学院几十年的发展。同学们兴致勃勃地提出了许多问题，他都耐心地一一解答。

在改革开放初期，在学院领导岗位上，他敏锐地意识到培养师资队伍的重要性，注重栽培博士生，扩大国际学术交流。在秦老师担任清华大学建筑学院院长的七年里，每年推举优秀的教师到海外做访问学者，学院共派出26名访问学者，使得教师队伍的水平迅速提升。他告诉我们，学术也需要一代代人的努力，通过老中青的"传帮带"，使得学科建设不断取得新成就，师资队伍也能够很好地传承。通过了几十年的努力，清华的建筑学院相比其他院校更有优势。

虽然秦老师离开了我们，但是他的教育思想、人生经验一直鼓励着后辈们。作为老党员的他过着简朴的生活，把教书育人看作是生命中最重要的事情。他的光辉形象，也一直留在我们学生们的心中。

郑慧铭

2022年2月14日

永远的怀念

应锦薇[1]

我与秦佑国是清华大学1967届同班的同学。我们出生的家庭背景、儿时经历大不相同,但是我们因为爱好与缘分走到一起,成为了幸福的一家人。

我们都爱读书。

在青少年时期的寒暑假,我都是窝在家里,父亲所在大学图书馆里的苏联文学书籍陪伴我长大。在我上中学时,图书馆的书是我最好的朋友。母亲毕业于教会女子学校,给我们四个孩子定的规矩是晚上8点前必须回家,不许看《茶花女》和《红楼梦》一类的小说。母亲不知道,其实我最爱看《勇敢》《远离莫斯科的地方》《未开垦的处女地》《牛虻》……这些现实主义的书籍充满了青春、忠诚和爱国主义英雄气概。我对于娇滴滴的、矫揉造作缺少真实性的小说没有兴趣。

在回首母校时,佑国说扬州中学的图书馆是他索求知识的伊甸园。他的兴趣极广,看过《知识就是力量》杂志,以及文学、历史、哲学和很多不同门类的书籍。他在哈佛大学做访问学者时,为了将好不容易收集到的24本精装的几乎全新的《哥伦比亚大百科全书》带回来,为了避免超重,他先把书放进箱子里,将放不下的一部分衣服毅然扔掉了。家里除了他的书房满是书外,客厅、卧室、阳台边做的书橱上也放满了许多书。我想扔掉一些过时旧书,被他呵斥:"读书人家里怎么会没有书?书怎么能扔掉?"这是他对我说话最狠的一次。他只知道买书,从来不会买衣物、食品以及其他认为毫无知识价值的东西。我喜欢的小说也就几乎没有地方放了,只有放弃不买了,退休后我只能去学校文科图书馆借书看。

上大学时,佑国是班上的学习委员。他喜欢班上的集体活动,平时沉默寡言,但喜欢参加讨论和辩论问题。在班里讨论时,我注意到他对问题常有敏锐的

---

1. 应锦薇,秦佑国先生爱人。

见解，思路开阔，口才也很好。我们学建筑的只重视建筑设计和艺术课程，最怕上高等数学课，在阶梯教室听大课时感觉就像坐飞机。他的数理工科成绩尤其好，给我印象较深。当时班上只有几个同学学的是英语，我和大部分同学学的是俄语。他也能耐心地为同学们解答各种力学或是英语语法的问题。

我中学六年一直就读于女子中学，不善于说话，也不喜欢交际，一放假就回家，不怎么参与班上的活动，上学期间基本上与男生没有交往，课余最喜欢自己坐在一旁不被人注意，做自己的事情或是默默倾听大家讨论问题。

当时，大家开玩笑说区分北大和清华的学生很容易。在街上看见穿得齐整的男生大都是北大的，穿得漫不经心的大都是清华的。因为家里有缝纫机，有一个暑假，班上有男生让我帮忙缝补衣裳，我带了一大包回去缝补。男同学的家境大都不富裕，佑国的衣服是最破旧的，我由此知道，他出生在农村，家境贫寒。

因为他买不起英汉字典，大三时由赵大壮发起，班上几个同学出钱为他买了一本英汉字典，并题了"穷且益坚，不坠青云之志"。这本英汉字典至今仍保存在家里书架上。当时，我对此印象很深。

大壮是他为数不多的好朋友。我很欣赏乐观率直的大壮和不露锋芒、善良聪明、倔强能干的徐萍。大壮生前是学校代表队的运动员，后来心脏不太好，在住院等候心脏手术时的一个夜晚，他忽然失踪了。佑国和系里的人仔细分析，到处寻找、询问并研究他失踪前的可能下落。佑国成日成夜地焦急与担心，说："一个大活人总不能就这样无缘无故地消失不见了。"他们找遍了北京十几个有无人认领遗体的停尸房，寻求海淀区领导和北京市公安局的帮助，经过十几天的搜寻，终于在海淀区一个无名无姓无人认领停尸房里找到了大壮的遗体。原来他是在等待手术期间的一个傍晚，独自走到亚运村去看他设计的亚运村建筑，由于心脏病发作而倒下了。当时由于路边没有一个行人，他身上也没有带任何身份证明，所以大家都找不到他。这样一位设计并完成亚运村规划建设，前途无量、非常有才华的清华博士，却不幸英年早逝，真是太可惜了！

佑国在大学时喜欢装无线电收音机，经常从不多的助学金里节省下钱来买电子管。时至今日，家里还保存着他装着电子管的木箱。

很多建筑学专业的人上高等数学课都是云里雾里的，普遍认为太枯燥、太抽象,没有兴趣好好学。后来,这促使他琢磨出了新的课程——"建筑数学",亲自写教材开课程,专门针对建筑学专业的学生开课。就是"不同的数字序列经过不同的组合最后诞生出了不同的图形"(他的原话),用数学公式加以图形化的数字"奥秘",以提高高等数学学习中的趣味性,开阔思路,对以后复杂工程的方案建模也大有益处。他开的这门课在国内建筑院校引起很大的震动,就连美术学院的学生都很喜欢听他的数学课。

我回忆起在清华百年校庆的那一晚,在餐馆晚餐时同桌的同学张锺、佑国和徐宗伟的夫人杨柏青(自动控制系毕业)忽然就讨论起了高数的问题。他们越来越投入,越来越激动,朱爱理也要参加进来,大家也就不管时间了。看到他们好像是回到了早期学生时代的情景,那样忘情,那样热烈,那样投入,我久久难以忘怀。

在等候分配的"文革"后期,闲来无事,我们班的部分同学到郊区去收割水稻。其时已近深秋,农民都去修水利设施了。一望无际的褐色水稻都倒伏在田野上。收割时水稻纠缠卷在一起,不像立着那么好收割。我们弯腰都够不着水稻,要蹲在地上才行。大家只能排成一排,有的女同学干脆就跪在地上。大家使尽力气,用不怎么快的镰刀割着潮湿的水稻,谁也不甘落后。不知为什么,在地头休息时,佑国过来帮我磨镰刀,没有多余的语言。磨快了的镰刀使瘦弱的我节省了不少体力,保持了与大家一样的进度。我知道他是一个正直善良、乐于助人的人。我隐约感觉到他好像对我有感情。但我只想着自己还小,还不想谈论感情问题。我一心只想着毕业后去设计院从事设计工作,实现自己的专业梦想,不枉费自己在大学学习的这些年光阴。先干一些事业再考虑其他,这是我人生的主要追求和目的。后来,此事就不了了之了。

大学毕业了,家里出身好的同学被分到部队或中央各部委,去部队农场劳动锻炼。当时,我父亲是农业经济系留美回国的"反动学术权威"、被批判的头号对象。在毕业分配时,我们班仅有一个留在北京的名额,去北京第一机床厂,当时工宣队征求我的意见,我表示不希望改行,不想去工厂。去设计院工作的梦想成为了泡影。我就想离开到处充满政治氛围的北京,去边陲,越远越好,就坚决要求分到最艰苦的地方去锻炼自己。

最后，我与家里"有问题"的同学都被"一竿子插到底"，被分配到基层单位。当时政策强行规定，报到后一律不许调离所分配地。我被分配到湖北枣阳县建筑公司，一个集体所有制单位的基层单位。全公司只有我和一个女油漆工是拿工资的正式工人。既然不可能调到襄樊设计院去，建筑公司也算是本行，我就决心要好好干下去，我白天做建筑方案和结构计算，画建筑设计和结构的施工图，还要去工地参加劳动锻炼和检查工程质量。晚上则要做工程预算和收费明细表。（幸亏我把大学全部的课本和作业习题都带去了，有砖结构、砖混结构、钢结构、木结构、钢木结构、钢筋混凝土结构……虽然结构专业不是我的本行，但这些课本和习题救了我，工作中似乎没有什么不会的事情了。）在当时国家的经济条件下，清华的教育使我们从做规划、方案设计、施工图设计以及参加施工和监理等的建设实践工作中受益匪浅，表现出了我们的专业能力。虽然我只是一个瘦小的女子，但是建筑公司的干部和工人对我很好，县里也很看重我。

寒假、暑假，凡是长假期我就回北京，短假时就和城关中学也是刚从武汉分配来的两个女大学生在一起做饭、聊天、唱歌度日。我们不和男生往来，以减少麻烦和闲言碎语，这也是我在女子学校长年住校养成的习惯。

佑国被分配到邮电部，在上海警备区崇明岛富民农场（6386部队）劳动锻炼。他给我写了一封信，在陌生的环境中收到大学同学来信让我特别欣喜。他讲述他们在农场的劳动生活。房屋是用竹子做屋架，芦苇和稻草做顶棚和墙面，稻草墙外糊着掺了稻壳的泥土。他们把原来的营房留给新分配来的大学生，住在自己搭建的简陋房子里，特别自豪。1969年农历八月十八日凌晨，营房里突然响起急促的哨声，预报当天长江口有大潮，必须紧急加固崇明岛北边的大堤。全连部队官兵及同学努力奋战，在堤身外垒了一层又一层沙包，把大堤包得严严实实。佑国虽然身体瘦弱，但干起活来丝毫不亚于其他同学，为了与洪水抢时间，他和大家一起背着沉重的草包，拼命地在大堤上奔跑。中午时分，长江江面远处出现一条长长的白线向大堤涌来，潮水越来越大。当地农民全部跑光了，同学们和部队官兵仍然毫无畏惧地坚守着大堤，继续加固大堤。潮水涌到大堤边，掀起十几米高的浪花，此时他们仍然坚守在堤上，还向堤外扔沙包。直到堤面被冲刷到只有一尺多宽时，上面下命令，才撤出大堤。

听到在抗洪时广东牛田洋农场因海啸冲垮了海堤,被分到外交部劳动锻炼的大学生被冲走牺牲了不少的消息,他的心情非常沉痛。好在他们接到命令后及时撤离了。我们班在其他农场劳动锻炼的一些同学也经历了类似的生死考验。以后就再没有发生过让大学生去抢险抗洪的事了。

我们俩开始频繁通信。他们部队农场的生活艰苦,但也是很有趣的。他们住的草棚是自己建设的。星期天,他们穿着海军制式的半旧衣服去小镇街上喝酒。起初,当地镇子上的老百姓当他们是劳改犯,嘲笑他们,他们不以为然,还颇为自得。他们还到水沟里去捉蟛蜞……佑国将他们的生活描述得生动而有趣。距场部五六里,有小镇名响峒,周日农场同学常聚饮。当时他写的诗:

响峒行

有暇去响峒,又聚酒肆中。

席上无宾主,自我是高朋。狂歌箸交击,笑语杯相碰。

盘中羹未尽,厨下肴又烹。店伙已不耐,书生意正浓。

君不见,千古多少英雄客,来时汹汹去匆匆。

怎无奈,今朝有酒今朝醉,一日和尚一日钟。

描写当地景物的诗:

江岸

江风拂面透微寒,岸苇刃手叶未残。

轻鸥觅食击水面,游鱼避敌没浪间。

水涨滩落起潮涌,秋高气爽天愈蓝。

极目茫茫连天际,两三星帆打鱼船。

佑国诗于一九六九年春

1970年,他被分配到湖北阳新邮电部电信总局邮电五三六厂。我送他去报到,同行的还有一个华中工学院毕业的男生徐精一。从长江边的阳新"富池口"出发,他们拖着从邮电部干校借来的一架老旧木板车,装着他们简单的行李,沿着崎岖的山道爬上一座荒山。山上只有几幢茅草房,哪里有什么工厂?满目都是荒山野岭,茅草丛生。山上流下的一股小溪和山下不大的一潭泉水就是全部了。在路上,我们渴了就喝溪水。大约再走一小时路程就是邮电部干校。(干校选址在平地上,潮湿多草,是血吸虫病的重疫区,后来才知道早上的露水上都会有血吸虫。邮电部干校的人天天要下田,后来不少人得了血吸虫病。据说旁边还有文化部和交通部的干校。)那时佑国他们的厂建在满是岩石的山上,远离了疫区。当时大家没有任何疑虑,一心想着为国家建设三线出力。

春天四五月份时,五三六厂周边的荒山野岭上,漫山遍野都是浓烈而鲜艳的红杜鹃花。拖拉机、黄牛和小姑娘头上都插满了花。那时他写给我的诗是:

杜鹃

远山迷蒙湖平天,微风细雨斜飞燕。
欲把春光与君分,春光难采寄杜鹃。

佑国诗于一九七〇年春

我原来不知道他会作诗,我喜欢中国古代诗词,但是不会作诗。他的才气和诗句深深打动了我,温暖了孤独寂寞的我。信封里面还用小块硫酸纸夹着一朵干的红杜鹃花,表示他的情意。

我忙于工作,一直回避婚姻问题。我总是觉得我还小,可事实上我已经28岁,年纪够大了,家庭和社会压力都躲不开。我想,别的方面没有要求,必须是清华毕业的,人不用漂亮,不图钱,但必须是我了解的、头脑聪明、有共同思想和爱好、心心相印的正直可靠的人。我认准佑国就是一个比较符合我的要求、将与我共度一生的人。1970年,我们在枣阳县结婚,没有新衣,没有宴席,只有用一个大旅行袋装的上海牛奶糖作为喜糖分发给建筑公司的工人和干部们。我们两家送了新棉被，我家里送他的是一块上海牌手表。我没有奢望有一个像样的婚礼。

以后的假期，我们则奔波在枣阳县与阳新之间，与大家一样，我们的收入大部分都交给了铁道部，身边几乎没有余钱。

中央的"一号通令"下达后，大部分大学迁出了城市，父亲和北农大全部下放到陕西清泉沟。母亲因为已退休可以留京，租了一间农民房住。1971年，我生完大儿子，妈妈一人照顾我。由于营养不良，妈妈的身体极度衰弱，我们后来只能将孩子托放在别人家里。妈妈为我劳心劳力，还要出钱，我们真是没有一点办法。好在后来在王震部长的努力下，农大又迁回了北京。再后来，我们调到了清华，这才有了报答我父母的机会。

大儿子满月后，我就调到了五三六厂，再看到的是山谷两边面貌一新的新建厂房，有大跨度的铸造车间、机械装配车间、四层楼高的电装配车间……我开玩笑说战时这里都能生产坦克了。厂里的人告诉我，当初这些房子的砖瓦都是本地农民工和全厂职工顶着炎炎烈日，一块一块用双手传递上山的。冒着严寒和酷暑，大学生与建筑公司一起在荒山上建成了这片厂房。除了佑国这些非邮电部的大学毕业生外，很多人是从北邮、武邮分配来的。青年工人大多是邮电部干部的子女、黄冈军分区的子女和一批转业军人。厂里的缪书记是从坦克军二师转业的后勤部长，一个在战争中获得过无数奖章的老干部。赵厂长是从东北的工厂调来的，还带了几个老技术工人及全家人过来。还有军宣队的军代表张国多。他们都没有官架子，事事亲为，从来不摆谱、遇事讲道理。

建厂初期的一天，来了一场大风暴，铺天盖地、飞沙走石，把所有的芦苇棚全部吹走了，只留下了几栋干打垒的土房。晚上，佑国他们只能躺在做预制板的木模槽板里睡觉。大家感觉不到苦和累。厂领导与大家同吃同住。如果厂里买了鱼，没有例外，全厂的家家户户厨房就都会飘出鱼香味。那时交通不便，厂里只能用汽车从武汉运来食品和物资，后来才有了汽车班和一艘大货运物资船。艰苦的生活使他们成长。

佑国在基建科工作，因为只有他一个人琢磨会了操作仪器，几乎所有工程都由他用经纬仪定点测量、放线。他负责的工程则是从规划、设计到施工都要自己一直盯着，生怕出现质量问题。他与施工的邗江工程队打成一片。黑瘦的他经常在夏天湖北炎热的工地上顶着烈日参加劳动。夏天的地表温度常常达到80摄氏度，为了养护好刚浇注的混凝土大梁柱子和预制楼板，他经常要在炎热的中午去为盖在上面的稻草帘子浇水，不知被晒脱了几层皮。电镀车间从放线到整个工程的建筑、结构、通风都是由他一个人完成的设计工作。跨专业设计难度都极大，我都不知道他是如何做到的。

有一长卷厂区的鸟瞰图，是他精细地绘制出来的。时至今日，五三六厂的老人们还将其保存在厂纪念馆里，念念不忘，聚会时还展示给大家看。那是他们战斗在三线工厂时艰苦生活的美好回忆。

我刚调到厂里时就与佑国分到厂办公楼二层尽端的一间房子。严寒的冬天里，春节前后厂里放假时，铺天盖地的大雪将厂区和周围的群山融为一体，一片茫茫白雪中只剩下我们两个人和几个门卫。后来建好家属楼，我们有了房子，就接了他母亲和留在北京的已经九个月大的儿子回到阳新。湖北的冬天极冷，满满一盆洗脸水一夜之间就会结成冰。家家户户都要去后勤部门领木炭，夏天则用暖瓶去我们设计的冷库领冰水和冰棍，婆婆来到了厂里，我母亲则去了陕北清泉沟陪伴劳动锻炼的父亲。

佑国孝敬长辈。他母亲在16岁以前一直在上海工厂当女工人，特别爱干净，并且勤快，家里什么事都不用我们操心。他母亲劳苦了一辈子，我们把布票攒给他母亲做新衣衫。在厂里，我们是少有的婆媳和睦的一家人。我知道她不要我做家务是心疼儿子，尽量给老人吃好穿好，就是我们的孝心。过年时，他父亲会来家里团聚。

在厂区建设工程基本收尾时，星期天难得休息，我们早就想去厂区外爬山。他背着一岁的小儿子，我牵着大儿子。我们沿着小竹林，在山石、小径上走着，晒着春日暖暖的阳光，看着山间风景，我们俩一人一句随口诌着五律，还摘到几朵白色的野百合花。我们写信将五律寄回北京，得到了我家人的赞赏，可惜当时我们没有将诗句留下来。我父亲看了觉得厂区附近风景很好，要来厂里住一阵。我怕他受不了我们常年吃的几分钱一份的无油的炒圆白菜，有一阵子甚至每天是清一色的蒸红薯，当时在粮仓屯久的黄米还是好东西。我怕这些实情会让远在北京的爸妈伤心，找理由坚决拒绝了。后来，我从北京探亲回来，就带一些腊肉香肠以改善一下生活。

我们虽然住在长江边，却很少看到鱼。直到厂里成立了五七连，有了鱼塘，养了猪，各单位在山坡开荒种瓜种菜，生活才有了改善。生大儿子时，我独自一人；生二儿子时，佑国在我身旁陪伴了一夜。有了二儿子，生活就更不容易了。我的妹妹说，只要是看到商店里有白糖和奶粉卖，她就飞奔过去排队抢购，好保证按时给我们寄过来。后来，生活终于安稳了。

其间，厂里给了我一次去邮电部呈送上报文件的机会。傍晚天快黑时火车才进北京，看到北京熟悉而又热闹的大街，我悲从心来。那时我才感知到，我在北京已经没有家了。父母还在陕北清泉沟，哥哥工作的大学早已迁出了北京，姐姐和妹妹住在郊区，交通极为不便。这次出差是上面突然决定的，我只好在宾馆住了一夜，第二天一早去部里交了差就坐火车赶回了阳新，三线厂才是我和佑国、孩子的家，安身立命的地方。

我们必须努力工作，同甘共苦，全家在一起，其乐融融。他参加了"文革"后的第一届研究生考试，全厂只有他和北京邮电学院两个人被录取，还有一个知青考上了美国的一所大学。在清华读研时，邮电部的人随着大形势陆续返回北京。在他的努力下，我和两个孩子在1980年回到了北京，我在北京邮政局设计所工作。我曾经问过我们的邮电局局长，佑国研究生毕业后是否能分配过来，局长笑着跟我说："你爱人来了，那我干什么去呢？"

"听话出活"，这是当时社会对于从清华毕业的人的评价。"夹着尾巴做人"，这句话是当时清华人对自己为人处世的警示，做人谨慎不需要张扬。我们一直奉行这一条原则。有清华的名声，我在单位也都是认真踏实工作。领导同事对我们都很满意。但是那里的设计任务很少，经常是喝水看报纸，我以前从来没有在工作时间这么悠闲无措过。我曾经询问过建设部院和北京设计院，他们都愿意接收从清华毕业的我们，但是邮政局设计所就是不放我走。在清华的路上，我曾经偶遇过建筑系的汪坦教授，他问我有没有参加当时的北京邮政枢纽设计工作，我说没有，当时我觉得很无颜面。我知道，在邮政局设计所，我只能做一些几千平方米的邮政局的建筑工程设计，遇到1万平方米的工程就算很难得了。更何况在我们上面还有邮电部设计院，还有几个清华建五班的师哥师姐，大一些的工程哪里有机会轮到我做，就连北京邮政枢纽的设计工作也没有轮到师哥师姐他们。我不想喝茶看报，虚度人生，一再要求调动工作，领导最后用一句话将我的军，说："你想去北京院和建设部院，我都不会放你走。除非清华院要你，就让你走。"老天有眼，过了一段时间，我承担了清华校医院工程的建筑设计及主持人工作，并顺利完成了这项工程的建设工作。当时清华设计院正好缺人，清华基建处汤处长了解到我的设计能力还不错，在1985年把我调到了清华设计院，让我实现了自己的梦想。我全心全意投入了工作。在家里时，我会和佑国一起讨论建筑方案，通常会得到他精辟的见解。他理性的、逻辑性很强的思维方式对我帮助很大。纵然回到清华，分配给我们的只是一间半北院的阴暗的旧平房，和一家邻居合用厨房及厕所，远不如在北京院附近的邮电局新住宅楼的一套房子。但是调进清华以后佑国不用再奔波，我们全家聚在一起，省下了不少时间和交通费，又有干不完的设计工作，我感觉很知足。

在设计院二所承担清华—富士康研究中心（纳米楼）项目时，由于防震的精度要求极高，富士康驻清华的代表说："你们做不到！"还在所里大吵了好几次。时任所长的叶彪找到我，想让我参与这个重要的项目并当工程主持人。我回家和佑国说起这个难题，他提醒我，我国有精确的激光制导武器，这根本不是问题。在他的启发下，我大声对富士康的代表说："我们清华没有做不到的事情。"后来在材料力学系的专家参与下，用极少的资金顺利地解决了这个难题，维护了母校的名誉。在设计法学院时，我接受了主持人的工作。佑国与我一起研究方案，他提出："你们院做的是一个完全对称的建筑立面，大厅的主楼梯顺理成章地应该放在大厅正中的位置，怎么放在了大厅最左边了？这让人不容易找到主楼梯，不符合逻辑。"我们又根据国内法庭的使用功能几乎将方案全部进行了合理改动。建筑投入使用后，香港出资的荣智建先生（荣毅仁先生的儿子）说："我没有想到用这么少的钱建了这么好的一栋房子。"

佑国在任七年副院长和七年院长时，为建设和改造建筑馆、创造良好的教育环境做出了不少努力。他筹集资金还了以前院里欠了学校很多年的债务。1994年，他联系香港恒生银行梁銶琚先生捐赠1000万港元建设建筑馆，后来，他的夫人梁王洁华女士和儿子王泽生又陆续给学院和学校捐赠了几次。建筑馆是清华第一个以捐赠人名字命名的建筑。

在他的努力下,建立了学院与国外哈佛、耶鲁、康奈尔等大学长期互相交换访问学者的关系,大大开阔了教师们的眼界,提高了教学质量和清华对外的影响力。难得的是,凡是送出国的教师,没有一个留在国外不回国的。

他关心学生的健康发展。有一次,他和副院长朱文一老师怕足球赛后愤怒的学生摔啤酒瓶闹事,就躲在操场暗处,观察了很久,直到深夜,好在最后没有什么出格的事发生。有极个别学生因为沉迷于网络游戏,严重影响了学习,被学校除名。其中有一个还是单亲家庭的孩子,他觉得这个学生太不懂得世事,为那位单亲的母亲感到极为惋惜和同情。他和左老师的工作真不容易做。

他为人非常自律,注意提高个人的修为和人品,为人谨慎,很尊重别人。他就事论事,从来都是和别人耐心地讨论。他尊重女性,从不用手去触拍任何一个女生的肩膀。他认为,为人师表、提高人格的魅力在工作与教学中很重要。班上有一个同学对我说:"你们秦佑国在办公室也拍着桌子大声喊过。"我听他对我说起过这件事,他说他不能容忍有人恶意地诋毁梁思成先生——这位著名的中国建筑史学和建筑教育家,他必须为此发声。

佑国一生钟情教育,在清华执教了30余年(1980—2011年)。他关心他的学生们,他们都特别勤奋和优秀,在术业上都有专长。学生们每逢大的节假日都会来看他,他极其高兴。他和研究生们每年都有聚会,大家欢聚在一起畅谈交流,关系都十分亲近。每当他的研究生们毕业后在学术和业务上取得了成就和业绩时,他都会为之高兴,与有荣焉。学生们就是毕业了在外面工作,有些事情还是会回清华来找他商量讨论,推心置腹。

看到来我家的台湾研究生过冬的衣服太单薄,佑国让我从衣柜里拿出一件还没穿过的短款棉大衣给他穿,以抵御北京冬季的严寒。几年后,我在外地看到他还穿着这件衣裳,暗自欣慰。

佑国热爱教学这份工作,特别重视学校为全校大一本科生开设的新生研讨课"文化素质教育核心课"。这门课新生不分系别都可以报名,经常有学生因为报不上名而着急。这门课他一年只讲一次,他认真备课,还给学生留下思考题。虽然只给参考分，但是学生们都非常认真地写作。他亦逐句批改，100多份作业从不嫌麻烦，看到精彩的段落还读给我听。虽然这些学生大多读的是理工科，但是他们的文笔都很不错，真不亚于文科生。清华的学生大多文理科俱佳。我们感到清华学生的水平在不断提升，这真是很值得骄傲的事情。

他认为，应该由教授为大一新生上课，开阔视野，增加他们对专业的认识和兴趣。他习惯了在认真备课后，每次讲课前都提前把课件发到网络上，以利于学生和老师了解学习。虽然有的课每年都要讲，但是他每年都要与时俱进地增加新的内容，绝不懈怠。他开了文化素质教育的课程，聘请本校及外界知名学者授课，以开阔学生认知社会的视野。他一直认为建筑离不开技术、科学与艺术。1997年，他为建筑学院博士生开设新课"科学、艺术与建筑"，认为建筑学即科学与艺术的融合，而不是单一的建筑。经常有外校的老师来要他的课件，他都会一一回复。

清华研究生每年投票推选"良师益友"，他连续七年获奖，次数为全校最多。后来，为了给别人留下机会，他主动退出。他得到学校颁发的纪念牌，上有"感动清华"四个字。他非常珍惜这个荣誉，把纪念牌放在家里的大书架上。

他从来不锁办公室的门，谁都可以从他的书橱里随意地借阅书并送回。他说："书本来就是给人看的，放着没有人看就没有意义了。"

他关心国家大事，大到绿色建筑、城市规划和城镇建设，小到小学生的免费午餐，他很早就向有关部门提出小学生的午餐问题，只要有机会，他就会提出问题。我们从电视中看到，农村一点点大的七八岁的小学生，天还蒙蒙亮时就在寒冷的天气里背着书本、粮食、柴火和锅，走在崎岖的土路上，中午独自用柴火煮饭。看到这里，我们都感到十分痛心，他们还那么小，就要担负这些原本不应当由幼小的他们来做的事。他说："我们就连小学生的这点午餐费都花不起吗？！一顿公款吃喝的钱能够多少孩子吃饭！"直到政府给每个小学生发放了午餐补贴，他还在担心孩子们的午餐费会被地方克扣。

早年，他们教研组张家璋的母亲去世，他一点也不忌讳，和他的同事张老师一起将其母遗体抬下三楼。

他对在大学时关心他的陈乐迁老师念念不忘。我和他一起去探望过陈老师。

他教研组的车世光先生原先住在美国的大儿子家里，因为生病欠了很多的医药费，他儿子在美国收入也不多，无力偿还。佑国他们想尽办法，根据美国的法律，请学校和有关单位开具证明，证实车先生的退休工资收入和家庭住房财产的实际状况，免除了很多医药费，让车先生得以顺利回到中国。

他对于事业极其投入。由于部队航空发动机试车时噪声太大，严重影响周边居民的生活，这个问题一直难以解决。空军有关部门找到他，经过他的计算和设计，用极其低的成本和相对简单的方法达到了极好的效果，得到国家科技进步二等奖和国家教委优秀设计一等奖。还有王府饭店的噪声问题，中南海的噪声问题……凡是别人有解决不了的问题找到他，他总是想方设法少花钱而用最好的方法去解决好。

他也较早得到了国务院颁发的政府特殊津贴，却从不提起。有人以此炫耀，他才告诉我他也有，我才知道。

他为郑州期货交易项目做的建筑设计包括期货交易市场、五星级酒店、写字楼、住宅楼……还有机场、医院、一些城市住宅区的规划和设计，均得到好评和奖状。

我们刚回北京时，借住在北海后门外一个大杂院的一间18平方米的平房里，瓦屋顶下没有任何隔热措施，纸糊的顶棚上天天夜里老鼠跑来跑去，佑国用从湖北搬家时带过来的大木箱搭建了一个小厨房。这种简陋的房子，冬天必须生煤炉，否则会被冻感冒。那时，大表姐夫是中国驻法国公使衔参赞，大表姐是一秘，他们夫妻常年在法国工作，儿女去了美国，住宅就空置了。后来，我母亲替我说好，暂时借住在他家的客厅里，等单位分到房子就搬出去。我们在那里过了一个冬天。那时，小儿子在外交部托儿所全托，他负责每周两次接送，大儿子放在我父母家。他们父子情深，孩子小时，他唱"我爱北京天安门"哄儿子入睡；孩子大些了，假日，他带孩子们去动物园、长城、颐和园、圆明园、自然博物馆……去开拓视野。后来，两个儿子在外地上大学，我工作忙脱不开身，孩子上大一时也是他送去的。我调进清华以后，我们才全家生活在一起。我怕孩子独自在外地钱不够用，老是想多给一些。他说孩子手里钱多不是好事，只会让他们学会喝酒、胡乱花钱，学坏更容易。好在孩子们像佑国一样都很节省，从不多要钱。孩子大学毕业后,他在闲暇时也会和孩子们讨论一些计算机的问题,国内国际的时事……他孝敬父母,虽然我们工资不多,仍按时给他们寄钱。在我父亲得脑溢血养病时,他和我妹夫轮流照顾瘫痪在床的老人,没有任何怨言。

他和郭黛姮教授极力反对重建圆明园,他怕健忘的人们忘记国耻,需要留着清华园边上的圆明园作为印证。早在部队农场劳动锻炼时,他就写下了下面的诗句:

忆江南·清华

忆清华,最忆是圆明。
残柱默送西山日,晚风清撒一天星。
何日重复行?

他对于圆明园情之深、意之切,可见如斯。

梁思成和林徽因前辈为了继承和保护中国的古建筑,哪怕经济困难,野外工作劳苦,历尽艰辛,仍执着地做古建筑测绘和研究工作。两位先生一辈子呕心沥血,并竭力保护古建筑,丝毫不计个人得失,留下了大量宝贵的测绘资料,是我国古建筑研究的先驱之一,他们的努力使一些珍贵的中国古建筑得以保留至今,成就了无比崇敬他们的一批批莘莘学子的成长。看到原汁原味的古建筑,我就会想到梁思成和林徽因等前辈的贡献之大真是无法衡量的,他们的付出也是绝无仅有的。佑国推崇他们是捍卫他们原本在中国建筑学术史上应有的崇高地位。我们听过梁思成先生的讲课,他用粉笔在黑板上一笔画出北京中轴线的天际轮廓线,流畅而准确;他认真讲解中国古建筑的精髓。听过梁思成先生讲课的人无一不佩服。

关于国徽到底是谁设计的这一个问题,佑国到处搜寻资料。在国家档案馆里,他找到了关于国徽问题的原始会议记录,证实了国徽是梁思成、林徽因先生设计的,彻底破了这个疑案。后来,他写下了"档案还原真历史,告慰前辈在天之灵"的诗句。

他认为,读书旅行,享受人类的文明为人生之乐事。灵感来时常会随手写下一些诗句。

出差讲课和假期在国内旅游时，他必定要去看当地的古建筑、博物馆及历史遗迹，如大同下华严寺、佛光寺、无梁殿、应县木塔、武当山、悬空寺、五台山、青城山、敦煌、云冈石窟、龙门石窟、响山堂石窟、青州石刻、大足石刻……中国古建筑的完美、精巧、恢宏，让人叹为观止。

为看到玉龙雪山真容，我们打车赶着去，静静坐在水库边等着云彩飘散，露出雪山真面目，真不容易。他帮助中石油解决噪声问题后，中石油的樊总安排清华建筑物理实验室的燕翔老师和我们从乌鲁木齐市沿着中石油新修的沥青路穿过一大片广袤的沙漠，途经石河子、克拉玛依、福海、喀纳斯湖、吐鲁番……看到美丽的新疆、美丽的克拉玛依，领悟到石油工人和新疆生产建设兵团开发新疆对于国家的重大意义，当然那是一个长期的非常艰苦的过程。在家里，他经常谈到希望以后能去西藏旅游，他一直想去拉萨看布达拉宫，一直未能成行，这是他终身的遗憾。

去国外旅游或者开会，其实更多的是去看各国建筑。我们到过欧洲很多国家，尤其是希腊、意大利，还有美国、埃及、印度……我们领略了各国不同的建筑、文化和风情，感触很深。在导游带着同行的游客和公务员去购物时，我们俩并排坐在河边，静静地欣赏美丽的风景、过往的船只，以及从河上经过的游船甲板上的乐队。我们从不去购物，他认为购物很没有意思，难道国内没有的卖吗？我们最烦有官员参加的团队了，似乎是为了采购才出国的，等着他们不停地挑手表、挑鞋子、挑裤子，我们烦透了。他们可能也有他们的为难之处。购物浪费了我们不少时间，我们少看了不少风景、城市风貌和建筑。他恐高，在希腊我们紧紧依偎着，从高山上窄窄的石头阶梯上走下来。导游在山下等着我们说："真是羡慕你们这么恩爱。"

他喜欢摄影，看到美丽的风景和建筑总要拍下来。我们的旅游团在每个窗台和小桥栏杆上都装饰有鲜花的法国朗香小镇上吃午饭，在等着最后的一道菜——一块美味的巧克力蛋糕时，他无意中看到了在山坡上露出一角的朗香教堂。这时阳光正好，是千载难逢的好机会。为了抢到一个好镜头、一个经典的画面，他哪管什么甜点，拿着相机就飞奔了出去。

我们去巴黎，他一定要拍摄经过凯旋门协和广场的巴黎中轴线。在西班牙的一个小城市，那里没有高层建筑，我们俩花了25欧元爬到了教堂钟楼上，俯视下面清一色的凹凸有致、红褐色瓦顶屋面，美丽而和谐、极有韵律感的城市鸟瞰就像一幅画卷。我们感叹砖石建筑比木结构要耐久得多了。如果没有战争和人为破坏，我国会留下不计其数的结构奇巧、色彩美丽、魅力无穷的古建筑。在美国，为了看弗兰克·劳埃德·赖特等的作品，我们在游览图上按图索骥，请出租车司机穿街走巷地寻找，直到天黑，难得看到了从未见过的六七幢赖特的早期建筑作品及其他建筑大师的作品。出租车司机说："真是没有见过像你们这样执着的游客，不逛街不采购，一心看建筑。"

他记忆力超好，我不但是路盲，对于时间感觉也差。旅游回来后我对着照片问，他总是耐心地为我清晰地说出我们所去过的国家、地方的路线以及建筑和景色特点。

他从来不讲究吃穿。一两套西服、两三件夹克衫、两三条牛仔裤一穿几十年，节俭惯了。他总是嫌我给他买的衣服太多，结婚几十年来他也从来不陪我逛商场。我们出国旅游时，从不去买什么名牌手表、皮鞋、衣物，他也不许我买这些东西，说："国内什么东西买不到？还要花时间跑到国外这么远的地方来买，也太丢中国人的脸面了。"同行的新华社游客看到我们俩服装简朴，一点也不像大学教授，悄悄问我："你们为什么不穿名牌？"他回答："大学教授的是知识，学生们来自四面八方，不同阶层，衣服只要干净得体，好好学习知识，不需要炫耀自己头脑之外的东西。"为人师表，凭的是人格的魅力和知识，虚浮的外表会误人子弟，这是他一贯的想法。教书育人，培养学生有知识并有良好的品德修养，这对于将要走上社会的学生非常重要。他为人正直，学术渊博，钟情教学，工作认真、执着。他在清华曾经连续七次被评为"良师益友"，不是浪得虚名。再往后，他执意不再参加这个评审，把机会留给别人。

他在外面就餐，吃得少，也吃得慢，旅行社游客胃口都极好，我都怀疑他吃不饱饭。餐桌上他也不许我给他夹菜。我只能给他带一些饼干、巧克力充饥，偶尔也会买一些当地昂贵的水果品尝。

刚到清华时，我和他曾经一起参加过学校工会组织的交谊舞班，在周末去学校工会俱乐部跳交谊舞。我们舞技不咋样，自我欣赏也自得其乐。他的嗓音很好，曾在路上遇到系里学过声乐的吕俊华老师夸他："真没想到，你会唱歌，唱得也不错。"那是听了他在系里联欢时唱《长江之歌》之后的事情了。

我们喜欢去国家大剧院、北京音乐厅和中山公园音乐堂听交响乐、看歌剧。清华晚上交通不便，来回打车要等很久，尤其是在寒冷的冬天。票也不大好买。左川老师的姐姐在中央乐团工作，送过我们两次音乐会的票。我们自己也买到过国家大剧院、北京音乐厅和中山公园音乐堂的票。因为难得，所以这对于我们来说就极为"奢侈"，我们很珍惜这些时光。在家时，我们也喜欢听国内、苏联和西方的歌曲和音乐。年轻时，他也画过油画，比我画得好，后来工作太忙也就不画了。

1979年，佑国在国内最早开始进行统计能量（SEA）研究，1979年底开始应用SEA于墙隔声的研究，研究成果寄给SEA的创始人MIT声学研究中心主任Lion教授，得到他的好评。

1987年，空军第一研究所航空发动机试车台排气消声工程设计，为北京市单项规模和投资最大的噪声治理工程。佑国主持了声学设计和工程设计，设计方案独特，技术措施周详，结果造价不到已拨经费的一半，而噪声控制效果比国内已有的和引进英国的试车台好得多，得到中科院声学所马大猷院士的好评（"取得了满意的效果，解决了北京市一个老大难问题"）。该项目先后获得全军科技进步二等奖（1989年）和国家教委优秀设计一等奖（1995年）。

1992年，他主持郑州期货交易所期货城方案设计，该项目获全军优秀设计一等奖（2000年）。

1992—1994年，他主持福州恒样大厦方案设计。参加广东大亚湾成龙花园（20万平方米）、厦门悦华山庄（10万平方米）、苏州方正科技园等项目的规划设计。

2006年，他完成西气东输工程金坛储气站压缩机房噪声控制，这是一个特大型噪声控制工程，被施工单位称为"全国最大的噪声控制工程"。

2008年4月，他代表中国签署了八个成员单位（美国、中国、英国、加拿大、澳大利亚、韩国、墨西哥、英联邦）建筑教育评估互认的《堪培拉协议》。

10月,他撰写的《堪培拉协议与中国建筑教育评估》发表于《建筑学报》。

2016年,他获首届清华大学新百年基础教学教师奖(全校共5名获奖者),1993年已荣获国务院政府特殊津贴。

七十感怀

人生七十不稀奇,往事历历犹记忆。
淡泊名利心平和,桃李天下自得意。
前半人生曲折路,机遇相随生活苦。
后半清华守一地,余生尚愿多教书。

我们共同生活了五十年,有付出,有收获,有快乐,也有辛劳。我曾经期待退休后的生活应当更美好,与他再去国内旅游放松一下。但是由于他一生对于工作太认真、太执着,而对于自己身体却太不认真就像是借来的一样……一大本一大本厚厚的博士生论文,不论是校内还是校外的,他都仔细地看过,绝不会拖沓。他还受聘于福州大学等校任名誉院长、教授等。对工作的执着认真毁掉了他的健康。2020—2021年疫病期间,北医三院中央党校院区(以下简称三院)找不到护工,大儿子陪护了一个多月,每天只睡四个小时,体重掉了二十多斤,瘦得脱了形。他在三院抢救室时,小儿子连续几个夜晚在外面打地铺等候消息。最终,医院的过度治疗(CT十二次,平板PET-CT一次,长庚医院全身PET-CT一次)加剧了他原本瘦弱的身体的衰竭,心脏积血、肺积水,内脏器官遭到严重破坏,过早地带走了他。疫病期间,我们俩见不到面,只能用手机联系,衰弱的他说不了几句话。我极度后悔送他去三院。如果不去,在家里慢慢养着不会吃那么多苦,起码可以再活十几年。疫病期间大家根本见不到面,也说不了话。病房也不让进,我心慌意乱,忐忑不安,已经治疗两个月了还没有结果。

2021年2月24日他仙去的那一天晚上11点多,我们接到长庚医院的紧急通知,儿子开车送我们到了他的病房,我扑到他的床边,他戴着氧气罩说不出话,我只能吻着他的额头,用力闻着他散发出的熟悉的气味,告诉他我爱他。我心如刀绞，呜咽着，却欲哭无泪。我双手抓住他冰凉的右手揉搓着，他用大拇指一直抠着我的手心……不知他想告诉我什么。

难以想象，在疫病期间的三甲医院里，他住院仅仅两个半月就去世了，太荒唐太突然！心里毫无准备！我彻底崩溃，无限悲怆，泪水早已流干了，脑子像凝滞了一样。我们只共同生活了五十年，他就这么走了，留下了我和孩子们……我没有了终身挚爱的人，再也没有一个完整的家了。为了忘记伤痛、麻痹自己，我到处搜寻，一部一部地看了那么多惨烈的二战战争电影，想方设法也麻木不了我的神经；听了无数首悲哀的纯音乐，也不能抚平我深入骨髓的心痛。为了孩子们，我靠着催眠药物坚持着，强撑着。

在他逝去的日子里，他的容貌、他的身影一直深深地刻画在我的心里，他的声音一直回响在我耳边，就像他时刻在我身边一样。他一直惦念着我、儿子们和孙子孙女。他十分依恋家庭和亲人。他瘦弱的身体怕风怕寒冷，我和儿子们不忍心把他放在墓园里，把他的骨灰一直放在他书房的大书柜上，与他的书籍、电脑、照相机在一起，这样我每天都看得到他。我将终身陪伴他，直到我也化为介子内的暗物质，一起与他进入五维世界，遨游宇宙。

应锦薇

2023年10月15日修改于蓝旗营

后记

本文经过无数次修改，在佑国驾鹤西去后经过近三年才完成，我早已是八十一岁的白发老妪矣。

我在此感谢在佑国临终后，建筑学院的领导张利博士、张悦博士、张弘博士、张昕博士送别了他，为他带去了新衣。还有赶来的潘曦女博士。

我在此感谢马国馨院士等院士对佑国的关注，和师哥何玉如大师为佑国写的墨宝。

我在此感谢沙春元、柴裴义大师、黄汉民、季元振和鲍朝明、朱爱理等老同学等为佑国写的纪念文章，以及佑国去世发来慰问信息的老同学。

我在此感谢徐精一、袁天沛、陈俊良、王立明等上海农场、邮电部五三六厂的好友为佑国写的纪念文章。

我在此感谢佑国所有的研究生们为他默默做了许多许多的事情。

我在此感谢他的学生周榕博士。

我在此一并感谢关心他的所有师长、同事、同行、同学、五三六厂的朋友们和全体学生们。

应锦薇

2023年10月23日于蓝旗营

附录

秦佑国先生生平年表

1943
12月29日出生于上海一个工人家庭。

1949
就读于上海市陕西南路阜春小学。

1952
回江苏省扬州市江都县砖桥村,先后就读于私塾、本地初小、邗江县杭集小学、江都县曹王小学。

1955
7月,小学毕业。
9月,就读于江苏省江都县大桥中学初中。

1958
7月,初中毕业。
9月,被保送就读于江苏省扬州中学。

1961
高中毕业,考入清华大学土建系。

1965
9月,作为工作队员,参加北京延庆县"四清运动",至1966年6月。

1966
6月初,赴河北刁鄂、赤城、沽源、康保、内蒙古太卜寺旗等地做外调,15日回到北京。

1968

9月，延期一年毕业，被分配至邮电部，至上海崇明岛中国人民解放军上海警备区后勤部富民农场劳动锻炼。

1970

5月，赴湖北阳新县邮电部五三六厂，从事建厂工作。

十一期间，与应锦薇在湖北枣阳县结婚。

1971

10月，妻子应锦薇调入邮电部五三六厂。

1978

5月，考取清华大学建筑系研究生，师从车世光先生，从事建筑声学研究。

1979

开展统计能量（SEA）研究，为国内该领域最早。SEA应用于墙隔声的研究成果，获SEA创始人MIT声学研究中心主任Lion教授的好评。

1981

研究生毕业，留校清华大学任教。

1982

4月、6月，《统计能量分析应用于墙隔声的研究》和《加权余量法建立声场有限元公式》先后发表于《声学学报》。

1984

1月，加入中国共产党。

《微机在建筑物理中的应用》通过科研成果鉴定，列入国家科技成果目录。

1985

《室内声场动态问题有限元法》和《室内声场计算机声线法模拟的一些问题》发表于第一届全国声学会议，为国内最早从事声场计算机模拟的研究成果。

1987

3月，《室内声场衰减过程的统计分析》发表于《声学学报》。

5月，赴英国莱斯特工业大学学术访问，为期1个月。

主持空军第一研究所航空发动机试车台排气消声工程设计，该项目为北京市单项规模和投资最大的噪声治理工程。

Calculating Sound Insulation of Walls by SEA Method 发表于国际噪声控制工程会议（INTER-NOISE）。

1988

晋升副教授。

1989

主持的空军第一研究所航空发动机试车台排气消声工程设计获1989年全军科技进步二等奖。

1990

破格晋升为教授。

任清华大学建筑学院副院长。

1991

被评为清华大学优秀共产党员。

1992

12月，赴香港理工大学学术访问。

主持郑州商品交易所期货城方案设计。

1992

主持福州恒样大厦方案设计。

"低噪声消声通风器"获得国家专利（922248982）。

1993

10月，获国务院颁发政府特殊津贴证书。

10月，获博士生导师资格。

《建筑与数学》《人类工程学》发表于《建筑师学术、职业、信息手册》。

1994

11—12月，赴澳大利亚、新加坡进行专业考察。

主持西安咸阳国际机场第二候机楼可行性研究。
联系并促成香港恒生银行创始人梁銶琚先生捐赠 1000 万港元用于建设建筑馆。

1995
参加西安咸阳国际机场候机楼方案征集，被评为最佳中选方案。
主持的空军第一研究所航空发动机试车台排气消声工程设计获国家教委优秀设计一等奖。

1996
8 月，入选国务院学位委员会第四届学科评议组成员（建筑学学科，任期至 2008 年）。
9 月，作为高级访问学者赴美国哈佛大学，至次年 3 月。

1997
11 月，任清华大学建筑学院院长。
在清华大学教学讨论会上发表《清华大学建筑学专业培养目标》，提出八个"结合"的清华建筑教育思想，后于 1999 年全国建筑院系院长系主任大会上公布。
开设建筑学院博士研究生课程"科学、艺术与建筑"。

1998
8 月，赴日本新泻大学学术访问。
主持昆明医学院第一附属医院改扩建可行性研究、总平面规划和病房楼方案设计。
本年至 2006 年，先后选派 26 名年轻教师赴美、法、德、荷、日等国著名大学进修，全部回国。

1999
3 月，受印度建筑学会邀请，赴印度学术访问和考察。
3 月，《关于重建圆明园的意见》发表于《建筑学报》和《瞭望》，并接受《纽约时报》、美国有线电视新闻网（Cable News Network，CNN）、加拿大国家电视台等媒体采访。
5 月，赴沈阳建筑工程学院，参加建筑学专业教育评估视察。
7—8 月，赴法、德、意等国考察建筑与城市。
7 月，《建筑声环境》（合著）由清华大学出版社出版。
9 月，《梁思成、林徽因与国徽设计》发表于《建筑史论文集》第 11 辑。
11 月，清华大学建筑学院与哈佛大学设计学院签订"年轻教师进修"协议。
12 月，原属热能工程系的空调教研室及其专业转入建筑学院，与建筑学院建筑技术研究所合并，组建建筑学院建筑技术学系。
12 月，任全国高等学校建筑学专业教育评估委员会主任（两届，至 2009 年 12 月）。

2000

4月，受母校委托，主持江苏省扬州中学百年校庆校园环境规划，新校门、综合楼、宿舍楼、食堂建筑设计和风雨操场改造设计。

5月，赴北京建筑工程学院，作为组长参加建筑学专业教育评估视察。

5月，赴大连理工大学，作为组长参加建筑学专业教育评估视察。

7月，赴澳门、珠海，参加中国近代建筑史会议。

9—10月，赴美国考察大学医学院规划设计。

10月25日，参加国际建筑师协会《北京之路》工作组第一次工作会议，担任《北京之路》工作组副主任委员。

11月，赴韩国参加国际会议。

12月，作为中国建筑学会访台代表团成员，赴台湾参加"2000两岸建筑学术交流会"。

主持北京朝阳医院扩建规划。

主持的郑州商品交易所期货城方案设计获全军优秀设计一等奖。

"985工程"学科建设启动，为建筑学院申请到300万元图书经费。

2001

2月，赴意大利罗马大学学术访问和考察。

6月，《建筑信息中介系统与设计范式的演变》（合著）发表于《建筑学报》。

9月，《中国生态住宅技术评估手册》（合著）由中国建筑工业出版社出版（后于2003年9月再版）。

开设建筑系本科专业基础课"建筑技术概论"。

获清华大学研究生会"良师益友"称号。此后连续五年获此称号，至2008年"良师益友"活动十周年时共获评七次，为全校获评次数最多的三人之一，被授予"感动清华"纪念牌。

2002

1月，清华大学建筑学院在全国重点学科评审中获得3个重点学科点（建筑设计及其理论、城市规划与设计、建筑环境与设备工程）。

1月，《从Hi-Skill到Hi-Tech》发表于《世界建筑》。

1月，《建立有中国特色的建筑学专业学位制度》发表于《学位与研究生教育》。

2月，《建筑图形媒介的发展与比较》（合著）发表于《新建筑》。

3月，赴台湾辅仁大学等6所大学学术访问。

4月，在"面向二十一世纪的建筑学"学术报告会上发表题为《面向二十一世纪的清华建筑教育》的演讲（庆祝吴良镛先生八十寿辰）。

5月，赴北京工业大学，作为组长参加建筑学专业教育评估视察。

5月，赴华侨大学，作为组长参加建筑学专业教育评估视察。
5月，赴新加坡国立大学，参加建筑学国际评估。
6月，赴香港大学，参加建筑学国际评估。
7月，《建筑技术概论》发表于《建筑学报》。
7—8月，赴芬兰、瑞典、挪威、丹麦、德国、瑞士，考察建筑与城市。
10月，受世界卫生组织资助，考察英国、德国医院。
12月，清华大学建筑学院申请自主增设"景观建筑学"二级学科，招收研究生，获得批准。
合作开设建筑学院研究生专业基础课"建筑物理环境"。
为建筑环境与设备工程专业本科生开设"建筑实习"课程。
开设建筑技术科学系本科专业基础课"建筑概论"。

2003

1月，《中国建筑呼唤精致性设计》发表于《建筑学报》。
2月，清华大学建筑学院通过建设部建筑学专业教育评估视察。
5月，《建筑和住区中疫病传播途径的控制》于SARS（非典型肺炎）流行期间提交建设部部长和中国建筑学会。
2003年夏，响应清华大学知名教授开设新生讨论课（freshman seminar）的号召，第一个报名，开设"建筑与技术"课程。
8月，《计算机集成建筑系统（CIBS）的构想》（合著）发表于《建筑学报》。
8月，《绿色奥运建筑评估体系》（合著）由中国建筑工业出版社出版。
9月7日，在北京大学绿色建筑、绿色奥运国际学术研讨会上发表题为《绿色建筑评估》的演讲。
9月，《中国大陆的建筑教育》发表于《建筑师》（台湾）。
9月，获清华大学"教书育人"奖。
10月，赴美国宾夕法尼亚大学，参加国际学术会议。
10月，赴郑州大学，作为组长参加建筑学专业教育评估视察。
10月，清华大学建筑学院正式成立景观学系，聘请美国科学与艺术院院士、原哈佛大学景观系系主任劳里·欧林（Laurie Olin）担任系主任。
11月，在香港"大城市环境"国际学术会议上发表题为 Ecological Housing Rating System in China 的演讲。
11月，Stochastic Resonance Driven by Time-Modulated Neurotransmitter Random Point Trains（合著）发表于 Physics Review Letters 91, 208103(2003)。
12月，主持全国高等学校建筑体系教育评估标准、章程、程序的修订，由建设部批准通过。
清华大学建筑学院在全国高等学校建筑学一级学科评估中排名第一。

2004

1月，赴美国拉斯维加斯，考察旧城改造。

1月，承担国家自然科学基金项目"计算机集成建筑系统（GIBS）的基础性研究"（2004年1月—2006年12月）。

2月，《绿色奥运建筑实施指南》（合著）由中国建筑工业出版社出版。

4—5月，受邀赴法国拉维莱特建筑学院交流考察。

5月，赴东南大学，作为组长参加建筑学专业教育评估视察。

6月，赴广州大学，作为组长参加建筑学专业教育评估视察。

6月，《中国现代建筑的中国表达》发表于《建筑学报》。

9月，在意大利罗马国际学术会议上发表题为 Difficulties of Preservation and Renewal of Courtyard Houses 的演讲。

10月，《不仅讲"素质""能力"，还要讲"气质""修养"》发表于《新清华》。

《声景学的范畴》发表于《第五届全国建筑物理学术会议论文集》，并发表于《建筑学报》2005年第1期。

当选中国建筑物理学会理事长。

获北京市教学优秀成果一等奖、清华大学教学优秀成果奖一等奖。

主持的"中国生态住宅技术评估研究"获精锐科技奖金奖。

主持北京地坛皇家花园规划和方案设计。

2005

2月，赴香港参加会议。

5月，赴昆明理工大学，作为组长参加建筑学专业教育评估视察。

6月，赴香港中文大学，参加建筑学国际评估。

6月，《墨西哥城的教训与"拉美化"的防止》发表于《瞭望》。

7月，《绿色建筑评估标准》（合著）由北京市作为地方标准发布。

8月，《建筑热环境》（合著）由清华大学出版社出版。

9月，赴新加坡国立大学，参加建筑学国际评估。

11月，赴德国柏林大学访问。

任清华大学建筑学院学术委员会主任，至2013年1月。

主持山东德州乾城中心学校规划和方案设计。

主持西安交通大学第一附属医院规划。

作为第一完成人的"绿色奥运建筑标准与评估体系研究"获北京市科技奖一等奖。

获全国教学优秀成果二等奖，被评为北京市教育创新标兵。

2006

5月，赴哈尔滨工业大学，作为组长参加建筑学专业教育评估视察。
5月，赴上海交通大学，作为组长参加建筑学专业教育评估视察。
获中国建筑学会建筑教育奖。
主持完成特大型噪声控制工程——西气东输工程金坛储气站压缩机房噪声控制。

2007

3月，《中国绿色建筑评估体系研究》（合著）发表于《建筑学报》。
5月，赴南京大学，作为组长参加建筑学专业教育评估视察。
5月，《计算机集成建筑系统（CIBS）构想实现的前提》（合著）发表于《建筑学报》。
8月，赴俄罗斯海参崴考察。
获国际住宅协会"绿色建筑杰出贡献人士"奖。
主持山东招远市人民医院扩建规划。

2008

2月，赴埃及考察。
4月，赴澳大利亚，代表中国签署8个成员单位互认的《堪培拉协议》。
5月，赴西南交通大学，作为组长参加建筑学专业教育评估视察。
5月，赴武汉大学，作为组长参加建筑学专业教育评估视察。
10月，《堪培拉协议与中国建筑教育评估》发表于《建筑学报》。
11月，*Numerical simulation studies of the different vegetation patterns' effect on outdoor pedestrian thermal comfort*（合著）发表于SCI期刊 *Journal of Wind Engineering and Industrial Aerodynamics*（SCI 0167-6105）。
主持苏州中新生态科技城规划。

2009

3月，受母校委托，主持江苏省扬州中学一百一十周年校庆工程，新教学楼群项目设计。
4月，赴韩国参加《堪培拉协议》成员国会议。
5月，《"LANDSCAPE"及"LANDSCAPE ARCHITECTURE"的中文翻译》发表于《世界建筑》。
5月，赴河北工业大学，作为组长参加建筑学专业教育评估视察。
6月，《建筑、艺术与技术》发表于《新建筑》。
开设全校性本科生选修课"建筑的文化理解"。
主持解放军302医院扩建规划。
获"宝钢教育基金"优秀教师奖。

2010

5月，赴台湾参加当代集团董事会。

8月，赴德国、奥地利、匈牙利、斯洛伐克、捷克考察。

8月，《中国建筑学博士研究生教育》发表于《中国建筑教育》。

为中央美术学院建筑学院学生开设"建筑数学"课程。

2011

2月，赴日本参加当代集团董事会。

4月，出席人民大会堂召开的清华大学建校一百周年庆祝大会。

8月，赴云南省永胜县参加无止桥落成典礼。

9月，应邀为福州大学建筑学专业新生讲课。

10月，受母校委托，指导设计江苏省扬州中学一百一十周年校庆工程，新实验楼及报告厅建筑项目。

2012

2月，赴希腊考察。

2月，《从宾大到清华——梁思成建筑教育思想（1928—1949）》发表于《建筑史》。

4月，应邀在天津大学建筑学院做题为《建筑、艺术与技术》的学术报告。

合作开设建筑系本科专业基础课"建筑数学"。

合作开设建筑系本科专业课"建筑细部设计"。

2013

6月，《"十二律"——研究中国古代建筑理论的一个视角》发表于《建筑史》。

7—8月，以《城市特色与城市化道路》为题在内蒙古海拉尔、广西南宁等地的新型城镇化干部培训班讲课。

9月，应邀为福州大学建筑学专业新生讲课。

10月，应邀到武汉大学讲学。

2014

4月，应邀到华中科技大学建筑与城市规划学院讲座。

5月，赴香港参加当代集团董事会。

10月，参观中国政协文史馆举办的"开天辟地——中华人民共和国国旗国歌国徽诞生珍贵档案展"。

11月，应邀到重庆大学讲课。

11月,《中国早期医院的建筑风格形式:1835—1928》(合著)发表于《建筑学报》。

2015
4月,应邀到昆明理工大学讲课。
6月,赴崇明岛参会并参观富民农场旧址。

2016
获首届清华大学新百年基础教学教师奖(全校共5名获奖者)。

2018
对"建筑的文化理解"课程主要内容进行整理,编著完成《建筑的文化理解——科学与艺术》《建筑的文化理解——文明的史书》《建筑的文化理解——时代的反映》三本书,由中国建筑工业出版社出版,并列入中国建筑学会主编的"建筑科普"丛书,于2019年被科技部评为全国优秀科普作品。

2020
6月,受母校委托,指导设计江苏省扬州中学一百二十周年校庆工程,体育综合体及南楼复建项目。

2021
2月24日,在北京因病逝世,享年78岁。

后记

2021年2月初开始，秦佑国先生因病身体变得虚弱。19日起，秦先生6位弟子组成小组，计划为秦先生康复、文集出版、基金成立等事宜尽绵薄之力。不想24日深夜，秦先生突然去世，让人震惊与惋惜。28日，秦先生告别仪式后，到场的弟子们集体商议了基金、文集、追思会等后续工作，计划分板块开展，并成立工作小组牵头组织。希望把秦先生生前就在整理但未完成的建筑文集出版，并增加出版其他内容，作为对秦先生的纪念和缅怀、对秦先生精神的传承和发扬，以告慰秦先生在天之灵。

秦先生博学善思，爱好广泛，积累了大量文章、摄影、诗歌等素材。经过对现有资料、时限、经费、人力、出版要求等多方面因素的综合考虑和商讨，决定采用"整体策划、分步出版"的原则，总体包括建筑文集、纪念文集、论文集、诗歌摄影集、传记等五部分，第一阶段先出版前两本文集，后面待资料和时机成熟后，再陆续推出其他作品。

两年来，经过大家努力，两本文集终于问世了。它们的学术性较高、纪念性突出、文献讲究、设计庄重、制作精良。《秦佑国建筑文集》是秦先生亲自撰写、挑选的学术文章的结集，是秦先生在建筑教育、建筑学及相关广泛领域的思想理念、成果、成就的最直接的呈现。《秦佑国纪念文集》是与秦先生熟悉的人们对秦先生的生平事迹、亲情友谊、学术思想、行业贡献、高尚品格和崇高精神等的追忆文章合集。

每一篇论文、每一个人的纪念就像时空拼图，从不同视角、不同记忆，提供一片、两片，聚集几十、成百上千片，汇成一个立体、多样、丰富、生动的秦先生的工作和生活的场景，秦先生的音容笑貌、喜怒哀乐、奋斗历程、累累硕果，深深在心，历历在目。

关于《秦佑国纪念文集》，有四点特别说明：一、文章来源，主要采用邀稿和征稿的方式，有几篇是在2022年2月24日秦先生逝世一周年追思会发言基础上整理而来。二、内容板块与排序，分为"高瞻远瞩　开山架桥""君子风范　家国情怀""良师益友　春风化雨"三大部分。三、照片集锦，由应老师与家人筛选了50张秦先生经典照片。四、生平，简明扼要地回顾了秦先生的人生经历和学术生涯的重要事件。

衷心感谢参与这项工作的各方人士。

工作小组牵头组织推进相关工作。两位在校弟子负责牵头基金成立工作、两本文集与学校对接等工作；五位弟子负责牵头两本文集策划、组织协调、文稿梳理、出版对接等工作；多位弟子积极参加两本文集策划、查资料、校稿等工作。

秦先生的爱人应锦薇老师全面投入，秦先生的儿子秦旌、秦岭参与其中，对两本文集逐篇审阅。应老师写纪念文章的时候，前后更改了16稿，两人的感情让人敬慕，离别的悲伤催人泪下。

秦先生生前交往和共事过的领导、同事、同行、同学及学生们积极参与，提供了满怀悲伤与思念的内容丰富的文稿。

清华大学出版社徐颖主任、张占奎主任、张阳编辑及工作团队，带着对秦先生深深的敬仰，为两本文集出版提出了细致、专业的意见建议，并做了大量工作。

清华大学建筑学院声学实验室张海亮老师拍摄了封面原版照片。

在此一并衷心感谢没有提到名字的其他所有参与工作的各位同仁。

以此作为纪念。